**Eine Arbeitsgemeinschaft der Verlage**

Böhlau Verlag · Wien · Köln · Weimar
Verlag Barbara Budrich · Opladen · Farmington Hills
facultas.wuv · Wien
Wilhelm Fink · München
A. Francke Verlag · Tübingen und Basel
Haupt Verlag · Bern · Stuttgart · Wien
Julius Klinkhardt Verlagsbuchhandlung · Bad Heilbrunn
Mohr Siebeck · Tübingen
Nomos Verlagsgesellschaft · Baden-Baden
Orell Füssli Verlag · Zürich
Ernst Reinhardt Verlag · München · Basel
Ferdinand Schöningh · Paderborn · München · Wien · Zürich
Eugen Ulmer Verlag · Stuttgart
UVK Verlagsgesellschaft · Konstanz, mit UVK / Lucius · München
Vandenhoeck & Ruprecht · Göttingen · Oakville
vdf Hochschulverlag AG an der ETH Zürich

Ingrid Koller, Rainer Alexandrowicz,
Reinhold Hatzinger

# Das Rasch-Modell in der Praxis

Eine Einführung mit eRm

facultas.wuv

Bibliografische Information Der Deutschen Nationalbibliothek
Die Deutsche Nationalbibliothek verzeichnet diese Publikation
in der Deutschen Nationalbibliografie;
detaillierte bibliografische Daten sind im Internet über
http://dnb.d-nb.de abrufbar.

© 2012 Facultas Verlags- und Buchhandels AG
facultas.wuv, Wien
Alle Rechte vorbehalten.

Druck und Bindung: CPI-Ebner & Spiegel, Ulm

UTB-Band-Nr.: 3786
ISBN 978-3-8252-3786-8

Für Reinhold

# Vorwort

Bei vielen wissenschaftlichen Untersuchungen geht es darum herauszufinden, wie sehr Personen über bestimmte Eigenschaften oder Fähigkeiten verfügen oder wie stark ausgeprägt bestimmte Einstellungen oder Neigungen sind. Zur Beantwortung solcher Fragen werden als Messinstrumente oft Fragebögen oder Tests verwendet. Ein wichtiger Aspekt hierbei ist die Qualität der Messinstrumente. Sind die Fragen eines Fragebogens oder die Aufgaben eines Tests nicht gut konstruiert, so werden auch die Ergebnisse mangelhaft sein. Man benötigt also Methoden, um die Qualität solcher Instrumente evaluieren und sicherstellen zu können.

Eine der wichtigsten dieser Methoden besteht in der Anwendung des Rasch Modells. Das Rasch Modell eignet sich nicht nur zur Analyse oder Konstruktion von Fragebögen und Tests an sich, sondern bewährt sich auch in zahlreichen anderen Anwendungsgebieten. Dies reicht von sehr praktischen Fragen nach Unterschieden zwischen Personengruppen (z. B. Zielgruppensegmentierung im strategischen Marketing) oder der Prognose von zukünftigem Verhalten (z. B. in der Psychotherapie) bis zur Evaluierung theoretischer Hintergrundmodelle (z. B. in der medizinischen Diagnostik).

Dieses Buch konzentriert sich auf die Anwendung des dichotomen Rasch Modells. (Dichotom bedeutet, dass die Antworten auf Fragen, die Lösung von Aufgaben eines Tests oder das Auftreten eines bestimmten Verhaltens in zwei Kategorien erfolgt, d. h. „ja/nein", „stimme zu/nicht zu", „richtig/falsch" oder „tritt auf/tritt nicht auf".) Wir haben uns zum Ziel gesetzt, die theoretischen Grundlagen verständlich darzustellen sowie die Anwendung des Rasch Modells einerseits für Studierende zu erleichtern und andererseits Praktikern, die das Rasch Modell für eigene Studien anwenden möchten, ein nachvollziehbares Konzept zu liefern.

Das Buch gliedert sich im wesentlichen in drei Teile. Nach einer Einführung in die wichtigsten Qualitätsmerkmale von Messungen in den ersten beiden Kapiteln werden die statistischen Grundlagen des Rasch Modells und der Überprüfung der Qualitätskriterien in den Kapiteln 3 bis 5 dargestellt. Während die wesentlichen Standard-Überprüfungsmöglichkeiten in Kapitel 4 behandelt werden, gibt Kapitel 5 eine Darstellung neuester Methoden der

Qualitätskontrolle des Modells, die sich auch für kleinere Stichproben eignen und die in dieser Form erstmalig einem breiteren Publikum vorgestellt werden.

Der dritte Teil beschäftigt sich mit der Umsetzung. Kapitel 6 diskutiert praktische Aspekte bei der Durchführung von Analysen mit dem Rasch Modell und Kapitel 7 beschreibt die konkrete Analyse eines Datensatzes zu Lehrer/inn/enzufriedenheit. Wir haben dabei versucht, jeden Schritt der Analyse nachvollziehbar zu machen. Es werden die Ergebnisse interpretiert und die Analysemethoden verglichen.

Ein weiteres wesentliches Charakteristikum dieses Buches ist die Verwendung von Open-Source-Software, nämlich des freien Programms R für statistische Berechnungen und Grafikerstellung bzw. des Zusatzpakets eRm, das Analysen mit dem Rasch Modell ermöglicht. Der Vorteil ist, dass alles kostenlos zur Verfügung steht und dadurch die vorgestellten Methoden unmittelbar am Computer nachvollziehbar werden. Um den Einstieg zu erleichtern, gibt es ein kurzes Tutorial zur Einführung in R im Anhang, in dem die wichtigsten Grundprizipien demonstriert und die Leser/innen von der Installation von R bis hin zum Datenmanagement begleitet werden.

Das Buch ist praxisnahe konzipiert. Steht man am Anfang einer Analyse mit dem Rasch Modell, bereiten manche Aspekte oft Schwierigkeiten. Wie geht man tatsächlich vor? Wie funktionieren die Schätzmethoden und wie sind Ergebnisse zu interpretieren? Was überprüfen die einzelnen Modelltests denn jetzt wirklich? Welche Software kann man zur Analyse verwenden? Hier setzt das Buch an.

Als Zielpublikum haben wir vor allem an Studierende jener Fachrichtungen, in denen empirische Methoden der Datenerhebung relevant sind, gedacht. Als Beispiele seien Psychologie, Pädagogik, Soziologie, Sozial- und Wirtschaftswissenschaften, Medizin oder Sportwissenschaften genannt. Aber auch Praktiker und Wissenschaftler aus solchen Disziplinen sollten den einen oder anderen Aspekt nützlich finden. Statistische Vorkenntnisse sind nicht unbedingt erforderlich, jedoch sind Kenntnisse auf Bachelorniveau von Vorteil. Das Buch versteht sich als Einführungsbuch mit Praxisbezug und als Nachschlagewerk. Es könnte eine einsemestrige Lehrveranstaltung begleiten oder zum Selbststudium dienen.

Auf der Webseite des Verlags ist für dieses Buch ein Downloadbereich eingerichtet. Sie finden diesen auf http://www.utb-shop.de/9783825237868 unter Zusatzmaterialien, von wo Sie den in Kapitel 7 verwendeten Datensatz herunterladen können. Es ist geplant, dort im Laufe der Zeit weitere Materialien und Informationen bereitzustellen.

An dieser Stelle wollen wir uns bei all jenen bedanken, ohne deren Unterstützung dieses Buch nicht zustande gekommen wäre. Michaela Pötscher-Gareiß, Silke Schäfer, Anne Schild, Wolfgang Wiedermann und Elisabeth Zeilinger haben das Buch in seinen unterschiedlichen Phasen begleitet. Sie haben Entwürfe immer wieder gelesen und wichtige Hinweise und Anmerkungen beigesteuert. Besonders bedanken wollen wir uns bei Marco Maier, der wichtige Diskussionspunkte eingebracht und viel Zeit in technische Hilfestellungen und Layout investiert hat. Als Mitentwickler von eRm hat er auch zu speziellen Programmentwicklungen beigetragen. Kathrin Gruber hat die komplizierte Objektstruktur grafisch veranschaulicht. Alexandra Grand hat uns den Fragebogen und die Daten, die sie im Zuge ihrer Diplomarbeit erhoben und analysiert hat, zur Verfügung gestellt. Regina Dittrich hat nicht nur Teile gegengelesen, sondern auch als Diskussionspartnerin gedient und Hilfestellung bei so manchen Entscheidungen gegeben. Einige ihrer Studentinnen haben die R-Einführung durchprobiert und wichtiges Feedback gegeben. Mit Norman Verhelst konnten wir einige wichtige Aspekte diskutieren. Schließlich wollen wir uns bei Peter Wittmann, dem Verantwortlichen des Verlags, bedanken. Es ist immer eine Freude sich mit ihm zu unterhalten und mit ihm zusammenzuarbeiten. Seine Kompetenz und Geduld hat uns sehr weitergeholfen.

Ingrid Koller                                             Juli, 2012
Rainer Alexandrowicz
Reinhold Hatzinger

Unmittelbar nach Fertigstellung dieses Buches ist Reinhold Hatzinger völlig unerwartet aus dem Leben geschieden. Wir trauern um einen großartigen Wissenschaftler, Mentor, Diskussionspartner, Kollegen und Freund. Als herausragender Experte auf seinem Gebiet teilte er sein umfangreiches Wissen mit jeder interessierten Person, hatte für jedes Anliegen stets ein offenes Ohr und förderte junge Wissenschaftler, wann immer er konnte.

Als Mensch und Wissenschaftler hinterlässt er eine große Lücke.

Ihm sei dieses Buch gewidmet.

Ingrid Koller & Rainer Alexandrowicz

# Inhaltsverzeichnis

# 1. Einleitung

Manchmal ist das Ziel wissenschaftlicher Untersuchungen herauszufinden, welche Ausprägung eine bestimmte Person bei einem bestimmten Merkmal (z. B. Empathie, Arbeitszufriedenheit) hat und/oder ob daraus eine Vorhersage der Ausprägung bei einem anderen Merkmal (z. B. altruistisches Handeln, Arbeitsmotivation) abgeleitet werden kann. Weiters ist es oft von Interesse mögliche Unterschiede hinsichtlich der Ausprägung zwischen Personengruppen zu untersuchen (z. B. Unterschiede zwischen Geschlechtern, Berufsgruppen oder experimentellen Bedingungen). Von Interesse sind auch Untersuchungen hinsichtlich Veränderungen der Merkmalsausprägung nach wiederholter Erfassung (z. B. Wirksamkeitsstudien).

Die zu untersuchenden Objekte können Personen, Tiere oder Gegenstände darstellen, wobei der Fokus in diesem Buch ausschließlich auf Personen gerichtet ist. Die Merkmale können ebenso ganz unterschiedliche Inhalte darstellen, welche aus den unterschiedlichsten Wissenschaftsdisziplinen stammen können. Wir beschäftigen uns in diesem Buch vorwiegend mit psychologischen Merkmalen, wobei wir versuchen die Darstellung so allgemein wie möglich zu halten. Somit sollte der eigentlich methodische Inhalt auf alle möglichen Anwendungsinhalte verallgemeinerbar sein.

## 1.1. Latente Konstrukte und manifeste Indikatoren

Was sind latente Konstrukte? Latente Konstrukte sind nicht direkt beobachtbare Merkmale. Im psychologischen Kontext sind solche Merkmale wie Leistungsmerkmale (z. B. Intelligenz und Rechtschreibfähigkeit), Persönlichkeitseigenschaften (z. B. Extraversion oder Neurotizismus), Einstellungen (z. B. gegenüber Suizid oder Behinderung), Interessen (z. B. Berufsinteresse oder Freizeitinteresse), Zufriedenheit (z. B. Arbeitszufriedenheit) und vieles mehr.

Diese Merkmale sind nicht direkt messbar und werden in der Fachterminologie als latente Konstrukte bezeichnet. Erfassbar werden diese Merkmale erst durch sogenannte beobachtbare Indikatoren.

Das physikalische Merkmal Körpergewicht können wir mit einer Waage messen. Die Messung des Körpergewichts funktioniert sehr genau. Jedoch für das psychologische Merkmal Intelligenz existiert keine Waage. Die Intelligenz ist ein latentes Konstrukt, für das man nicht einfach eine „Intelligenzwaage" bauen kann, bei der wir dann zur Bestimmung des Intelligenzquotienten (IQ) nur noch unseren Kopf auf die Waage legen müssen.

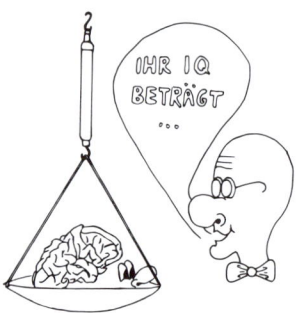

Die Erfassung von latenten Konstrukten, z. B. im psychologischen Bereich, ist ein viel komplexeres Unterfangen. Hinter jedem latenten Konstrukt steckt ein komplexes Theoriemodell, welches die inhaltliche Bedeutung des zu erfassenden Konstruktes abbilden muss. Dieses Theoriemodell wird zur Generierung von manifesten Indikatoren genutzt. Manifeste Indikatoren können Aufgaben in einem Test, oder Fragen in einem Fragebogen sein (beide Arten werden auch als Items bezeichnet), die die Erfassung der Ausprägung bei einem bestimmten latenten Merkmal ermöglichen sollen. Die Reaktionen bzw. Antworten auf Items soll dann Rückschlüsse auf die Ausprägung eines untersuchten latenten Konstruktes ermöglichen. Grafisch wird das latente Konstrukt als Kreis und die manifesten Indikatoren als Rechtecke dargestellt (siehe Abbildung 1.1). Die Linien zwischen latentem Konstrukt und manifesten Indikatoren stellen die Beziehung zwischen den beiden dar. Sie geben uns an, dass die Beantwortung der manifesten Indikatoren von der Ausprägung eines latenten Konstruktes abhängig ist.

Das theoretische Gerüst eines latenten Konstruktes, wie im unteren Beispiel die Fähigkeit des Grundrechnens, inkludiert nicht nur theoretische Inhalte, sondern auch mögliche Situationen und Komplexitätsstufen, die die Aufgabenschwierigkeit beeinflussen.

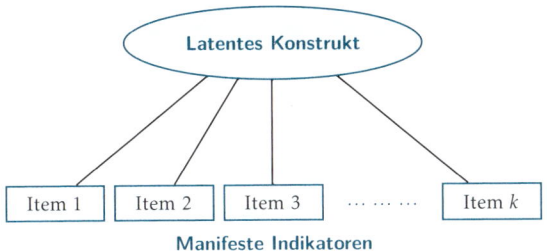

**Abbildung 1.1.:** Latentes Konstrukt (Kreis) und manifeste Indikatoren (Rechtecke).

---

**Ein Beispiel: Grundrechnen bei Kindern – aller Anfang ist schwer**

Zur Erfassung der Fähigkeit Grundrechnen bei Kindern muss zuerst geklärt werden was Grundrechenarten (latentes Konstrukt) sind. Weiters muss man sich überlegen, was sie beinhalten und wie sie erfassbar, also messbar gemacht werden können (Operationalisierung = das latente Konstrukt messbar machen). Dabei soll immer die Zielpopulation (in unserem Fall Kinder in einem bestimmten Alter) berücksichtigt werden. Dieses Beispiel klingt erstmal einfach, ist jedoch wesentlich komplizierter als es erscheint. Allgemein erklärt wird nicht nur zwischen den vier Grundrechenarten (Inhalt) und der Vorgabeart unterschieden. Die Vorgabeart betrifft die Handlungsebene, z. B. die Vorgabe der Rechenaufgaben in arabischer Notation, Einkleidung in Textaufgaben, Berechnung der Aufgabe, Finden von möglichen Fehlern. Weiters kann es noch Komponenten geben, die die Schwierigkeit der Aufgaben beeinflussen: Diese beinhalten unter anderem die Größe der Zahlen, Anordnung der Zahlen (z. B. 25 + 5 vs. 5 + 25, d. h. größere Zahl vorne oder hinten in der Rechenaufgabe), Kombinationen von unterschiedlichen Grundrechenarten, ob Zehnerüberschreitungen vorhanden sind oder nicht und vieles mehr (Komplexität).

---

Aus diesem theoretischen Gerüst und den Kombinationsmöglichkeiten der Inhalte und Handlungsebenen lassen sich Items, Reize oder Ähnliches mit unterschiedlichen Schwierigkeiten ableiten, durch deren Beantwortung oder Reaktion die Erfassung der Ausprägung eines latenten Konstruktes möglich wird. Die Ausprägung einer Person beim latenten Konstrukt (z. B. der Grad ihrer Intelligenz) ist durch die Personeneigenschaft oder Personen-

fähigkeit festgelegt. Sind die Fähigkeitsausprägung einer Person und die Schwierigkeit eines Items bekannt, können wir wieder Rückschlüsse auf das Antwortverhalten bei dem vorgelegten Item ziehen. Die Items werden in der Fachterminologie als manifeste Indikatoren bezeichnet und sind direkt erfassbar bzw. beobachtbar. Dabei wird die Schwierigkeit eines Items für die Zielpopulation als Itemschwierigkeit bezeichnet.

## 1.2. Qualität der Messung

Genauso wie das Körpergewicht mit einer Waage messbar ist, soll auch die Ausprägung des latenten Konstruktes messbar sein. Die Messung mit der Waage ist, unter Voraussetzung der richtigen Eichung, als genau einzustufen. Anstatt einer Waage generieren wir Aufgaben oder Items, durch deren Beantwortung wir Rückschlüsse auf die Ausprägung des latenten Konstruktes ziehen können. Dies bedeutet, dass wir die Ausprägung der Personen messbar machen wollen. Somit besteht unser Messinstrument aus den Aufgaben oder Items, die nicht nur inhaltlich gültig sein müssen (theoriegeleitete Konstruktion), sondern auch weiteren messtheoretischen Qualitätskriterien entsprechen sollen. Sind diese Kriterien erfüllt, kann von einer hinreichend genauen Messung gesprochen werden.

Eine erfolgreiche Fragebogen- oder Testkonstruktion inkludiert eine Überprüfung der Qualität der Items anhand einer zuvor gut gewählten Analysestichprobe. Diese soll bereits die eigentliche Zielpopulation, für die der Test oder der Fragebogen bestimmt ist, gut abbilden. Zur Vereinfachung sprechen wir zukünftig nur noch von Tests. Damit sind z. B. Einstellungstests, Wissenstests, Persönlichkeitsfragebögen und vieles mehr gemeint, welche man allgemein als Skalen bezeichnet. Es gilt dann anhand der Daten zu überprüfen, ob die Qualität der Items den testtheoretischen Anforderungen genügt und sich das Instrument somit für die Untersuchung der Fragestellungen eignet. Im Folgenden lernen wir wichtige Qualitätskriterien kennen. Die kurzen Erklärungen dienen dabei nur als Einführung, die genaue Beschreibung erfolgt in Kapitel 2.1.

### Eindimensionalität

Eine wichtige Anforderung an die Items ist, dass die Beantwortung der Items vorrangig auf die Fähigkeitsausprägung eines untersuchten latenten Konstruktes zurückführbar ist. Das bedeutet, dass alle Items dieselbe Dimension (Eindimensionalität bzw. Homogenität der Items) erfassen müssen.

Auf Personenseite sollten die Items für alle inhaltlich relevanten Personengruppen (z. B. Geschlecht, Alter und Kultur) gleich schwierig sein und somit dieselbe Schwierigkeitsanordnung im Test aufweisen (Invarianz). Diese Forderung wird in der Fachterminologie als die Überprüfung von Differential Item Functioning (DIF) bezeichnet. Liegt in keiner der untersuchten Personengruppen DIF für Items vor, dann funktionieren die Items in allen untersuchten Personengruppen gleich. Gilt diese Eigenschaft für einen Test über alle untersuchten Personengruppen, so wird keine dieser Personengruppen benachteiligt und der Test stellt ein faires Instrument dar.

## Trennschärfe

Ein weiteres sehr wichtiges Qualitätskriterium ist die Trennschärfe der einzelnen Items. Ein Item mit einer guten Trennschärfe kann zwischen fähigeren und weniger fähigen Personen gut unterscheiden (diskriminieren). Das stellt in der Praxis ein wichtiges Qualitätskriterium dar, da man mit Items, die eine zu geringe Trennschärfe aufweisen, keine Entscheidung hinsichtlich der Fähigkeitsausprägung treffen kann. Wenn z. B. ein Rechentest nicht zwischen Kindern mit mathematischen Schwächen und Kindern ohne mathematische Schwächen unterscheiden kann, dann besteht auch nicht die Möglichkeit erstere zu identifizieren und diesen in weiterer Folge eine geeignete Förderung zukommen zu lassen.

## Abhängigkeiten zwischen Items

Des Weiteren sollen die Items in einem Test nicht zu stark voneinander abhängig sein. Die Wahrscheinlichkeit ein Item zu lösen, soll nur von dem Item selbst und nicht von der Lösungswahrscheinlichkeit eines anderen Items abhängen. Der Grund einer Verletzung könnte hier eine zu große Ähnlichkeit zwischen Items sein, oder aber dass die Inhalte von Items aufeinander aufbauen. Bei Vorgabe von Items, die sich inhaltlich sehr ähnlich sind, oder denselben Inhalt erfragen, würde man den zu testenden Personen mehr Items als notwendig vorlegen. Diese voneinander zu stark abhängigen Items erbringen im Weiteren wenig zusätzliche Information zur Bestimmung der Ausprägung eines latenten Konstruktes. Die Vorgabe dieser Items würde zu einer unnötigen Testverlängerung führen. Weiters könnte die Vorgabe von zu stark abhängigen Items wieder zu einer Benachteiligung von Personengruppen führen. Stellen wir uns vor, dass das Lösen eines Items die Lösungswahrscheinlichkeit eines nachfolgenden Items positiv beeinflusst (z. B. durch Lernen), so bedeutet das, dass die Wahrscheinlichkeit das nachfolgende Item zu lösen steigt. Diese Aussage gilt jedoch nicht, wenn das vorherige Item nicht gelöst wurde. Somit hat die eine Gruppe (vorheriges Item gelöst) einen Vorteil gegenüber der anderen Gruppe (vorheriges Item nicht gelöst).

### Die Randsummen: Ausreichende Information über die Personenfähigkeit und die Itemschwierigkeit

Wenn diese und noch weitere Eigenschaften, die wir in Kapitel 2.1 genauer betrachten werden, zutreffen, dann enthalten die Anzahl der gelösten (zuge-stimmten) Items einer Person in einem Test oder die Anzahl der positiven (zugestimmten) Antworten für ein Item alle Informationen für die Personen-fähigkeit und die Itemschwierigkeit. Dann ist es irrelevant, welche Items gelöst wurden, und von welchen Personen das Item gelöst wurde (siehe Kapitel 2.1.5). Diese Eigenschaft hat einen zentralen Stellenwert, denn erst wenn diese zutrifft, ist das Aufsummieren der z. B. richtig gelösten Aufgaben einer Person zu einer Randsumme und die weitere Analyse derer gerechtfertigt.

### Dichotome Items

In diesem Buch beschäftigen wir uns mit dem Typ der dichotomen Items (auch zweikategoriale oder binäre Items genannt). Das sind Items mit zwei möglichen Antwortalternativen. Dichotom kodierte Items in einem Leis-tungstest bedeuten z. B. gelöst (kodiert mit 1) oder nicht gelöst (kodiert mit 0) oder in einem Einstellungsfragebogen z. B. stimme zu (1) oder stimme nicht zu (0). Dieser Itemtypus kann mit dem Rasch Modell (siehe z. B. Fischer und Molenaar, 1995) analysiert werden, welches sich zur Überprüfung der vorher genannten Qualitätskriterien besonders gut eignet.

## 1.3. Aufbau des Buchs und weiterführende Literatur

### Aufbau des Buchs

Das Buch beinhaltet nicht nur eine kurze theoretische Einführung zum Rasch Modell im Allgemeinen, sondern ebenso eine praktische Einführung. Diese betrifft das in R (R Development Core Team, 2012) implementierte Paket eRm (Mair et al., 2012), welches sich für die Analyse von Items, also für die Überprüfung auf Geltung des Rasch Modells und somit Zutreffen der geforderten Qualitätskriterien, hervorragend eignet.

Das Buch gliedert sich in drei Teile. Im ersten Teil (Kapitel 1 und 2) werden die Grundideen der Qualitätskontrolle bei Messungen latenter Variablen und ihrer formalen Umsetzung im Rasch Modell vorgestellt. Der zweite Teil beschreibt in Kapitel 3 allgemeine Prinzipien der Maximum-Likelihood-Methode sowie ihrer konkreten Anwendung zur Schätzung der Modellparameter im Rasch Modell. Hier wird auch auf fehlende Werte eingegangen. In Kapitel 4 werden grafische Methoden und parametrische Tests zur Überprüfung der Gültigkeit des Rasch Modells vorgestellt. Neueste Entwicklungen zur Modellüberprüfung, sogenannte quasi-exakte Tests, die sich besonders bei kleinen Stichproben eignen, sind das Thema von Kapitel 5. Die drei Kapitel des zweiten Teils sind so aufgebaut, dass zunächst kurze theoretischen Einführungen zu einzelnen Aspekten der Analyse mit dem Rasch Modell gegeben werden. Im Anschluß wird die jeweils dazugehörige computergestützte Umsetzung in **eRm** präsentiert. Dabei werden die dazu notwendigen R-Befehle (Eingaben für die Berechnung) erklärt. Die verwendeten Daten sind direkt in R verfügbar. Den Leser/inne/n soll so ermöglicht werden, jeden einzelnen Schritt selbstständig nachzuvollziehen und das Gelernte direkt praktisch anwenden zu können.

Der dritte Teil betrifft die praktische Anwendung. Kapitel 6 diskutiert mögliche Vorgehensweisen bei der Analyse von Daten mit dem Rasch Modell. Kapitel 7 präsentiert beispielhaft eine konkrete Analyse anhand der im Buch behandelten Methoden und Interpretationen der Ergebnisse. Schließlich folgt ein kurze Einführung in R, die Anfänger/inn/en die wichtigsten Grundprinzipien der Bedienung der Software nahebringen soll.

Das Buch soll einerseits die selbstständige Anwendung des Rasch Modells ermöglichen, als auch als Nachschlagewerk dienen.

### Weiterführende Literatur

An dieser Stelle möchten wir Ihnen einige Literaturempfehlungen für Item Response Modelle und für das Programm R mit auf den Weg geben.

Als klassisches Lehrbuch für Item Response Theorie ist Rost (2004) anzuführen. Das deutschsprachige Buch beinhaltet eine gute Einführung in Modelle der Item Response Theorie. Es ist sowohl für Anfänger als auch als Nachschlagewerk geeignet. Außerdem inkludiert es eine CD mit Übungen, u. a. auch mit Beispielen für die Anwendung der Programme WINMIRA und MULTIRA.

Ein weiteres deutschsprachiges Buch ist von Strobl (2010). Sie gibt eine kurze Einführung in das Rasch Modell. Es enthält auch neue Modelltests sowie die Einführung in zwei R-Pakete zur Anwendung von Item Response Modellen.

Als englischsprachiges Lehrbuch kann jenes von de Ayala (2009) empfohlen werden, in welchem u. a. auch die Beschreibungen zu den kommerziellen Programme BIGSTEPS, BILOG, MULTILOG und SAS enthalten sind.

Ein anspruchsvolleres Buch ist das englischsprachige Werk von Fischer und Molenaar (1995). In diesem Buch sind die theoretischen Grundlagen zu unterschiedlichen Modellen der Familie der Rasch Modelle zu finden. Wenn man sich für das Rasch Modell interessiert, darf es in der Bibliothek nicht fehlen.

Weiters ist zu erwähnen, dass ein umfassendes englischsprachiges Werk zu diesem Thema geplant ist und Ende 2012 oder zu Beginn 2013 erscheinen wird. Das *Handbook of IRT* von van der Linden und Hambleton (2013) wird 3 Bände umfassen. In diesen Bänden sind einerseits die theoretischen Grundlagen von Item Response Modellen sowie Programme für die Anwendung dieser Modelle dargestellt.

Wir arbeiten in unserem Buch mit dem Open-Source-Programm R. Wir möchten dazu zwei Literaturempfehlungen geben.

Alexandrowicz (2012) gibt eine Einführung in R in 10 Schritten. Neben der allgemeinen Einführung behandelt das Buch noch einige statistische Auswertungsmethoden sowie Grundlagen der Programmierung in R. Auch dieses Werk wird in Bälde erscheinen.

Schließlich wollen wir noch das Buch von Hatzinger et al. (2011) empfehlen. Neben einer ausführlichen praxisnahen Einführung in R werden grundlegende (aber zum Teil auch fortgeschrittenere) statistische Methoden zur angewandten Datenanalyse behandelt.

# 2. Das dichotome Rasch Modell. Eine theoretische Einführung

Das Rasch Modell für dichotome Daten wird durch die Modellgleichung (2.1) beschrieben:

$$P(X_{vi} = x_{vi} \mid \theta_v, \beta_i) = \frac{\exp[x_{vi}(\theta_v - \beta_i)]}{1 + \exp(\theta_v - \beta_i)} = p_{vi} \qquad (2.1)$$

- $\theta_v$: Personenfähigkeitsparameter für $v = 1, \ldots, n$
- $\beta_i$: Itemschwierigkeitsparameter für $i = 1, \ldots, k$
- $X_{vi}$: Variable für eine Antwort einer Person $v$ auf ein Item $i$
- $x_{vi}$: konkreter Wert, den die Variable $X_{vi}$ annimmt (0 oder 1)

Die Gleichung drückt die Wahrscheinlichkeit für eine Antwort $x_{vi}$, gegeben (symbolisiert durch |) der Personenfähigkeit $\theta_v$ und der Itemschwierigkeit $\beta_i$ aus. Eine kürzere Schreibweise wäre der Ausdruck $p_{vi}$, welcher auf der rechten Seite dargestellt ist. Wenn wir im Buch auf die Gleichung zurückkommen, wird zukünftig nur noch dieser Ausdruck benutzt. Bevor wir uns jedoch der Gleichung etwas genauer zuwenden, müssen wir ein paar grundsätzliche Ausdrücke kennenlernen.

Stellen wir uns vor, wir haben einer bestimmte Anzahl von Personen eine bestimmte Anzahl von Items vorgegeben. Betrachten wir eine bestimmte Person aus unserer Stichprobe, dann handelt es sich um die $v$-te Person der gesamten Anzahl an $n$ Personen. Somit haben wir insgesamt $v = 1, \ldots, n$ Personen getestet. Betrachten wir ein bestimmtes Item, dann nennen wir es das Item $i$, wobei wir $i = 1, \ldots, k$ Items vorgegeben haben. Somit stellen die beiden Indizes $v$ für die Person und $i$ für das Item immer bestimmte Personen oder bestimmte Items in unserem Datensatz dar, welcher eine Größe (Dimension) von $n \times k$ aufweist.

Der Buchstabe $n$ steht für die Anzahl von Personen, also somit der Anzahl von Zeilen im Datensatz. Der Buchstabe $k$ bezeichnet die Anzahl der Items, also die Anzahl der Spalten im Datensatz. Werden diese beiden Zahlen miteinander multipliziert, dann erhält man die Anzahl von Zellen des Datensatzes, dessen Darstellung in der Fachterminologie als Datenmatrix bezeichnet wird. Abbildung 2.1 zeigt eine allgemeine Darstellung einer solchen Datenmatrix.

Die $x_{vi}$, auf die wir gleich noch näher eingehen, stellen die einzelnen Einträge in der Matrix dar. Die Auslassungspunkte in der Darstellung geben an, dass hier noch eine unbestimmte Anzahl an Personen und Items vorhanden ist. Somit können wir die eigentliche Größe der Datenmatrix nicht genau bestimmen und sie nur als $n \times k$ beschreiben.

Die Einträge haben zwei Indizes, nämlich $v$ für Personen und $i$ für Items. Der erste Index stellt die fortlaufende Nummer der Personen (Zeilen) dar, welcher von $1 \ldots, n$ geht. Der zweite Index bezeichnet die fortlaufende Nummer der Items (Spalten) und geht von $1 \ldots, k$. Der letzte Eintrag in der Datenmatrix ist $x_{nk}$ und stellt den Eintrag der letzten Person und des letzten Items dar.

$$
\begin{matrix}
x_{11} & x_{12} & \cdots & x_{1i} & \cdots & x_{1k} \\
x_{21} & x_{22} & \cdots & \cdots & \cdots & x_{2k} \\
x_{31} & x_{32} & \cdots & \cdots & \cdots & x_{3k} \\
\vdots & \vdots & \ddots & \vdots & \ddots & \vdots \\
x_{v1} & x_{v2} & \cdots & x_{vi} & \cdots & x_{vk} \\
\vdots & \vdots & \ddots & \vdots & \ddots & \vdots \\
x_{n1} & x_{n2} & \cdots & x_{ni} & \cdots & x_{nk}
\end{matrix}
$$

**Abbildung 2.1.:** Datenmatrix

Wenn wir hypothetisch annehmen, dass wir $k$ Items $n$ Personen vorgeben, dann stellt die Zufallsvariable $X_{vi}$ das noch unbekannte Antwortverhalten der Person dar. Vor der Vorgabe des Items, wissen wir noch nicht, ob die Person das Item löst oder nicht. Wie die Person auf ein Item antwortet, also der tatsächliche Ausgang der Aufgabenbearbeitung (der in unserem Fall nur 0 oder 1 darstellen kann) wird mit $x_{vi}$ bezeichnet. Somit ist das allgemeine Antwortverhalten einer Person auf ein Item mit $X_{vi} = x_{vi}$ beschrieben, wobei $x_{vi}$ bei der Lösung/Zustimmung des Items den Wert 1 und bei Nichtlösung/keine Zustimmung des Items den Wert 0 annimmt.

Wenn wir nochmals die Gleichung (2.1) betrachten, dann sehen wir, dass die linke Seite der Gleichung genau die gerade erklärte allgemeine Schreibweise des Antwortverhaltens einer bestimmten Person auf ein bestimmtes Item darstellt.

In der Praxis haben wir es jedoch mit realen Datenmatrizen zu tun, in der statt dem Eintrag $x_{vi}$, in jeder Zelle die Antwortmöglichkeit 0 oder 1 steht. In der folgend dargestellten Datenmatrix in Abbildung 2.2 sind Antworten von fünf Personen auf vier Items dargestellt. Damit beinhaltet die Matrix $5 \times 4 = 20$ Einträge.

Rechts außen sind mit $r_v$ die Personenscores $r$ für jede einzelne Person $v$, also die Summe der Einträge einer jeden Zeile, dargestellt. Unterhalb sind mit $c_i$ die Itemscores $c$ für jedes Item $i$, also die Summe der Einträge einer jeden Spalte, dargestellt. In der klassischen Testtheorie sind der Personenscore als

|              | I1 | I2 | I3 | I4 | Summe $r_v$ |
|--------------|----|----|----|----|-------------|
| A            | 1  | 0  | 1  | 1  | 3           |
| B            | 0  | 0  | 0  | 0  | 0           |
| C            | 0  | 1  | 1  | 0  | 2           |
| D            | 1  | 1  | 1  | 1  | 4           |
| E            | 0  | 1  | 1  | 0  | 2           |
| Summe $c_i$  | 2  | 3  | 4  | 2  | –           |

**Abbildung 2.2.:** Datenmatrix für fünf Personen und vier Items

die Personenfähigkeit und der Itemscore als die Itemleichtigkeit definiert. Es gilt jedoch zu beachten, dass die Berechnung eines Personenscores und dem Itemscores nur zulässig ist, wenn für die Daten bestimmte Anforderungen an eine Messung gelten. Diese werden wir in diesem Kapitel noch genauer kennenlernen.

Im Rasch Modell werden Personenfähigkeit und Itemschwierigkeit anhand der beobachteten Daten geschätzt, wobei die unbekannten zu schätzenden Parameter für die Personenfähigkeiten mit $\hat{\theta}_v$ und für die Itemschwierigkeit mit $\hat{\beta}_i$ bezeichnet werden. Das Dach über $\theta$ und über $\beta$ bedeutet, dass es sich hierbei nicht um die wahren Parameter, sondern um die Schätzwerte für diese Parameter handelt.

Die zentrale Frage ist: Wie hoch ist die Wahrscheinlichkeit $p_{vi}$ ($p$ kommt aus dem Englischen und steht für probability) einer Person $v$ mit der geschätzten Personenfähigkeit $\theta_v$ auf ein Item $i$ mit der geschätzten Itemschwierigkeit $\beta_i$ mit $x_{vi}$ zu antworten. Diese Frage ist, wie bereits erklärt, auf der linken Seite der Gleichung (2.1) formuliert.

Möchte man die Lösungswahrscheinlichkeit berechnen, dann wird auf der linken Seite $X_{vi} = 1$ (d. h. das Item wurde gelöst), wie in der Gleichung (2.2), geschrieben. Für die Gegenwahrscheinlichkeit wird dann, wie in Gleichung (2.3), $X_{vi} = 0$ (d. h. das Item wurde nicht gelöst) geschrieben.

Das $x_{vi}$ spielt ebenso auf der rechten Seite der Gleichung (2.1), genauer gesagt im Zähler, eine bedeutsame Rolle. Wird das Item gelöst, wird der Ausdruck $\theta_v - \beta_i$ im Zähler mit 1 multipliziert und führt zu Gleichung (2.2). Wird das Item nicht gelöst, wird der Ausdruck im Zähler mit 0 multipliziert und ergibt den Zähler der Gleichung (2.3). Warum das Ergebnis 1 lautet, wird im nächsten Absatz erklärt.

$$P(X_{vi} = 1 \mid \theta_v, \beta_i) = \frac{\exp(\theta_v - \beta_i)}{1 + \exp(\theta_v - \beta_i)} \tag{2.2}$$

$$P(X_{vi} = 0 \mid \theta_v, \beta_i) = \frac{1}{1 + \exp(\theta_v - \beta_i)} \tag{2.3}$$

Ein wichtiger Bestandteil der Gleichung ist die Abkürzung $\exp(\cdot)$. Diese Abkürzung stellt die Exponentialfunktion dar, welche die Eulersche Zahl $e$ ($e = 2,71828\ldots$) als Basis hat. Dabei ist $\exp(x)$ die Exponentialfunktion einer Variable $x$. Ist nun der Ausgang $X_{vi} = 0$ von Interesse, dann wird der Zähler der Gleichung (2.1) zu $\exp(0) = 1$.

Wir benutzen in diesem Buch die Schreibweise $\exp(\cdot)$. Eine alternative Schreibweise ist $e^x$, wobei damit dieselbe Funktion gemeint ist.

Nebenbei anzumerken wäre noch, dass die Umkehrfunktion von $\exp(\cdot)$ die natürliche Logarithmusfunktion $\ln(\cdot)$ darstellt (im Englischen auch mit $\log(\cdot)$ bezeichnet). Zum Beispiel ergibt $\exp(0) = 1$ und $\ln(1) = 0$. Allgemein formuliert: $\exp(a) = b$ und $\ln(b) = a$.

Die Exponentialfunktion $\exp(\cdot)$ benötigen wir nicht nur zur Berechnung der Wahrscheinlichkeit, sondern sie spielt eine zentrale Rolle beim Verlauf der Itemcharakteristikkurve, die wir später in diesem Kapitel noch kennen lernen werden.

Kommen wir zurück zum Ausdruck $\theta_v - \beta_i$. Dieser Teil der Gleichung stellt die Differenz zwischen Personenfähigkeit und Itemschwierigkeit dar. Ist die Person fähiger als das Item schwierig ist, dann wird das Ergebnis im positiven Bereich liegen. Ist das Item schwieriger als die Person fähig ist, so wird die

Differenz im negativen Bereich sein. Ist die Person jedoch genau so fähig wie das Item schwierig ist, dann ergibt sich eine Differenz von 0.

Nachdem wir alle wichtigen Bestandteile der Gleichung kennen, können wir die Lösungswahrscheinlichkeit $p_{vi}$ berechnen. Wie in den Grundlagen der Wahrscheinlichkeitstheorie, berechnet man die Wahrscheinlichkeit eines Ereignisses über die Anzahl der günstigen Ereignisse dividiert durch die Anzahl der möglichen Ereignisse. Im Falle von dichotomen Items gibt es nur die Ereignisse 0 und 1. Somit erhalten wir im Nenner der Gleichung $(\exp[0 \cdot (\theta_v - \beta_i)]) + (\exp[1 \cdot (\theta_v - \beta_i)])$. Der erste Teil wird mit 0 multipliziert und ergibt $\exp(0) = 1$. Somit lautet der Nenner der Gleichung $1 + \exp(\theta_v - \beta_i)$.

### Die Itemcharakteristikkurve

Zum Schluss kommen wir nocheinmal zurück zu der Exponentialfunktion. Die Exponentialfunktion $\exp(\cdot)$ bestimmt den Verlauf der Itemcharakteristikkurve (ICC; engl.: item characteristic curve), welche die Lösungswahrscheinlichkeit für ein Item in Abhängigkeit der Personenfähigkeit und der Itemschwierigkeit abbildet (siehe Abbildung 2.3). Auf der $y$-Achse wird die Wahrscheinlichkeit ein Item zu lösen aufgetragen, wobei dieser Bereich von 0 bis 1 geht. Auf der $x$-Achse sind die möglichen Personenfähigkeiten dargestellt, wobei diese immer von minus Unendlich $(-\infty)$ bis plus Unendlich $(+\infty)$ verlaufen. In Abbildung 2.3 sehen wir die Kurve für ein Item mit $\beta_i = 1.1$. Die Charakteristik der Kurve zeigt, dass bei konstanter Itemschwierigkeit die Lösungswahrscheinlichkeit eines Items mit steigender Personenfähigkeit ansteigt.

Nehmen wir also an, eine Person ist genauso fähig wie das Item schwierig ist. In diesem Fall ergibt die Differenz von $\theta_v - \beta_i = 0$. Damit wird der Zähler $\exp(0) = 1$. An dieser Stelle beträgt die Diskrimination (siehe Seite 5) des Items (bzw. die Differenzierungsleistung eines Items für unterschiedliche Personenfähigkeiten) definitionsgemäß 1. Berechnet man nun die Lösungswahrscheinlichkeit des Items, dann liegt diese genau bei 0.5 (50%).

Laut Konvention im Rasch Modell wird die Itemschwierigkeit für ein bestimmtes Item durch den Punkt, an dem die Lösungswahrscheinlichkeit des Items 50% beträgt und die ICC ihren steilsten Anstieg hat, definiert. Somit sieht man, dass auf der $x$-Achse nicht nur das mögliche Kontinuum der Personenfähigkeit, sondern auch die Itemschwierigkeit abgebildet ist.

Um das zu verdeutlichen, stellen wir uns ein Item mit der geschätzten Itemschwierigkeit von $\beta_i = 1$ und drei Personen mit den Personenfähigkeitsparametern $\theta_1 = 0$, $\theta_2 = 1$ sowie $\theta_3 = 2$ vor. Setzen wir (probieren Sie es mit

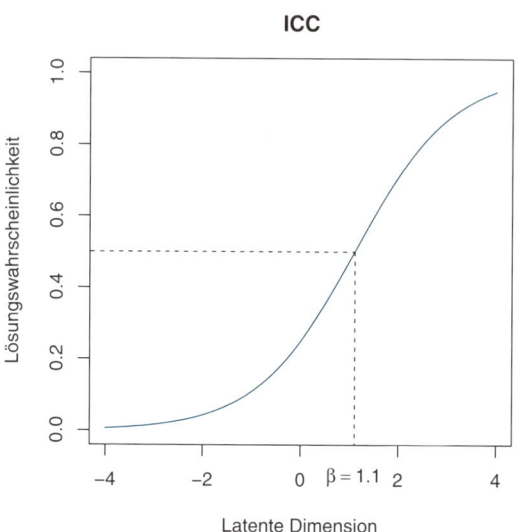

**Abbildung 2.3.:** Itemcharakteristikkurve (ICC) für ein Item das eine Schwierigkeit von $\beta_i = 1.1$ aufweist.

dem Taschenrechner aus) diese Werte jeweils in die Gleichung (2.2) ein, so erhalten wir folgende Lösungswahrscheinlichkeiten: $p_{1i} = 0.269$, $p_{2i} = 0.5$, $p_{3i} = 0.731$. Hier kann gezeigt werden, dass die Wahrscheinlichkeit das Item mit der Schwierigkeit $\beta_i = 1$ zu lösen, mit steigender Personenfähigkeit steigt. Die Differenz $\theta_v - \beta_i$ nimmt dabei eine zentrale Rolle ein. Erst durch sie können wir die Punkte für den Verlauf der Kurve zeichnen. Somit werden auf der $x$-Achse nicht nur $\theta_v$ und $\beta_i$ aufgetragen, sondern eigentlich $\theta_v - \beta_i$.

## 2.1. Zentrale Eigenschaften des Rasch Modells

Im Kapitel 1 wurde darauf hingewiesen, dass eine gute Messung an bestimmte Forderungen gebunden ist. Bestimmte Qualitätskriterien müssen zutreffen, damit wir ein latentes Konstrukt gut erfassen können. Diese Qualitätskriterien sind die Eigenschaften des Rasch Modells, welche zutreffen, sofern das Modell für die beobachteten Daten gilt. Erst wenn diese Eigenschaften gelten, kann die Wahrscheinlichkeit ein Item zu lösen/nicht zu lösen, mit der soeben besprochenen Gleichung (2.1) berechnet werden.

Ob das Rasch Modell für die Daten gilt und somit die Eigenschaften zutreffen kann empirisch überprüft werden. Bevor wir jedoch Möglichkeiten der Modellüberprüfung kennen lernen, werden die Eigenschaften theoretisch genauer erklärt. Wobei bereits hier angemerkt werden soll, dass die Eigenschaften ineinander übergreifen und nicht als für sich separate Eigenschaften zu sehen sind.

## 2.1.1. Eindimensionalität – Homogenität der Items

Eine zentrale Eigenschaft des Rasch Modells ist die der Eindimensionalität, also der Homogenität der Items in einem Test. Wenden wir uns dem Konstrukt mathematischer Kompetenz zu. Eindimensionalität bedeutet in diesem Sinne, dass die Beantwortung der Items in einem Test hauptsächlich durch die Fähigkeitsausprägung im Merkmal, in unserem Fall der mathematischen Kompetenz, zustande kommt. Es spielt somit keine andere Fähigkeit, wie z. B. sprachliche Kompetenz, eine bedeutsame Rolle. Natürlich wird es nie möglich sein zu 100% nur eine Fähigkeit anzusprechen, jedoch ist bereits bei der Testkonstruktion darauf zu achten, Einflüsse, die eine bedeutende Rolle in Bezug auf die Eindimensionalitätsannahme einnehmen, so gut wie möglich gering zu halten.

Wenn Items in einem Test dieselbe Fähigkeit ansprechen, sind diese Items als homogen zu bezeichnen. Homogenität zeigt sich darin, dass diese Items untereinander eine positive Korrelation aufweisen.

Stellen wir uns zwei Items vor: Wenn diese Items homogen sind, dann werden Personen mit sehr niedriger Fähigkeit beide Items eher nicht lösen. Mit steigender Personenfähigkeit, steigt die Wahrscheinlichkeit das leichtere der beiden Items und folglich beide Items zu lösen an. Das heißt, die beiden Items werden positiv miteinander korrelieren und die Korrelation kann durch die Personenfähigkeit erklärt werden. Ist das nicht der Fall, stellt dies eine Verletzung der Homogenitätsannahme (Multidimensionalität) dar und somit werden die Items niedriger miteinander korrelieren, als es erwartet wird.

---

**Beispiel**

Zum besseren Verständnis stellen wir uns einen Test mit $k = 10$ Items vor. Mit steigender Fähigkeit steigt die Lösungswahrscheinlichkeit der Items im Test. Unterteilt man den Test in zwei Teile (z. B. die fünf leichteren Items vs. die fünf schwierigeren Items) und korreliert die

---

Personenscores $r_v$ der Personen, so werden auch diese im homogenen Fall positiv korreliert sein. Wie könnte eine Verletzung der Annahme aussehen? Stellen wir uns vor, wir hätten $k = 5$ Items, die Kochfähigkeit und $k = 5$ Items, die technische Fähigkeit erfassen sollen. Nun geben wir unseren Test einer bestimmten Anzahl von Personen vor und berechnen für jeden Teil (Subskala 1: Kochfähigkeit und Subskala 2: technische Fähigkeit) den jeweiligen $r_v$. Für jede der beiden Subskalen gilt (sofern die Items der jeweiligen Skala homogen sind), dass mit steigender Fähigkeit die Wahrscheinlichkeit die Items zu lösen ebenso steigt. Jedoch sprechen die beiden Subskalen unterschiedliche Fähigkeiten an, so dass z. B. eine hohe Kochfähigkeit nicht mit einer hohen Technikfähigkeit einhergehen muss. Somit werden die Personenscores der beiden Skalen miteinander in geringerem Ausmaß korrelieren, als man es sich von homogenen Items erwarten würde. Wenn man nun über die $k = 10$ Items die Itemparameter simultan (d. h. gleichzeitig) schätzt, erhält man bestimmte Itemschwierigkeiten, die eine bestimmte Reihenfolge (der Schwierigkeit nach geordnet) und bestimmte Schwierigkeitsabstände zueinander (z. B. von Item 1 zu Item 2) aufweisen. Schätzt man nun die Itemparameter für beide Subskalen getrennt, dann werden die Itemschwierigkeiten höchstwahrscheinlich nicht mehr dieselbe Reihenfolge und dieselben Abstände zueinander aufweisen. Somit gilt die Annahme der Homogenität als verletzt.

Wie bereits beschrieben, korrelieren homogene Items untereinander. Es gilt jedoch zu beachten, dass diese Korrelationen auch nicht höher als erwartet sein dürfen. Ist die Korrelation niedriger als erwartet, so spricht man von Heterogenität (Multidimensionalität) und ist sie höher als erwartet stellt es eine Verletzung der Annahme der lokalen stochastischen Unabhängigkeit dar, auf die wir im nächsten Kapitel näher eingehen.

Ob eine Korrelation höher oder niedriger als erwartet ist, kann nicht anhand eines bestimmten Wertes beurteilt werden. Ob das Ausmaß der Korrelation eine Verletzung der Modellgültigkeit darstellt, wird erst durch das Ergebnis der Modellüberprüfung sichtbar.

## 2.1.2. Lokale stochastische Unabhängigkeit

Wie bereits angedeutet, ist die Generierung von Items ein komplexes Verfahren, bei dem unter anderem auch auf die Annahme der lokalen stochastischen Unabhängigkeit (lsU; engl.: local independence) zwischen Items zu achten ist.

Lokale stochastische Unabhängigkeit zwischen Items bedeutet, dass für eine Person mit einem bestimmten $\theta_v$ die Wahrscheinlichkeit ein Item zu lösen nur von dem Item selbst und nicht von der Lösungswahrscheinlichkeit eines anderen Items abhängt. Ist diese Eigenschaft nicht erfüllt, wird sich das in zu hohen Korrelationen zwischen den Items (Inter-Itemkorrelation) zeigen. Gelten Items als lokal stochastisch unabhängig, kann die Inter-Itemkorrelation durch die Personenfähigkeit erklärt werden. Das heißt, dass zwischen jeweils zwei Items bei Konstanthaltung von $\theta$, also der Personenfähigkeit (der Personeneigenschaft), nahezu keine Korrelation existiert (d. h., theoretisch existiert keine Korrelation zwischen den beiden Items, praktisch wird jedoch evtl. eine sehr geringe Korrelation gefunden). Das Wort „lokal" bezeichnet die Konstanthaltung der Personenfähigkeit, d. h., es wird nur eine bestimmte Ausprägung, also eine einzige Personenfähigkeit, betrachtet. Stochastisch unabhängig bezeichnet dann den Umstand, dass sich die zwei Zufallsereignisse, also das Lösen oder nicht Lösen der Items, nicht gegenseitig beeinflussen. Somit ist die Wahrscheinlichkeit, dass das Item gelöst (nicht gelöst) wird, unabhängig davon ob das andere Item gelöst (nicht gelöst) wurde.

Nehmen wir an, wir hätten zwei lokal stochastisch unabhängige Items $i$ und $j$. Insgesamt könnte sich die folgende Datenstruktur wie in Abbildung 2.4 ergeben. Beachten Sie, dass es sich hierbei um ein extremes Beispiel handelt, welches in der Praxis kaum auftreten wird.

Man sieht, dass das Item $i$ das leichtere Item ist, welches im Allgemeinen eine höhere Lösungshäufigkeit aufweist. Personen mit einer niedrigen Fähigkeit lösen entweder kein Item ($n_{--} = 100$) oder nur das leichtere Item $i$ ($n_{+-} = 100$). Währenddessen zeigt sich bei Personen mit einer höheren Fähigkeitsausprägung, dass sie häufig beide Items lösen ($n_{++} = 95$) oder ebenso zumindest das Item $i$ ($n_{+-} = 95$).

Wenn man die Vierfelderkorrelation ($r_\phi$) der beiden Items für den gesamten Datensatzes berechnet, ergibt sich eine Korrelation von $r_\phi = 0.23$. Teilt man jedoch den Datensatz anhand des Teilungskriteriums Personenscore-Median (also jener Personenscore, der von der Hälfte der Personen erreicht wurde), verschwindet die Korrelation in beiden Teilgruppen ($r_\phi = 0$). Somit ist im gesamten Datensatz zwar eine Korrelation vorhanden, jedoch bei der Berechnung für die Teilgruppen von Personen kann man sehen, dass die Items lokal stochastisch unabhängig sind, d. h., die Korrelation zwischen den Items kann durch die Personenfähigkeit erklärt werden.

Die Eigenschaft der lokalen stochastischen Unabhängigkeit gilt auch als verletzt, wenn man z. B. zwei inhaltlich ähnliche Items (im unglücklichsten

| niedrige Fähigkeit: $r_\phi = 0$ |
| --- |

|  |  | Item $i$ | |
| --- | --- | --- | --- |
|  |  | − | + |
| Item $j$ | − | 100 | 100 |
|  | + | 5 | 5 |

| hohe Fähigkeit: $r_\phi = 0$ |
| --- |

|  |  | Item $i$ | |
| --- | --- | --- | --- |
|  |  | − | + |
| Item $j$ | − | 10 | 95 |
|  | + | 10 | 95 |

**Abbildung 2.4.:** Lokale stochastische Unabhängigkeit

Fall zwei gleiche Items) in einem Test vorfindet. Zum Beispiel, eine Person löst das Item und wird es darauffolgend mit einer hohen Wahrscheinlichkeit nochmals lösen und umgekehrt (häufiges Auftreten der Antwortmuster {00} und {11}).

Eine weitere Möglichkeit wären aufeinander aufbauende Items, bei denen durch das Lösen des ersten Items sich die Lösungswahrscheinlichkeit des zweiten Items erhöht (häufiges Auftreten des Antwortmusters {11}). Das kann inhaltlich begründet sein oder auch einen Lerneffekt darstellen. Weitere Möglichkeiten für Abhängigkeiten wären z. B.: das zweite Item wird nur vorgelegt (Filterfrage), wenn das erste Item gelöst wurde, oder die Antwort auf das erste Item beeinflusst die Antwort auf das folgende Item.

Zusätzlich ergeben lokal stochastisch abhängige Items eigentlich keine zusätzliche Information für die Bestimmung der Fähigkeitsausprägung. Wenn die Verletzung dieser Annahme nicht durch Umordnung der Itemreihenfolge im Test aufgelöst werden kann, sollten die nicht informativen Items, also die lokal stochastisch abhängigen Items, aus dem Test eliminiert werden. Damit ist gemeint, wenn zwei Items lokal stochachstisch abhängig sind, kann ein Item davon aus dem Test ausscheiden, bzw. sollten andere Modelle, die eine Modellierung von lokal stochastischen Abhängigkeiten zulassen, verwendet werden (z. B. wenn die Abhängigkeit inhaltlich nicht vermeidbar ist). Eine Verletzung der Annahme der lokalen stochastischen Unabhängigkeit kann ebenso durch Multidimensionalität zustande kommen. Beispielsweise könnte die Abhängigkeit zwischen zwei Items durch die Anwendung einer bestimmten Lösungsstrategie begründet sein. Die Lösungswahrscheinlichkeit der zwei Items steigt mit steigender Fähigkeit. Wird jedoch die Lösungsstrategie angewendet, dann steigt die Lösungswahrscheinlichkeit der beiden Items unabhängig von der Fähigkeitsausprägung des latenten Konstruktes.

Eine andere Möglichkeit der lokalen stochastischen Abhängigkeit besteht auf der Personenseite, z. B., wenn zwei Personen voneinander abschreiben. Dieser mögliche Fehler muss aber bei der Planung der Testdurchführung oder bei der Testdurchführung ansich durch die Testleiter beachtet werden und wird hier nicht weiter beschrieben.

### 2.1.3. Spezifische Objektivität/Stichprobenunabhängigkeit

Wenn ein Test, überprüft anhand einer Analysestichprobe, als Rasch modell-konform bezeichnet werden kann, dann ist es irrelevant, welche Personen aus der definierten Population (alle möglichen Personen, für die der Test konstruiert wurde) gezogen werden um zwei Items $i$ und $j$ bezüglich ihrer Itemschwierigkeiten $\beta_i$ und $\beta_j$ zu vergleichen. Umgekehrt ist es ebenso irrelevant, welche Items aus dem Itempool (alle möglichen Items, die zur Messung der Fähigkeit möglich sind) gezogen werden um zwei Personen $v$ und $w$ bezüglich ihrer Fähigkeitsausprägungen $\theta_v$ und $\theta_w$ zu vergleichen. Diese Eigenschaft nennt man spezifische Objektivität.

Sehen wir uns zwei Personen an. Die Person $v$ besitzt eine niedrigere Fähigkeitsausprägung $\theta_v = -2$ als eine zweite Person $w$ mit einem Parameter von $\theta_w = 2$. Wenn man nun beiden Personen ein Item mit der Schwierigkeit von $\beta = 0$ vorlegen würde, erhält man nach der Gleichung (2.1) für die Person $v$ eine Lösungswahrscheinlichkeit von $p = 0.12$ und für die Person $w$ ein $p = 0.88$. Logischerweise wird die Person mit der höheren Fähigkeit eine höhere Lösungswahrscheinlichkeit erreichen. Wenn nun ein anderes Item mit einer anderen Itemschwierigkeit vorgelegt werden würde, wird trotzdem immer die Person $w$ die fähigere der beiden bleiben, daher ist es egal, welches Item zum Vergleich zweier Personenfähigkeiten herangezogen wird. Versuchen Sie es nachzuvollziehen, indem Sie die Lösungswahrscheinlichkeit für ein Item mit $\beta = 1$ für beide Personen berechnen.

Oft spricht man im Zusammenhang mit spezifischer Objektivität auch von Stichprobenunabhängigkeit (z. B. Fischer, 1974). Wenn das Rasch Modell für einen Datensatz gilt, d. h., die Eigenschaft der spezifischen Objektivität zutrifft, kann man aus einem beliebigen Teil der Population Personen ziehen und damit die Parameter schätzen. Somit führt der Vergleich zweier Itemschwierigkeiten (bzw. Personenfähigkeiten) immer zum selben Ergebnis, egal welche Personen (oder Items) dafür verwendet werden. Die Ergebnisse sind unabhängig von der ausgewählten Stichprobe. Die Auswahl der Items aus einem Itempool und die Auswahl der Personen aus der Population muss nicht mehr zufällig sein.

Es gilt jedoch anzumerken, dass man nicht dem Irrglauben unterliegen darf, dass man für die Überprüfung eines Tests auf Rasch Modellgültigkeit keine Zufallsstichprobe (d. h. eine Stichprobe, die die Population hinsichtlich ihrer Merkmale wie z. B. Geschlecht gut abbildet) benötigt. Erst wenn das Rasch Modell für die Daten gilt, gilt auch der Vorteil der Stichprobenunabhängigkeit.

Ein zentraler Aspekt der spezifischen Objektivität auf Personenseite ist die Subgruppeninvarianz, auf die wir im folgenden näher eingehen.

### Subgruppeninvarianz

Die Annahme der Subgruppeninvarianz trifft zu, wenn sich die Schätzung der Personenfähigkeiten über unterschiedliche Subgruppen von Personen (z. B. Männer und Frauen) aus der untersuchten Population nicht verändert. Praktisch gesehen ist damit gemeint, dass Personen aus unterschiedlichen Gruppen, deren wahre Fähigkeit gleich hoch ist, durch die Beantwortung der Items in einem Test ebenso den gleichen Personenscore erzielen.

Eine Verletzung der Annahme der Subgruppeninvarianz liegt vor, wenn in unterschiedlichen Personengruppen zur Beantwortung von Items eventuell nicht dieselbe Fähigkeit angesprochen wird. Daraus resultiert zwischen den Gruppen ein unterschiedliches „Funktionieren" der Items. Diese Art von Verletzung kann aufgrund verschiedener Umstände, die nichts mit dem Test zu tun haben, zustandekommen (z. B. sind Items für Menschen mit unterschiedlicher Muttersprache unterschiedlich schwierig, weil bestimmte Inhalte nicht verstanden werden). Es könnte auch sein, dass zu der Beantwortung der Items unterschiedliche Fähigkeitskomponenten erforderlich sind, die in verschiedenen Personengruppen unterschiedlich ausgeprägt sind. Beispielsweise könnten bestimmte Items in einem Test, zusätzlich zur Fähigkeitskomponente der mathematischen Kompetenz, noch einen erhöhten Anteil der Komponente Leseverständnis erfordern.

Die Annahme der Subgruppeninvarianz wird überprüft, indem man den Datensatz in zwei oder mehrere Personengruppen unterteilt und dann die Itemparameterschätzungen der Gruppen miteinander vergleicht. Die Teilung kann auf zwei unterschiedliche Arten vorgenommen werden. Einerseits kann die Teilung anhand externer Variablen (z. B. Geschlecht, Kultur, Alter, etc.), andererseits kann sie anhand internen Teilungskriterien erfolgen (z. B. Median der Personescores, siehe Seite 63).

Die Überprüfung der Subgruppeninvarianz anhand von externen Teilungskriterien (z. B. Geschlecht) wird in der Fachliteratur als die Überprüfung von

Differential Item Functioning (DIF, Holland und Wainer, 1993 oder auch de Ayala, 2009) bezeichnet. Es gilt zu beachten, dass DIF nur als Überbegriff für zahlreiche Unterscheidungen bzw. Arten von DIF zu sehen ist, deren Differenzierung in diesem Buch nicht behandelt wird. Wenn Items in einem Test DIF zeigen, ist die resultierende Konsequenz ein unfaires Testinstrument. Das heißt, dass mindestens eine Gruppe von Personen im Test benachteiligt wird. DIF-Items können, wie bereits beschrieben, daran erkannt werden, dass sie in unterschiedlichen Personengruppen unterschiedlich funktionieren. Damit ist gemeint, dass sie unterschiedliche Itemschwierigkeiten über die Personengruppen hinweg aufweisen.

---

### Beispiel

Nehmen wir an, eine als eindimensional postulierte Skala bestünde aus $k = 10$ Items, die nach ihrer Itemschwierigkeit aufsteigend geordnet sind, wobei die Items 3 und 5 für Frauen und Männer bedeutsam unterschiedlich funktionieren, d. h., sie zeigen DIF. Theoretisch könnten diese Items für Frauen viel leichter zu beantworten sein als für Männer und daher eine viel niedrigere Itemschwierigkeit erhalten. Zum Beispiel könnten diese Items geschlechtsspezifische Inhalte aufweisen und werden daher bei Frauen und Männern zur Lösung des Items unterschiedliche Fähigkeiten (d. h. unterschiedliche Dimensionen) ansprechen.

Stellen wir uns vor, wir haben einen Test zur Überprüfung der Fähigkeit des Backens konstruiert, den wir einer bestimmten Anzahl von Personen vorgeben. Eine Frage könnte sein: Geben Sie an, wie viel Gramm Mehl man für die Zubereitung eines Marmorkuchens benötigt? Bitte beachten Sie, dass das nur ein Beispielitem ist und die persönlichen Vorlieben für die Größe der Backform und der Kuchengröße nicht berücksichtigt wurden. Im nächsten Schritt stellen wir uns vor, wir wählen eine Frau und einen Mann aus, welche dieselbe Fähigkeit im Backen aufweisen. Jedoch unterscheiden sich ihre Testergebnisse. Der Mann erhält einen um einen Punkt niedrigeren Personenscore als die Frau. Was könnte die Ursache dafür sein? Der einzige Unterschied könnte sein, dass die Frau auswendig weiß, wie viel Gramm Mehl sie für den Marmorkuchen benötigt und der Mann in einem Kochbuch nachschauen muss und somit das Item nicht lösen kann (kann natürlich auch umgekehrt sein). Für alle anderen Items gilt das nicht. Somit untersucht das Item zwar die Backfähigkeit, es funktioniert jedoch für die beiden Personen unterschiedlich.

> Damit wird das Item für die Männer schwieriger lösbar sein als für Frauen und die Lösungswahrscheinlichkeit des Items wird nicht mehr mit dem Anstieg der Fähigkeit zusammenhängen. Ordnet man nun die Items im Test hinsichtlich ihrer Itemschwierigkeiten getrennt für jede Gruppe, so wird sich über die Gruppen nicht mehr die gleiche Anordnung der Itemschwierigkeiten zeigen. Genauso wird sich auch der Abstand zu den Itemschwierigkeiten der anderen Items im Test verändern. Daraus resultiert, dass Frauen und Männer mit derselben Fähigkeitsausprägung nicht mehr die gleiche Chance haben diese Ausprägung im Test auch tatsächlich zu erreichen.

Um DIF zu vermeiden ist eine genaue Bestimmung der Population, in der das Testinstrument seine Anwendung findet, bereits während der Testplanung erforderlich. Somit kann man sich anhand externer Variablen, die Personengruppen beschreiben (z. B. Geschlecht), theoretisch überlegen, welche Iteminhalte DIF produzieren könnten und diese Items bereits vor der Analyse aus dem Test entfernen oder die Inhalte ändern um DIF zu verringern. Existiert jedoch DIF, im Sinne von unterschiedlichen Itemschwierigkeiten, müssen die Testwerte der betroffenen Personengruppen getrennt betrachtet werden.

Wie bereits in diesem Unterkapitel beschrieben, besteht die Möglichkeit die Teilung des Datensatzes anhand des internen Teilungskriterium Personenscore (z. B. mithilfe des Medians) vorzunehmen. Wenn die Subgruppeninvarianz anhand eines internen Teilungskriteriums überprüft wird, dann wird damit die Trennschärfe (Diskrimination) der Items überprüft, auf die wir im nächsten Abschnitt näher eingehen.

### 2.1.4. Streng monoton steigende Itemcharakteristikkurven

Bei Geltung des Rasch Modells und somit vorliegender Homogenität der Items sind alle ICCs streng monoton steigend. Damit ist gemeint, dass die Lösungswahrscheinlichkeit eines Items mit steigender Personenfähigkeit durchgängig steigt und an keiner Stelle des Fähigkeitsbereichs konstant bleibt oder wieder absinkt. Eine ICC stellt die Lösungswahrscheinlichkeit eines Items mit bestimmtem $\beta_i$ in Abhängigkeit der möglichen Personenfähigkeitsausprägungen $\theta$ dar. Die Eigenschaft der streng monoton steigenden ICC führt bei Geltung des Rasch Modells für alle Items zu überschneidungsfreien und parallel verlaufenden ICCs. In Abbildung 2.5 sind die ICCs von vier Items mit unterschiedlicher Schwierigkeit dargestellt.

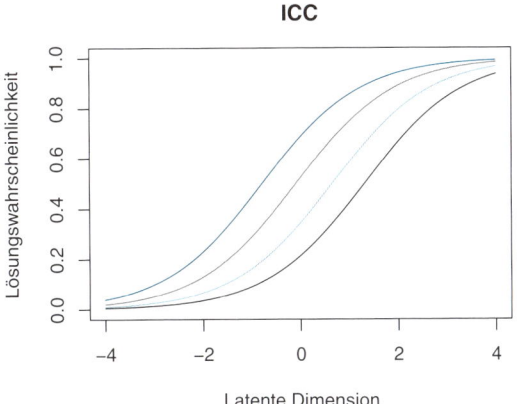

**Abbildung 2.5.:** Itemcharakteristikkurven

Wie bereits in Kapitel 2, Seite 13 erklärt, ist die Form der ICC durch die Modellgleichung (2.1) begründet. Sie können sich für das Verständnis der Abhängigkeit zwischen Gleichung und ICC ein eigenes Beispiel konstruieren. Man nehme z. B. ein Item mit der Schwierigkeit $\beta_i = 0$ und einen Vektor an Personenfähigkeitsparametern ($\theta = -3, -2, -1, 0, 1, 2, 3$) und setze diese Werte immer in die Gleichung (2.1) ein. Wenn man die Ergebnisse nun in eine Skizze ($x$-Achse = Personenfähigkeitsparameter, $y$-Achse = Lösungs-wahrscheinlichkeit) aufträgt, erhält man genauso eine ICC für ein Item wie in 2.5 dargestellt. Dabei wird man feststellen, dass beim Punkt, bei dem die Personenfähigkeit gleich hoch wie das Item schwierig ist, die Lösungswahr-scheinlichkeit bei 0.5 liegt und die ICC ihren steilsten Anstieg hat. Hierbei handelt es sich um eine Konvention beim Rasch Modell, dass die Itemschwie-rigkeit genau an diesem Punkt, also bei der Lösungswahrscheinlichkeit 0.5, festgelegt wird. An dieser Stelle befindet sich der Wendepunkt der ICC, vor und nach diesem Punkt verläuft die Kurve wieder flacher. Dieser Punkt ist auch der informativste, denn genau in diesem Bereich kann man sehr gut zwischen Personen mit niedrigerer und höherer Fähigkeit unterscheiden. Damit ist gemeint, dass mit geringem Anstieg der Personenfähigkeit die Lösungswahrscheinlichkeit eines Items sehr stark ansteigt.

Wie bereits im vorherigen Kapitel bei Subgruppeninvarianz beschrieben, kann der Anstieg der ICC über das interne Teilungskriterium Personenscore-Median (Median des Personenscores) überprüft werden. Sind die Items z. B.

für die unteren Fähigkeitsgruppen leichter als als unter dem Rasch Modell erwartet, dann beginnt der Verlauf der ICC im unteren Fähigkeitskontinuum etwas höher als bei einem Rasch modellkonformen Item. Damit wird die ICC flacher (bzw. bei negativer Trennschärfe dreht sie sich komplett um, d. h., der höchste Punkt befindet sich auf der linken Seite der Grafik und der niedrigste Punkt auf der rechten Seite).

In Abbildung 2.6 sieht man die ICCs für zwei Items mit derselben Item-schwierigkeit.

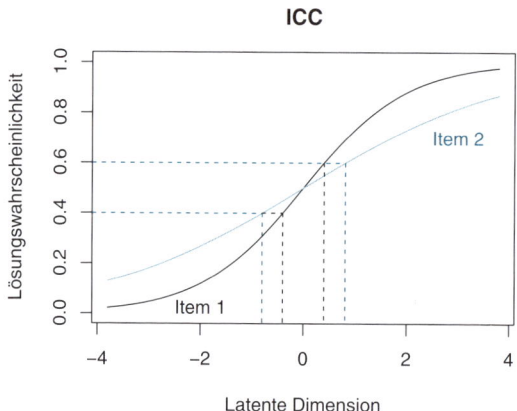

**Abbildung 2.6.**: Zwei Items mit unterschiedlicher Diskrimination

Item 1 (schwarze Linie) zeigt die im Rasch Modell erwartete Form. Das zweite Item (blaue Linie) zeigt eine geringere Trennschärfe als das Item 1. Man sieht, dass die Lösungswahrscheinlichkeit im unteren Teil des Fähigkeitsbereichs nicht nahe 0 und im oberen Bereich nicht nahe 1 liegt. Das zweite Item diskriminiert schlechter zwischen Personen mit niedrigerer und höherer Fähigkeit.

Das kann man leicht nachvollziehen, indem man sich die Frage stellt, um wie viel sich zwei Personen hinsichtlich ihrer Fähigkeit unterscheiden müssen, damit die Lösungswahrscheinlichkeit von 0.4 auf 0.6 (bei der Begrenzung zwischen 0 und 1 stellt 0.2 bereits eine beachtliche Differenz dar) steigt. Wenn Sie die gestrichelten Linien in Abbildung 2.6 ausgehend von der $y$-Achse (Lösungswahrscheinlichkeit) verfolgen und dann mit der $x$-Achse (Personenfähigkeit) verbinden, dann sehen Sie die Unterschiede der beiden Items. Beim ersten Item benötigt man eine viel geringere Differenz hinsichtlich der Personenfähigkeit als beim zweiten Item. Das bedeutet, dass das erste Item zwischen Personen mit niedriger und hoher Personenfähigkeit gut unterscheiden kann. Das zweite Item diskriminiert schlechter.

Eine flachere ICC kann auf verschiedene Weisen zustandekommen. Die Lösung des Items kann einerseits eine erhöhte Ratewahrscheinlichkeit aufweisen, d. h., die Lösung des Items kann von vielen Personen mit einer niedrigen Fähigkeit erraten werden. Andererseits kann das Item ebenso eine zu hohe Irrtumswahrscheinlichkeit aufweisen, d. h., dass Personen mit einer hohen Fähigkeit sich häufig irren. Das Item kann auch Inhalte aufweisen, die generell für die weniger fähigen Personen leichter und umgekehrt, für Personen mit hoher Fähigkeit schwierig zu lösen sind (z. B. durch Multidimensionalität). Das kann von einer niedrigen Trennschärfe bis hin zu einer negativen Trennschärfe führen. Damit würde sich die ICC komplett umdrehen und die höchste Lösungswahrscheinlichkeit würde im unteren Fähigkeitsbereich liegen, währenddessen die niedrigste Lösungswahrscheinlichkeit im höchsten Fähigkeitsbereich liegt.

Egal was der Grund für eine niedrigere Trennschärfe eines Items ist, es ist damit nicht mehr gewährleistet, dass Personen mit einer sehr geringen Fähigkeit eine Lösungswahrscheinlichkeit annähernd von 0 und umgekehrt, dass Personen mit einer sehr hohen Fähigkeit eine Lösungswahrscheinlichkeit von annähernd 1 aufweisen.

Es gibt jedoch auch den umgekehrten Fall. Wenn ein Item für die fähigere Gruppe bedeutsam leichter als für die weniger fähige Gruppe ist, dann ist der Anstieg der Itemcharakteristikkurve größer als für Item 1 in Abbildung 2.6. Im extremsten Fall kann das Item bis zu einer bestimmten Fahigkeitsausprägung nie gelöst werden. Jedoch bei Überschreitung dieser bestimmten Fähigkeitsausprägung wird das Item immer gelöst. Praktisch stellt so ein Item kein problematisches Item dar, jedoch widerspricht es der Annahme der parallel verlaufenden ICCs und somit spricht es streng genommen gegen die Geltung des Rasch Modells.

## 2.1.5. Suffizienz

Wenn die zuvor beschriebenen Eigenschaften zutreffen, also das Rasch Modell gilt, dann stellen die Personenscores $r_v = \sum_{i=1}^{k} x_{vi}$ (Die Summe $\sum$ der gelösten Items pro Person) für die Personenfähigkeiten $\theta_v$ mit $v = 1, ..., n$ und die Itemscores $c_i = \sum_{v=1}^{n} x_{vi}$ (Die Summe $\sum$ über alle Personen, die das Item gelöst haben) für die Itemschwierigkeiten $\beta_i$ mit $i = 1, ..., k$ suffiziente Statistiken dar. Die gesamte relevante Information zur Schätzung der Personenfähigkeit und der Itemschwierigkeit ist in den Randsummen enthalten. Damit ist das Innere der Datenmatrix, d. h. die einzelnen Einträge in den Zellen, irrelevant. Daraus folgt, dass Personen mit demselben Personenscore $r_v$ auch dieselbe Fähigkeit $\theta_v$ erhalten, egal welches Item gelöst wurde. Genauso gilt, dass Items mit demselben Itemscore $c_i$ auch dieselbe Itemschwierigkeit $\beta_i$ erhalten, egal von welchen Personen sie gelöst wurden. Somit ermöglichen suffiziente Statistiken auch spezifisch objektive Vergleiche (siehe Kapitel 2.1.3).

## 2.1.6. Zusammenspiel der Eigenschaften

Wenn die zuvor erklärten Eigenschaften überprüft wurden, kann die Geltung des Rasch Modells für einen untersuchten Datensatz angenommen werden. Die zuvor beschriebenen Eigenschaften sind jedoch nicht unabhängig voneinander. Diese Abhängigkeit soll in diesem Kapitel kurz beschrieben werden. Es muss jedoch darauf hingewiesen werden, dass sicher noch weitere Kombinationen der Eigenschaften möglich sind.

Wenn zwei Items lokal stochastisch abhängig sind, in dem Sinne, dass die Korrelation zwischen Items nicht durch die Personenfähigkeit erklärt werden kann, muss das nicht durch Ähnlichkeit zwischen Items zustande kommen. Ebenso kann es durch multidimensionales Funktionieren der Items entstehen. Multidimensionalität kann somit nicht nur bei zu niedrigen Inter-Itemkorrelationen, sondern ebenso bei zu hohen Inter-Itemkorrelationen auftreten. Durch welchen Umstand die nicht passenden Inter-Itemkorrelationen zustande kommen, muss inhaltlich erklärt werden.

Zeigt die testtheoretische Analyse, dass sich DIF-Items im Test befinden, so kann das einerseits durch unterschiedliche Eigenschaften einzelner Personengruppen auftreten oder ebenso durch Multidimensionalität von Items begründet sein. Nehmen wir z. B. an, ein Test für Kinder überprüft die Fähigkeit der Mengenbeurteilung und es gibt Items, die für Jungen und Mädchen unterschiedlich funktionieren. Ein passendes Item wäre „Sind 3 Blumen auf einer Wiese im Sommer viel oder wenig?". Ein DIF-Item könnte sein „Sind 50 Zuschauer bei einem Länderspiel in einem Fußballstadion viel oder wenig". Dieses Item beinhaltet geschlechtstypische Inhalte. Dieses Item ist für Mädchen, die sich weniger gut mit Fussball auskennen, schwieriger zu lösen. Wenn wir das erstgenannte Item als ein passendes Item bezeichnen, dann könnte DIF in einem weiteren Item „Schätze die Menge von Legosteinen am Boden", wobei die Anzahl der Legosteine unter 10 ist, aufgrund von

Multidimensionalität auffallen. Nehmen wir an, dass die erste Gruppe von Kindern einen Teil der Legosteine zählt und den Rest schätzt und die zweite Gruppe versucht die dargebotene Menge als Ganzes zu schätzen. Das würde bedeuten, dass zur Lösung des Items von verschiedenen Personengruppen unterschiedliche Strategien (und somit Fähigkeiten) angewendet werden. So könnte das zweite Item für die erste Gruppe viel schwieriger/leichter als für die zweite Gruppe sein. Betrachtet man nun die Itemschwierigkeit für den gesamten Datensatz, könnten die beiden Items gleich schwierig sein. Teilt man jedoch den Datensatz, wird das erste Item noch immer die gleiche Itemschwierigkeit aufweisen, jedoch die Itemschwierigkeit des zweiten Items wird sich über die Gruppen unterscheiden. Aus welchen Umstand ein Item DIF zeigt, muss genau untersucht werden. Eine genaue Untersuchung beinhaltet eine theoriegeleitete Analyse.

Wenn nicht alle ICCs streng monoton steigend sind, dann deutet das auf unterschiedliche Diskrimination der Items hin. Das kann aufgrund einer erhöhten Ratemöglichkeit, zu hoher Irrtumsmöglichkeit, durch Formulierungsfehler in den Items oder wiederum durch multidimensionales Funktionieren begründet sein. Bleiben wir beim Beispiel Mengenbeurteilung. Nehmen wir an, der Test enthält eine Anzahl gut funktionierender Items. Mit steigender Fähigkeit steigt auch die Lösungswahrscheinlichkeit für die Items. Das letztgenannte Item „Schätze die Menge von Legosteinen am Boden" passt jedoch nicht zu den restlichen Items. Für dieses wird höchstwahrscheinlich nicht gelten, dass die Lösungswahrscheinlichkeit des Items mit steigender Fähigkeit des latenten Konstruktes Mengenbeurteilung steigt. Es wird eine niedrigere Diskrimination aufweisen, welche in diesem Fall durch Multidimensionalität begründet ist. Auch in diesem Fall gilt, dass der Grund der Auffälligkeit theoriegeleitet untersucht werden soll.

Finden wir Verletzungen der Annahmen (also die zuvor genannten Eigenschaften treffen nicht zu) in unserem Datensatz, stellen die Randsummen $r_v$ und $c_i$ keine suffizienten Statistiken für die Fähigkeitsausprägungen $\theta_v$ und Itemschwierigkeit $\beta_i$ mehr dar und ebenso gilt die Annahme der spezifischen Objektivität als verletzt. Durch die nicht vorhandene Suffizienz stellt derselbe Personenscore zwischen den untersuchten Gruppen nicht mehr dieselbe Fähigkeitsausprägung dar und somit ist es nicht mehr irrelevant welche Items aus der Itempopulation zum Vergleich zweier Personenfähigkeiten $\theta_v$ und $\theta_w$ gewählt werden. Genauso ist es nicht mehr irrelevant für den Vergleich zweier Itemschwierigkeiten $\beta_i$ und $\beta_j$ welche Personen aus der zuvor definierten Population gezogen werden.

## Die Modellüberprüfung: Ausblick

Wie schätzt man nun die Parameter des Rasch Modells und wie überprüft man die Eigenschaften? Diesen Themen widmen sich die folgenden Kapitel. Im Mittelpunkt steht dabei die Überprüfung der Geltung des Modells.

Als erstes erfolgt die Schätzung der Parameterwerte und die Überprüfung des Modells anhand parametrischer Verfahren. Diese Methoden wird man standardmäßig in Anwendungen des Rasch Modell finden (Kapitel 3.8).

Eine weitere Möglichkeit der Modellüberprüfung stellen die sogenannten quasi-exakten Tests (parameterfreie Verfahren) dar, die eine Überprüfung des Rasch Modells bereits bei relativ kleinem Stichprobenumfang ermöglichen (Kapitel 5).

# 3. Schätzung der Modellparameter

Die Modellgleichung des Rasch Modells (2.1) definiert die Wahrscheinlichkeit einer positiven Antwort $P(X_{vi} = 1)$, wenn eine Person $v$ mit dem Fähigkeitsparameter $\theta_v$ ein Item $i$ mit dem Schwierigkeitsparameter $\beta_i$ bearbeitet. Diese beiden Parameter werden in der Gleichung subtrahiert. Es kommt also darauf an, welcher der beiden Werte größer ist: Überwiegt $\theta_v$, dann kann die Person mehr, als es das Item erfordert und die Lösungswahrscheinlichkeit ist größer als 0.5. Überwiegt hingegen $\beta_i$, dann erfordert das Item mehr Fähigkeit als die Person aufweist. Dann ist die Lösungswahrscheinlichkeit geringer als 0.5.

Stellen wir uns eine recht „fähige" Person vor, die den Parameter $\theta_v = 2$ hat. Sie bearbeitet eine Aufgabe mit der Schwierigkeit $\beta_i = 1$, also eine im Vergleich zu ihrer Fähigkeit leichtere Aufgabe: $\theta_v > \beta_i$. Laut Modellgleichung beträgt die Lösungswahrscheinlichkeit dann

$$P(X_{vi} = 1 \,|\, \theta_v = 2, \beta_i = 1) = \frac{\exp(2-1)}{1 + \exp(2-1)} = \frac{2.7}{1 + 2.7} \cong 0.73$$

Im Anwendungsfall wollen wir allerdings nicht die Wahrscheinlichkeit einer Antwort $x_{vi}$ bei bekannten Parametern $\theta_v$ und $\beta_i$ bestimmen, sondern umgekehrt, aufgrund vorliegender Antworten wissen, wie „fähig" (im Sinne des gemessenen Merkmals) die untersuchten Personen bzw. wie schwierig die verwendeten Items sind. Wir versuchen also, aus den vorliegenden Antworten $(x_{vi})$ die Werte der zugrundeliegenden unbekannten Parameter ($\theta_v$ und $\beta_i$) zu ermitteln. Diesen Prozess nennt man Schätzen von Parametern (engl.: parameter estimation). Wir suchen dabei jene Werte für die Parameter, die für positive Antworten eine hohe und für negative Antworten eine geringe Lösungswahrscheinlichkeit vorhersagen.

Geben wir mehrere Aufgaben vielen Personen vor, dann können wir sehr wohl Tendenzen feststellen: Eine Person, die viele Aufgaben gelöst hat, hat vermutlich einen hohen Wert $\theta_v$. Eine Aufgabe, die häufig gelöst wurde, ist vermutlich leicht und weist daher ein niedriges $\beta_i$ auf. Je höher also $r_v$ ist, umso höher wird auch $\theta_v$ sein. Und je höher $c_i$ ist, umso kleiner wird auch $\beta_i$ sein.

Betrachten wir nochmals Abbildung 2.1 aus Kapitel 2 und tauschen darin die beobachteten Antworten $x_{vi}$ gegen die entsprechenden Lösungswahrscheinlichkeiten $P(x_{vi}|\theta_v, \beta_i)$ (kurz $p_{vi}$) aus. Die Wahrscheinlichkeit eines Eintrags in Zeile $v$ und Spalte $i$ kommt durch den zugehörigen Personenparameter $\theta_v$ (für die Zeile $v$) und den Itemparameter $\beta_i$ (für die Spalte $i$) zustande.

$$
\begin{array}{c|ccccccc|c}
 & \beta_1 & \beta_2 & \cdots & \beta_i & \cdots & \beta_k & \\
\hline
\theta_1 & p_{11} & p_{12} & \cdots & p_{1i} & \cdots & p_{1k} & r_1 \\
\theta_2 & p_{21} & p_{22} & \cdots & p_{2i} & \cdots & p_{2k} & r_2 \\
\theta_3 & p_{31} & p_{32} & \cdots & p_{3i} & \cdots & p_{3k} & r_3 \\
\vdots & \vdots & \vdots & \ddots & \vdots & \ddots & \vdots & \vdots \\
\theta_v & p_{v1} & p_{v2} & \cdots & p_{vi} & \cdots & p_{vk} & r_v \\
\vdots & \vdots & \vdots & \ddots & \vdots & \ddots & \vdots & \vdots \\
\theta_n & p_{n1} & p_{n2} & \cdots & p_{ni} & \cdots & p_{nk} & r_n \\
\hline
 & c_1 & c_2 & \cdots & c_i & \cdots & c_k &
\end{array}
$$

**Abbildung 3.1.:** Matrix der Antwortwahrscheinlichkeiten

Das Ziel besteht nun darin, aus den Randsummen $r_v$ und $c_i$ die bestmöglichen Schätzwerte $\hat{\theta}_v$ und $\hat{\beta}_i$ zu gewinnen. Dafür wurden verschiedene Schätzmethoden entwickelt, von denen zwei hier vorgestellt werden. Beide bauen auf dem in der Statistik sehr wichtigen Konzept der Likelihood auf, das wir daher zuerst betrachten wollen.

## 3.1. Die Likelihood

Betrachten wir zunächst den Fall von zwei Items $i$ und $j$, die von einer Person $v$ bearbeitet werden. Es können vier mögliche Antwortkombinationen auftreten: Sie löst beide Items (Antwortmuster {11}), nur das erste {10}, nur das zweite {01} oder keines {00}. Für jedes dieser Antwortmuster können wir die Wahrscheinlichkeit ausrechnen, indem wir die jeweils zutreffenden Ausdrücke aus (2.1) miteinander multiplizieren.

Wenn man die Wahrscheinlichkeit für das Eintreffen zweier Ereignisse ausrechnen will, dann kann man die beiden Einzelwahrscheinlichkeiten multiplizieren, vorausgesetzt die Ereignisse sind unabhängig. Unabhängig heißt, dass sich die Ereignisse nicht gegenseitig beeinflussen. Will man z. B. die

Wahrscheinlichkeit für zweimal „6" wissen, wenn man einen Würfel zweimal wirft, dann multipliziert man die beiden Einzelwahrscheinlichkeiten von jeweils $\frac{1}{6}$ und erhält als Resultat $\frac{1}{6} \cdot \frac{1}{6} = \frac{1}{36}$. Was beim zweiten Wurf passiert hängt nicht davon ab, was beim ersten Wurf passiert ist. Man sagt, die Ereignisse sind unabhängig.

Im Prinzip treffen wir auch beim Rasch Modell diese Voraussetzung, nämlich die lokale stochastische Unabhängigkeit (siehe Kapitel 2.1.2). Wenn diese Voraussetzung zutrifft, können wir die Wahrscheinlichkeiten für die einzelnen beobachteten Antworten miteinander multiplizieren. Ob sie wirklich zutrifft und man dann die Wahrscheinlichkeiten auch multiplizieren darf, kann man beim Rasch Modell überprüfen. Wie, wird in den Kapiteln 4 und 5 gezeigt.

Für die vier möglichen Antwortkombinationen ergeben sich die folgenden Wahrscheinlichkeiten:

**Tabelle 3.1.:** Wahrscheinlichkeiten der vier möglichen Antwortmuster bei zwei Items $i$ und $j$.

| Muster | Wahrscheinlichkeit |
|--------|--------------------|
| {00} | $P(0|\theta_v, \beta_i) \cdot P(0|\theta_v, \beta_j)$ |
| {01} | $P(0|\theta_v, \beta_i) \cdot P(1|\theta_v, \beta_j)$ |
| {10} | $P(1|\theta_v, \beta_i) \cdot P(0|\theta_v, \beta_j)$ |
| {11} | $P(1|\theta_v, \beta_i) \cdot P(1|\theta_v, \beta_j)$ |

Wir wollen dieses Prinzip anhand zweier Beispiele verallgemeinern.

Beispiel 1:
Wir geben zwei Personen drei Aufgaben vor. Die erste Person löst die Aufgaben 1 und 2, die zweite 1 und 3. Die entsprechenden Daten sind in Tabelle 3.2 dargestellt.

**Tabelle 3.2.:** Antworten von zwei Personen auf drei Items

|          | Item 1 | Item 2 | Item 3 |
|----------|--------|--------|--------|
| Person A | 1      | 1      | 0      |
| Person B | 1      | 0      | 1      |

Wir nehmen jetzt einmal an, dass wir die „wahren" Parameterwerte kennen und wir tun so, als wüßten wir, dass Person A einen Fähigkeitswert von

$\theta_A = 1.5$ und Person B ein $\theta_B = 2.5$ hat. Ebenso nehmen wir an, dass die drei Items Schwierigkeiten von $\beta_1 = -1.5$, $\beta_2 = 0$ und $\beta_3 = 2$ aufweisen.

Durch Einsetzen dieser Werte in die Gleichung (2.1) erhalten wir die folgenden Wahrscheinlichkeiten für die Daten der Personen A und B (Tabelle 3.3).

**Tabelle 3.3.:** Die Wahrscheinlichkeiten zur Datenmatrix aus Tabelle 3.2

|  | $\beta_1 = -1.5$ | $\beta_2 = 0$ | $\beta_3 = 2$ |
|---|---|---|---|
| $\theta_A = 1.5$ | $P(1\,|\,1.5, -1.5) = 0.95$ | $P(1\,|\,1.5, 0) = 0.82$ | $P(0\,|\,1.5, 2) = 0.62$ |
| $\theta_B = 2.5$ | $P(1\,|\,2.5, -1.5) = 0.98$ | $P(0\,|\,2.5, 0) = 0.08$ | $P(1\,|\,2.5, 2) = 0.62$ |

Anmerkung: In diesem Beispiel stellt die Antwort $x_{22} = 0$ einen sehr unerwarteten Wert dar, da die Person B mit dem Parameter 2.5 deutlich mehr kann, als das Item 2 mit dem Parameter 0 verlangt – die entsprechende Wahrscheinlichkeit $P(0)$ ist daher entsprechend gering.

Wenn wir alle Wahrscheinlichkeiten aus Tabelle 3.3 miteinander multiplizieren, erhalten wir die Wahrscheinlichkeit genau die Daten zu beobachten, wie sie in Tabelle 3.2 dargestellt sind. Sie ist

$$0.95 \cdot 0.82 \cdot 0.62 \cdot 0.98 \cdot 0.08 \cdot 0.62 \approx 0.0235$$

Bei anderen Daten erhalten wir natürlich eine andere Wahrscheinlichkeit. Wir bleiben aber im folgenden Beispiel bei den als bekannt vorausgesetzten Parameterwerten.

Beispiel 2:
Nehmen wir an, wir wollen die Wahrscheinlichkeit für andere Daten ausrechnen, diese sind in Tabelle 3.4 dargestellt.

**Tabelle 3.4.:** Alternative Antworten von zwei Personen (A, B) auf drei Items

|  | Item 1 | Item 2 | Item 3 |
|---|---|---|---|
| Person A | 1 | 0 | 1 |
| Person B | 1 | 1 | 1 |

Ein Eintrag ist anders: Die zweite Person hat nun mit $x_{22} = 1$ auf das zweite Item geantwortet. Statt 0.08 ist diese Wahrscheinlichkeit jetzt 0.92. Insgesamt ist die Wahrscheinlichkeit für die neuen Daten:

$$0.95 \cdot 0.82 \cdot 0.62 \cdot 0.98 \cdot 0.92 \cdot 0.62 \approx 0.27$$

Diese Wahrscheinlichkeit ist höher als vorher, was aber nicht verwundert. Wie wir vorher gesehen haben, war die Antwort $x_{22} = 0$ eher auffällig, weil die Person B viel fähiger ist als das Item 2 erfordert. Wenn sie mit $x_{22} = 1$ antwortet (siehe Tabelle 3.4), dann entspricht das eher ihrer Fähigkeit $\theta_B = 2.5$.

Bei noch anderen Daten, hätten wir wieder eine andere Wahrscheinlichkeit erhalten. Wir können also für beliebige Daten ausrechnen, wie groß die Wahrscheinlichkeit ist, diese zu beobachten (vorausgesetzt wir kennen die Parameter, die wir jetzt der Deutlichkeit halber blau gekennzeichnet haben). Die allgemeine Formel dafür ist

$$P(x_{11}, \ldots, x_{nk} | \theta_1, \ldots, \theta_n, \beta_1, \ldots, \beta_k) = \prod_{v=1}^{n} \prod_{i=1}^{k} \frac{\exp(x_{vi} \cdot (\theta_v - \beta_i))}{1 + \exp(\theta_v - \beta_i)} \tag{3.1}$$

Das Produktzeichen $\prod$ steht für die Multiplikation. Es werden die einzelnen Wahrscheinlichkeiten für alle Personen und alle Items (wie schon vorher in Beispiel 1 und 2) multipliziert. Wir können also mit der Formel (3.1) die Wahrscheinlichkeit für beliebige Daten $x_{11}, \ldots, x_{nk}$ (schwarz) ausrechnen, wenn wir die Parameterwerte als bekannt (blau) voraussetzen.

Wir wollen nun die Sichtweise umkehren. Bis jetzt haben wir vorausgesetzt, dass wir die Parameter $\theta$ und $\beta$ kennen und haben uns die Wahrscheinlichkeit für irgendwelche Daten ausgerechnet. Realistischerweise ist es aber umgekehrt. Wir kennen die Daten (die wir ja beobachtet haben), aber nicht die Parameter und eigentlich wollen wir diese bestimmen. Dazu können wir die gleiche Formel wie in Gleichung (3.1) verwenden und wie vorher können wir eine Wahrscheinlichkeit ausrechnen. Der Unterschied ist der, dass wir jetzt die *Daten* als bekannt voraussetzen aber die Wahrscheinlichkeit für beliebige Parameterwerte bestimmen. (Der Deutlichkeit halber schreiben wir wieder blau, was wir als bekannt voraussetzen.)

Die Wahrscheinlichkeit, die wir so berechnen nennt man Likelihood, $L$. Die entsprechende Formel ist

$$L(\theta_1, \ldots, \theta_n, \beta_1, \ldots, \beta_k | x_{11}, \ldots, x_{nk}) = \prod_{v=1}^{n} \prod_{i=1}^{k} \frac{\exp(x_{vi} \cdot (\theta_v - \beta_i))}{1 + \exp(\theta_v - \beta_i)} \tag{3.2}$$

Mit der Formel (3.2) können wir die Wahrscheinlichkeit, die jetzt eben Likelihood heißt, für beliebige Parameter (schwarz) ausrechnen, wenn wir die Daten $x_{11}, \ldots, x_{nk}$ als bekannt (blau) voraussetzen.

Beispiel 3:

Nehmen wir als Daten wieder jene aus Tabelle 1.2. In Beispiel 1 haben wir schon gesehen, dass die Antwort $x_{22} = 0$ eher auffällig war. Vielleicht ist die Person ja gar nicht so fähig, wie wir vorher angenommen haben. Versuchen wir es mit einem niedrigeren Fähigkeitswert für Person B, z. B. $\theta_B = 1.5$, und berechnen wieder die Wahrscheinlichkeit für den Datensatz aus Beispiel 1. Diese Wahrscheinlichkeit heißt, wie besprochen, jetzt Likelihood, weil wir die Daten fix halten, dafür aber andere Parameterwerte in die Formel einsetzen.

Die Wahrscheinlichkeiten aus Tabelle 3.3 ändern sich nun zu

**Tabelle 3.5.:** Die Wahrscheinlichkeiten zur Datenmatrix aus Tabelle 3.2 mit Parameterwerten $\theta = \{1.5, 1.5\}$ und $\beta = \{-1.5, 0, 2\}$.

|  | $\beta_1 = -1.5$ | $\beta_2 = 0$ | $\beta_3 = 2$ |
|---|---|---|---|
| $\theta_A = 1.5$ | $P(1\,\vert\,1.5, -1.5) = 0.95$ | $P(1\,\vert\,1.5, 0) = 0.82$ | $P(0\,\vert\,1.5, 2) = 0.62$ |
| $\theta_B = 1.5$ | $P(1\,\vert\,1.5, -1.5) = 0.95$ | $P(0\,\vert\,1.5, 0) = 0.18$ | $P(1\,\vert\,1.5, 2) = 0.38$ |

Die Likelihood beträgt nun

$$L = 0.95 \cdot 0.82 \cdot 0.62 \cdot 0.95 \cdot 0.18 \cdot 0.38 \approx 0.0318$$

Dieser Wert ist ein wenig größer als jener, den wir in Beispiel 1 ausgerechnet haben. Es scheint also, dass der Parameterwert für Person *B*, wenn wir ihn mit 1.5 festlegen, besser zu den Daten passt, als der ursprünglich angenommene Wert von 2.5.

Wir könnten nun noch andere Werte für die Parameter ausprobieren und ausrechnen, wie sich die Likelihood dadurch ändert. Offensichtlich werden dann jene Parameterwerte, für die die Likelihood am größten (maximal) wird, am besten zu den Daten passen. Genau hier setzt die Idee der Parameterschätzung an: Wir *suchen* jene Werte für $\theta_1$ etc., bei denen die Likelihood für den beobachteten Datensatz möglichst groß – also maximal – ist. Das Prinzip heißt daher Maximum-Likelihood (ML-)Methode.

Gleichung (3.2) nennt man die *Likelihoodfunktion des Rasch Modells*, die für beliebige $\theta_v$ und $\beta_i$ die Likelihood bei einem gegebenen, beobachteten Datensatz $x_{11}, \ldots, x_{nk}$ liefert. Wir suchen jene Werte für $\theta_v$ und $\beta_i$, an denen die Likelihoodfunktion ihr Maximum hat.

Die so gefundenen Werte schreibt man mit einem Dach ($\hat{\phantom{x}}$), d. h. $\hat{\theta}_v$ und $\hat{\beta}_i$. Man sagt „Theta-Dach" und „Beta-Dach". Das Dach zeigt, dass es sich um geschätzte, also aus den Daten errechnete Werte handelt. Im Gegensatz dazu bezeichnen die ohne Dach geschriebenen Parameter die theoretischen oder wahren (aber unbekannten) Parameter. Man sagt auch $\hat{\beta}_i$ ist ein Schätzwert für den unbekannten Parameter $\beta_i$.

## 3.2. Die Joint ML-Schätzung (JML)

Die Likelihood fasst in einer Zahl zusammen, wie gut bestimmte Parameterwerte $\hat{\theta}_v$ und $\hat{\beta}_i$ einen beobachteten Datensatz beschreiben. Mittels der Likelihood können wir daher verschiedene „Parameterkandidaten" hinsichtlich ihrer Eignung für einen gegebenen Datensatz vergleichen. Das Ziel besteht also darin, die bestmöglichen $\hat{\theta}_v$ und $\hat{\beta}_i$ für einen vorliegenden Datensatz zu finden. Dabei wird im Prinzip ein einfacher Suchalgorithmus angewandt:

1. Es werden zuerst irgendwelche Werte, die sogenannten Startwerte ($\hat{\theta}_v^{(0)}$ und $\hat{\beta}_i^{(0)}$), eingesetzt. (Beim Rasch Modell startet man oft so, dass man alle Parameterwerte auf 0 setzt.)

2. Dann werden alle Einzelwahrscheinlichkeiten $p_{vi}$ mit diesen Startwerten bestimmt und miteinander multipliziert, siehe Formel (3.2), wodurch wir die Likelihood des Datensatzes unter Verwendung der Startwerte erhalten ($L^{(0)}$).

3. Nun werden die Startwerte modifiziert und erneut die Likelihood berechnet. Diese Modifikation erfolgt nach einem bestimmten Schema (z. B. der Newton-Raphsen Methode, auf die wir aber hier nicht eingehen), das zu besser passenden Parameterwerten führt. Mit den neuen Parameterwerten erhalten wir auch eine andere Likelihood. Dieser Vorgang wird öfters wiederholt (iteriert), wobei jedesmal neue Parameterkandidaten ($\hat{\theta}_v^{(1)}$ und $\hat{\beta}_i^{(1)} \to L^{(1)}$, $\hat{\theta}_v^{(2)}$ und $\hat{\beta}_i^{(2)} \to L^{(2)}$, ...) generiert werden.

4. Die so erzielten Likelihoods $L^{(1)}, L^{(2)}, ...$ werden immer größer und je größer der jeweilige Likelihoodwert ist, desto besser waren die dabei verwendeten Parameterkandidaten in der Lage, die beobachteten Antworten zu beschreiben.

5. Diesen Suchalgorithmus setzen wir solange fort, bis wir die maximale Likelihood gefunden haben.

Die Parameterkandidaten werden also nicht willkürlich gesucht – die Chance, tatsächlich die maximal mögliche Likelihood zu finden, wäre verschwindend gering. Stattdessen wird eine Vorgangsweise angewandt, die zum Maximum aller möglichen Werte, die die Likelihoodfunktion annehmen kann, führt. (Technisch gesehen wird das Maximum gesucht, in dem man den Logarithmus der Likelihood differenziert und Null setzt. Man erhält dann ein nichtlineares Gleichungssystem, das iterativ, z. B. nach der erwähnten Newton-Raphsen Methode, gelöst werden kann).

Die hier beschriebene Methode der Parameterschätzung ermittelt die Personen- und Itemparameter simultan. Deswegen wird die Methode auch *joint* ML-Schätzung genannt. Es werden in jedem Iterationsschritt ($s$) neue Kandidaten für sowohl $\theta_v^{(s)}$ als auch $\beta_i^{(s)}$ generiert. Leider hat diese simultane Schätzung einen Nachteil, der als das Incidental Parameter Problem bekannt ist. Im Kern geht es dabei um die Asymmetrie der beiden Parameterarten. Die Grundidee dabei ist:

Je mehr Personen wir untersuchen, desto genauer wird die Schätzung der Itemparameter. Je mehr Items wir vorgeben, desto genauer wird die Schätzung der Personenparameter. Während wir aber durch größere Stichproben die Anzahl der Personen (leicht) erhöhen können, ist dies bei den Items nicht der Fall. Wir können nicht so einfach die Anzahl der Items vergrößern, da ja ein Fragebogen oder Test (meist) eine fixe Anzahl von Items aufweist. Die Schätzung der Itemparameter ist daher grundsätzlich genauer als jene der Personenparameter. Jede Person bringt ihr eigenes zu schätzendes $\theta_v$ ein, ohne der Möglichkeit, dessen Schätzgenauigkeit durch mehr Items zu erhöhen. Deshalb nennt man die Itemparameter strukturelle Parameter und die Personenparameter inzidentelle Parameter.

Das führt dazu, dass die mittels der JML-Methode erzielten Schätzwerte der Itemparameter (die $\hat{\beta}_i$) einen kleinen Fehler aufweisen. Besser aber ist es, eine alternative Schätzmethode zu verwenden. Eine der wichtigsten wird im nächsten Abschnitt dargestellt.

## 3.3. Die Conditional ML-Schätzung (CML)

Eine andere Schätzmethode, die auf der spezifischen Objektivität aufbaut, ist die bedingte oder Conditional Maximum-Likelihood-Methode (CML). Wir werden zunächst an einem anschaulichen Beispiel die Grundidee beschreiben und dann die Methode genauer darstellen.

## 3.3.1. Das bedingte Schätzprinzip

Jedes Jahr im August wird in Finnland die „Mobile Phone Throwing World Championship" (Handyweitwurfweltmeisterschaft) durchgeführt[1]. Dabei gilt es, ein Handy aus einem gekennzeichneten Wurfbereich möglichst weit in einen ebenfalls gekennzeichneten Zielbereich zu werfen (vergleichbar den olympischen Wurfsportarten). Dabei werden vom Veranstalter Handys in allen Formen und Größen bereitgestellt.

Wir wollen im Rahmen dieser Veranstaltung die Gewichtsverhältnisse dreier verschieden großer Handys anhand ihrer Wurfweiten ermitteln. Die erzielten Wurfweiten stehen in einem bestimmten Verhältnis zu deren Gewicht, leichte werden weiter geworfen als schwere.

Tabelle 3.6 gibt ein Beispiel für erzielte Wurfweiten von drei Personen.

**Tabelle 3.6.:** Beispiel der Wurfweiten, die drei Personen mit drei Handys erzielt haben.

| Wurfweite (in m) | Handy 1 | Handy 2 | Handy 3 |
|---|---|---|---|
| Person 1 | 10 | 20 | 40 |
| Person 2 | 1 | 2 | 4 |
| Person 3 | 5 | 10 | 20 |

Die Verhältnisse der Wurfweiten pro Werfer sind indirekt Ausdruck des unterschiedlichen Gewichts der Handys (bzw. ihrer Massen), und zwar unabhängig davon, wer sie geworfen hat. Kräftige Personen werfen zwar alle Handys proportional weiter als weniger kräftige, die Verhältnisse der Wurfweiten zueinander verändern sich dadurch jedoch nicht systematisch. Das Verhältnis des ersten zum zweiten Handy beträgt z. B. konstant 1:2 für alle drei Personen.

Wir dürfen allerdings immer nur die Verhältnisse der Wurfweiten jeweils einer Person vergleichen, da man 10 Meter von Person 1/Handy 1 nicht direkt mit 2 Meter von Person 2/Handy 2 in Beziehung setzen kann. Das Verhältnis 10:2 ergibt keinen Sinn. Wir betrachten daher die Verhältnisse unter der Bedingung, dass sie von derselben Person geworfen wurden, was formal ausgedrückt wird durch „gegeben die Person" (engl.: conditional on the person).

---

[1] siehe http://www.savonlinnafestivals.com/Nettisivut_index_en.html (Die erste Veranstaltung fand im Jahr 2000 in Savonlinna statt.)

Natürlich werden die Verhältnisse nicht so exakt passen, wie im idealisierten Beispiel. Es treten kleine Zufallsfehler auf: Einmal wird ungenau gemessen, ein anderes Mal wird der Wurf schlampig durchgeführt, gelegentlich herrscht Rücken- oder Gegenwind, usw. Im Zuge des Schätzvorgangs werden jene Verhältniszahlen gesucht, die alle Einzelverhältnisse möglichst gut repräsentieren.

Rasch (1960) hatte die Idee, das Problem des Messens von Itemschwierigkeiten (in der Psychologie) mit physikalischen Gesetzmäßigkeiten in Beziehung zu setzen. Der Kernaspekt dabei ist die Verknüpfung zweier Einflussfaktoren, die sich aber nicht gegenseitig beeinflussen:

- Handygewicht und Personenkraft im Handy-Beispiel
- Itemschwierigkeit und Personenfähigkeit beim Lösen von Items

In beiden Systemen kann durch Konstanthalten jeweils eines Faktors der andere bestimmt werden. Bei konstanter Wurfkraft können wir die Handygewichte anhand der Verhältnisse der Wurfweiten bestimmen. Im nächsten Abschnitt werden wir sehen, wie wir durch geschicktes Konstanthalten der Personenfähigkeit die Itemschwierigkeit anhand der Verhältnisse ihrer Lösungshäufigkeiten $c_i$ ermitteln können.

## 3.3.2. Die Conditional Likelihood

Analog zu den Wurfweiten des vorangegangenen Abschnittes können auch die Schwierigkeitsverhältnisse der Items nur dann korrekt erfasst werden, wenn wir den Einfluss der Personen konstant halten. Die Wurfweiten im Handy-Beispiel entsprechen den Lösungswahrscheinlichkeiten im Rasch Modell.

Zunächst schreiben wir die Gleichung (2.1) um, indem wir statt des Itemschwierigkeitsparameters $\beta_i$ einen Itemleichtigkeitsparameter verwenden, weil man dann die Gleichungen weiter unten „schöner" aufschreiben kann. Diese bezeichnen wir mit $\lambda_i$. Sie sind im Prinzip nichts anderes als $-\beta$. Die Gleichung ändert sich nur insofern, als dass jetzt ein + zwischen den beiden Parametern steht.

$$P(X_{vi} = 1 \,|\, \theta_v, \beta_i) \quad = \quad \frac{\exp(\theta_v - \beta_i)}{1 + \exp(\theta_v - \beta_i)} \tag{3.3}$$

$$= \quad \frac{\exp(\theta_v + \lambda_i)}{1 + \exp(\theta_v + \lambda_i)} = P(X_{vi} = 1 \,|\, \theta_v, \lambda_i) \tag{3.4}$$

Als nächstes wählen wir eine multiplikative Darstellung des Rasch Modells, weil man dann die nächsten Schritte einfacher durchführen kann. Wir schreiben die obige Gleichung um, indem wir den Itemleichtigkeitsparameter $\lambda$ durch $\epsilon = \exp(\lambda)$ und den Personenparameter $\theta$ durch $\xi = \exp(\theta)$ ersetzen (umgekehrt ist $\ln \epsilon = \lambda$ und $\ln \xi = \theta$). Aus der Addition der logarithmierten Parameter $\exp(\theta_v + \lambda_i) = \exp(\theta_v) \cdot \exp(\lambda_i)$ wird jetzt die Multiplikation $\xi_v \epsilon_i$.

Das Rasch Modell sieht dann so aus (vgl. die Gleichungen (2.2) und (2.3) auf Seite 9):

$$P(X_{vi} = 1 \,|\, \xi_v, \epsilon_i) = \frac{\xi_v \epsilon_i}{1 + \xi_v \epsilon_i} \tag{3.5}$$

bzw.

$$P(X_{vi} = 0 | \xi_v, \epsilon_i) = \frac{1}{1 + \xi_v \epsilon_i} \tag{3.6}$$

Nehmen wir nun an, dass ein Test aus zwei Items besteht. Wenn man nur eines der beiden löst, dann kann das Antwortmuster {10} oder {01} sein. Der Personenscore ist dann $r_v = \sum_i x_{vi} = 1$. Das sind die „möglichen" Ereignisse, die uns interessieren. Bekanntermaßen berechnet man eine Wahrscheinlichkeit als die Anzahl der „Günstigen" dividiert durch die Anzahl der „Möglichen". Wenn wir die Wahrscheinlichkeit *genau das erste Item ist richtig* und *das zweite Item ist falsch* berechnen wollen, unter der Bedingung, dass das Antwortmuster {10} oder {01} ist, dann ist die Gleichung dazu

$$P\big(\{10\} | \{10\} \vee \{01\}\big) = \frac{P(\{10\})}{P(\{10\}) + P(\{01\})} \tag{3.7}$$

Die linke Seite der Gleichung fragt nach der Wahrscheinlichkeit ($P$) das erste Item zu lösen, jedoch das zweite nicht {10}, gegeben (|) dass eines der beiden Items gelöst wurde, $r_v = 1$. (D. h., wir ziehen nur eine solche Person in Betracht, die entweder das Antwortmuster {10} oder ($\vee$) das Antwortmuster {01} zeigt.) Im Zähler der rechten Seite der Gleichung steht nun das günstige Ereignis {10} und im Nenner alle möglichen Ereignisse. Die möglichen Ereignisse sind durch die Antwortmuster {10} und {01} definiert.

Wir wissen schon, dass wir auf Grund der Annahme der lokalen stochastischen Unabhängigkeit die Wahrscheinlichkeiten für Antworten auf einzelne Items multiplizieren dürfen. Damit wird $P(1,0)$ zu $P_1(1) \cdot P_2(0)$ und die obige Gleichung (3.7) zu

$$\frac{P_1(1)P_2(0)}{P_1(1)P_2(0) + P_1(0)P_2(1)}$$

(Die Indizes 1 und 2 stehen für das erste und das zweite Item.)

Wenn wir nun die Rasch Modellgleichungen (3.5) und (3.6) einsetzen, dann ergibt sich

$$\frac{\dfrac{\xi_v\epsilon_1}{1+\xi_v\epsilon_1}\cdot\dfrac{1}{1+\xi_v\epsilon_2}}{\dfrac{\xi_v\epsilon_1}{1+\xi_v\epsilon_1}\cdot\dfrac{1}{1+\xi_v\epsilon_2}+\dfrac{1}{1+\xi_v\epsilon_1}\cdot\dfrac{\xi_v\epsilon_2}{1+\xi_v\epsilon_2}}$$

Dieses „Ungetüm" lässt sich zum Glück vereinfachen. Alle Brüche haben den gleichen Nenner, nämlich $(1+\xi_v\epsilon_1)\cdot(1+\xi_v\epsilon_2)$. Diese kann man also wegkürzen. Wenn wir noch die Multiplikationen mit 1 weglassen, bleibt nur mehr

$$\frac{\xi_v\epsilon_1}{\xi_v\epsilon_1+\xi_v\epsilon_2}$$

übrig. Jetzt können wir noch die Personenparameter $\xi_v$ wegkürzen und das Resultat ist ein sehr einfacher Ausdruck, nämlich

$$\frac{\epsilon_1}{\epsilon_1+\epsilon_2}$$

Man sieht, dass die Personenparameter nicht mehr vorkommen. Dieser einfache Ausdruck ist die bedingte (conditional) Wahrscheinlichkeit, genau das erste Item zu beantworten, unter der Bedingung, dass eines der beiden richtig beantwortet wurde. Die bedingte Wahrscheinlichkeit, genau das zweite Item richtig zu beantworten, ist analog

$$\frac{\epsilon_2}{\epsilon_1+\epsilon_2}$$

Dieses Prinzip lässt sich auf mehr als zwei Items erweitern. Nehmen wir an, wir hätten $k = 3$ Items. Uns interessiert die Wahrscheinlichkeit für das Antwortmuster {101}, also zwei richtige Lösungen. Als Möglichkeiten für zwei Richtige gibt es die Muster {110}, {101} und {011}. Ähnlich wie oben ist die bedingte Wahrscheinlichkeit für {101} gegeben zwei Richtige ($r_v = 2$)

$$\frac{\epsilon_1\epsilon_3}{\epsilon_1\epsilon_2+\epsilon_1\epsilon_3+\epsilon_2\epsilon_3}$$

Im allgemeinen Fall von $k$ Items und $r$ richtigen Antworten wird diese Gleichung natürlich komplizierter, das Grundprinzip bleibt aber das gleiche. Man kann für jede Person ausrechnen, wie wahrscheinlich ihr Anwortmuster ist, unter der Bedingung, dass sie $r_v$ richtige Antworten gegeben hat.

Damit kann man wieder eine Gleichung für die Likelihood erstellen, diesmal aber eine bedingte (conditional) Likelihood $L_c$, mit deren Hilfe man die Itemparameter schätzen kann. Sie sieht folgendermaßen aus

$$L_c = \prod_{v=1}^{n} \frac{\prod_{i=1}^{k} \epsilon_i^{x_{vi}}}{\gamma(r_v, \epsilon_1, \dots, \epsilon_k)} \tag{3.8}$$

Im Zähler steht jeweils das Antwortmuster einer Person (ausgedrückt durch die Parameter $\epsilon$). Im Nenner finden sich alle möglichen Antwortmuster, die bei einer bestimmten Anzahl richtiger Anworten $r_v$ möglich sind. Sie werden durch die Funktion $\gamma(r_v, \epsilon_1, \dots, \epsilon_k)$ repräsentiert. Sie wird auch „elementarsymmetrische Grundfunktion" genannt. Man verwendet diese Schreibweise, weil es sonst schwierig wäre, alle möglichen Antwortmuster für alle Personen in einer Gleichung darzustellen.

Die eben dargestellte CML-Methode hat unter anderem zwei Vorteile gegenüber der JML-Methode aus Kapitel 3.2 (die manchmal auch *unconditional* ML-Methode (UML) genannt wird, um den Gegensatz zur CML-Methode hervorzuheben):

- Sie erlaubt den Vergleich der Schwierigkeiten zweier Items unabhängig von den antwortenden Personen. Diese Eigenschaft wird auch spezifische Objektivität genannt (vgl. Kapitel 2.1.3).
- Das Problem der inzidentellen Parameter (vgl. Seite 36) tritt nicht auf, da sie in der Likelihood nicht mehr vorkommen.

Beiden Methoden gemeinsam ist, dass nicht alle Parameter geschätzt werden können. Dafür gibt es zwei Gründe:

Ein Grund kann sein, dass ein Item von allen Personen gelöst wurde. Dann wissen wir nicht, wie leicht das Item im Vergleich zu allen anderen ist. Es könnte sehr leicht sein oder nur ein wenig leichter als ein anderes, das von wenigstens einer Person nicht gelöst wurde. Genauso kann man den Schwierigkeitsgrad eines Items nicht bestimmen, wenn es niemand löst, da es beliebig schwer sein kann. Das Gleiche gilt auch für die Personenparameter. Personen die alle oder kein Item lösen, könnten im Prinzip beliebig „fähig" oder „unfähig" sein. In Kapitel 3.5 werden wir kurz darauf eingehen, wie man dieses Problem bei der Schätzung von Personenparametern lösen kann.

Auf den zweiten Grund gehen wir im Folgenden kurz ein.

## 3.4. Normierung der Itemparameter

Bei der Messung der Itemschwierigkeit handelt es sich nicht um eine absolute Messung sondern nur um eine relative, da es keinen natürlichen Nullpunkt gibt. Das ist so ähnlich wie bei der Temperaturmessung in Grad Celsius. Der Nullpunkt ist willkürlich festgelegt, nämlich jener Wert, bei dem Wasser gefriert. Bei Fahrenheitgraden ist der Nullpunkt $17.8\,°C$, die tiefste Temperatur des strengen Winters 1708/1709 in Fahrenheits Heimatstadt Danzig. (Temperatur kann man zwar in Kelvingraden messen, die einen absoluten Nullpunkt haben, aber etwas Vergleichbares steht uns bei Itemschwierigkeiten nicht zur Verfügung.) Man muss also einen beliebigen Bezugspunkt wählen. Dazu gibt es zwei Möglichkeiten. Entweder man wählt ein beliebiges Item, dem man die Schwierigkeit 0 zuordnet. Dann kann die Schwierigkeit aller anderen Items relativ dazu geschätzt werden. Oder man wählt die sogenannte Summe-Null-Normierung, bei der man die Schwierigkeiten so bestimmt, dass die Summe und somit der Mittelwert 0 ist (vgl. Tabelle 3.7).

**Tabelle 3.7.:** Verschiedene Normierungen für drei Beispielitems

| Normierung | Item 1 | Item 2 | Item 3 | Mittelwert |
|---|---|---|---|---|
| Item 1 Null gesetzt | 0 | 2 | 0.7 | $(0 + 2 + 0.7)/3 = 0.9$ |
| Summe-Null | −0.9 | 1.1 | −0.2 | $(−0.9 + 1.1 − 0.2)/3 = 0$ |

Alle Items, die leichter als der Mittelwert der untersuchten Items waren, erhalten in der Summe-Null-Normierung einen negativen Wert zugeordnet, jene, die schwieriger als der Mittelwert waren, einen positiven. So können die geschätzten Parameter auch ohne die Kenntnis des Referenzitems interpretiert werden.

## 3.5. Schätzung der Personenparameter

Bei der CML-Methode kürzen sich die Personenparameter weg. Es werden nur die Itemparameter geschätzt. Die Personenparameter müssen daher in einem gesonderten Schritt ermittelt werden. Theoretisch könnte man nach demselben Prinzip wie zuvor bei den Items auch bei den Personenparametern nach der CML-Methode vorgehen. Wir können ja auch die Wurfweitenverhältnisse pro Handy über alle Personen vergleichen. Eine Person, die ein bestimmtes Handy doppelt so weit wirft wie eine andere, verfügt über dementsprechend mehr Kraft. In der kleinen Tabelle oben wäre das die Bestimmung der Verhältnisse der Einträge jeweils einer Spalte.

Diese Methode hat aber den Nachteil, dass in der Regel einer vergleichsweise geringen Anzahl von Handys eine große Anzahl von Personen gegenübersteht. Wir verfügen damit über nur wenige Vergleichsmöglichkeiten pro Person und die erzielten Parameterschätzungen wären dadurch sehr ungenau. Es wird daher eine andere Herangehensweise gewählt.

Zur Ermittlung der Schätzwerte wird eine Maximum-Likelihood-Methode angewandt, die im Prinzip gleich wie die JML-Methode funktioniert. Allerdings brauchen die Itemparameter nicht mehr mitgeschätzt zu werden, da sie aus der zuvor erfolgten CML-Schätzung bereits vorliegen. Weiters wird auch das Incidental Parameter Problem elegant umgangen: Wie bereits zuvor bei den Itemparametern wird nämlich auch hier die Tatsache ausgenützt, dass die Zeilenrandsummen $r_v$ suffiziente Statistiken für die Personenparameter sind. Das bedeutet, dass alle Personen, die die gleiche Anzahl von Items lösen, denselben Personenparameter $\hat{\theta}$ zugeordnet bekommen. Folglich reduziert sich die Benennung der Parameter auf $\hat{\theta}_r$, der geschätzte Personenparameter für alle Personen, die genau $r$ Items gelöst haben. Es ist daher nicht mehr notwendig, für jede zufällig in die Stichprobe aufgenommene Person einen eigenen Parameter zu schätzen, sondern es genügt, für jeden möglichen Personenscore $r_v$ den zugehörigen Personenparameter $\hat{\theta}_r$ zu finden. Der Personenscore kann jedoch nur Werte zwischen 0 und $k$ (Anzahl der Items) annehmen. Wir müssen daher insgesamt nur $k+1$ Personenparameter schätzen. Diese vermehren sich daher nicht mehr mit jeder neuen Person und stellen somit keine inzidentellen Parameter mehr dar.

Auch bei der Schätzung der Personenparameter können wir keinen (endlichen) Schätzwert finden, wenn $r_v = 0$ oder $r_v = k$ ist, wenn eine Person also kein einziges oder alle Items gelöst hat. Die tatsächlich geschätzten Personenparameter sind folglich jene für $r = 1$ bis $r = k - 1$.

Wir können uns den Schätzvorgang ähnlich dem in Kapitel 3.2 vorstellen, allerdings reduziert auf alle möglichen Personenscores. Es wird ebenfalls von einem Set von Startwerten $\hat{\theta}_{r=1}^{(0)}, \hat{\theta}_{r=2}^{(0)}, \ldots, \hat{\theta}_{r=k-1}^{(0)}$, ausgegangen, die solange modifiziert werden, bis die Likelihood der beobachteten Daten maximal ist.

Wie schon in Kapitel 3.3.2 kurz erwähnt, stellen die Fälle $r = 0$ und $r = k$ ein Problem dar, da dann keine Beurteilung der Person mehr möglich ist. Technisch gesehen kann man für diese Beobachtungen keine Personenparameter schätzen, weil sie im iterativen ML-Verfahren immer kleiner (bei $r = 0$) bzw. größer (bei $r = k$) werden (im Grenzwert $-\infty$ bzw. $+\infty$). Man lässt daher bei der oben beschriebenen Schätzmethode Personen mit $r = 0$ und $r = k$ weg.

Es wurden verschiedene Korrekturen entwickelt, die auch für diese beiden Fälle unter Zusatzannahmen Parameterschätzwerte liefern. Besonders prominent ist hier die modifizierte Schätzmethode von Warm (1989), bei der die Schätzwerte geeignet gewichtet werden. Das Package **eRm** bietet eine sogenannte *Spline*-Schätzung an, bei der Parameterwerte für $\hat{\theta}_{r=0}$ und $\hat{\theta}_{r=k}$ aus den anderen, schätzbaren Werten berechnet werden. Beide Methoden sind ein Zugeständnis an die Praktiker, die auch für Testpersonen ohne bzw. mit ausschließlich richtigen Antworten Parameter fordern. Streng genommen sagen uns die Daten nicht, wie gut oder schlecht die Person tatsächlich ist, schließlich waren für sie alle Items entweder zu leicht oder zu schwierig.

## 3.6. Die Präzision der Parameterschätzung

Wie genau bzw. präzise Parameter geschätzt werden, hängt in erster Linie von der Stichprobengröße ab. In der mathematischen Statistik werden Eigenschaften von Parameterschätzern untersucht. Ein Ergebnis ist, dass Parameter, die man mittels ML-Methoden geschätzt hat, asymptotisch (wenn der Stichprobenumfang gegen unendlich geht) normalverteilt sind. Der Mittelwert ist dann der geschätzte Parameterwert $\hat{\beta}$. Die Streuung wird hier Standardfehler (im Gegensatz zur Standardabweichung einer Variable) genannt, wir schreiben ihn mit $\mathrm{SE}(\hat{\beta})$. Der Standardfehler drückt aus, wie präzise man geschätzt hat. Je größer er ist, umso ungenauer ist die Schätzung des Parameterwertes. Die Werte der Standardfehler für die einzelnen Parameter sind ein Nebenprodukt der ML-Schätzung, auf technische Details verzichten wir hier.

Das Wichtige ist, dass wir die Standardfehler dazu verwenden können, Tests für einzelne Parameter und zusätzlich Konfidenzintervalle zu berechnen:

- Test eines Parameters auf einen bestimmten Wert:
  Möchte man prüfen, ob ein bestimmter Itemparameter $\beta$ gleich (Nullhypothese $H_0 : \beta = \beta_0$) oder ungleich (Alternativhypothese $H_A : \beta \neq \beta_0$) einem bestimmen Wert ist, dann verwendet man folgende Formel

$$T = \frac{\hat{\beta} - \beta_0}{\mathrm{SE}(\hat{\beta})}$$

und vergleicht $T$ mit der Standardnormalverteilung. Der $z$-Wert für einen zweiseitigen Test bei $\alpha = 0.05$ ist 1.96. Wenn $|T| > 1.96$, dann verwirft man $H_0$. Wenn ein Test mittels des Standardfehlers eines geschätzen Parameters durchgeführt wird, dann nennt man einen solchen Test (nach seinem Erfinder) Wald-Test. Wir werden eine spezielle Form dieses Tests in Kapitel 4.1.3 behandeln.

- Konfidenzintervall für einen geschätzten Parameter:
Wenn man den Standardfehler mit dem $z$-Wert aus der Standardnormalverteilung multipliziert, dann ergibt dass das Ausmaß, mit dem der geschätzte Parameter $\hat{\beta}$ vom wahren Parameterwert $\beta$ mit einer bestimmten Sicherheit abweichen kann. Daraus kann man ein Intervall, das sogenannte Konfidenzintervall (KI), konstruieren. Bei 95% Sicherheit hat es die Form

$$KI = \hat{\beta} \pm 1.96 \cdot \text{SE}(\hat{\beta})$$

Die (vereinfachte) Interpretation ist, dass der wahre Parameter mit 95%iger Sicherheit (die nicht als Wahrscheinlichkeit interpretiert werden darf) in diesem Intervall liegt. Im Kapitel 4 und auch später werden wir Konfidenzintervalle öfters dazu verwenden, die Gültigkeit des Rasch Modells zu beurteilen.

## 3.7. Die Behandlung fehlender Werte

Leider kommt es in der Praxis immer wieder vor, dass nicht alle Personen auf alle Items geantwortet haben. Man spricht dann von fehlenden Werten. Mit ihnen umzugehen ist theoretisch nicht ganz einfach, weil man ja nicht weiß, warum die Werte fehlen. Das kann verschiedene Ursachen haben, etwa weil man ein Item einfach übersehen hat oder weil man keine Antwort geben will oder kann.

Der erstere Fall ist nicht so problematisch, man spricht dann von *missing at random*, weil der fehlende Wert zufällig aufgetreten ist. Unter dieser Annahme kann man die Parameter schätzen, wobei dies bei den Itemparametern etwas leichter ist. Wir wissen, dass die suffizienten Statistiken für die Itemparameter die Spaltensummen $c_i$ der Datenmatrix sind. Wenn nun eine oder mehrere Personen ein bestimmtes Item nicht beantwortet haben, dann bezieht man die Summe $c_i$ in der CML-Schätzung nicht auf alle $n$ Personen sondern auf entsprechend weniger.

Die Personenparameterschätzung ist ein bisschen komplizierter, da die Itemschwierigkeiten ja als fixe Werte in die Berechnung mit eingehen. Es kommt dann darauf an, welche Items eine Person gelöst hat. Tatsächlich erfolgt die Personenparameterschätzung dann getrennt für alle Gruppen, die ein bestimmtes Antwortmuster von fehlenden und nicht fehlenden Werten aufweisen. Folgendes Beispiel soll das kurz erläutern. Tabelle 3.8 zeigt die Antworten von 4 Personen auf 5 Items.

**Tabelle 3.8.:** Datenstruktur von 4 Personen und 5 Items

| Person | Item 1 | Item 2 | Item 3 | Item 4 | Item 5 |
|--------|--------|--------|--------|--------|--------|
| 1 | × | × | × | × | × |
| 2 | × | – | – | × | × |
| 3 | × | – | – | × | × |
| 4 | × | – | × | – | × |

Anmerkung: × bedeutet, dass eine Antwort vorliegt (egal ob sie 0 oder 1 war) und – bedeutet einen fehlenden Wert

Person 1 hat ein vollständiges Antwortmuster, nämlich {× × × × ×}. Die Personen 2 und 3 haben zwei fehlende Werte, aber das selbe Antwortmuster {× – – × ×}. Bei Person 4 fehlen auch 2 Antworten, das Antwortmuster ist aber anders, nämlich {× – × – ×}. Es gibt also drei Gruppen von Personen wenn man diese nach den vorkommenden Antwortmustern einteilt. Für diese wird dann die Schätzung der Personenparameter getrennt durchgeführt. Sollten die fehlenden Werte aber nicht zufällig zustande gekommen sein, dann führen die beschriebenen Methoden zu verfälschten Parameterschätzungen. Neuere wissenschaftliche Entwicklungen beschäftigen sich mit einer Lösung dieses Problems. Sie darzustellen sprengt aber den Rahmen dieses Buchs. Bei praktischen Anwendungen muss man entscheiden, wie man vorgeht. Darauf werden wir in Kapitel 3.8 nochmals kurz zurückkommen.

## 3.8. Parameterschätzung mit dem Paket eRm

Für die praktische Umsetzung benötigen wir das Programm R sowie das Paket **eRm**. Wie die Installation von R und **eRm** funktioniert, lesen Sie bitte im Anhang A nach. Ebenso finden Sie im Anhang A die Erklärung zu den verwendeten R-Befehle. Wenn Sie noch nie mit R gearbeitet haben bzw. sich nicht so gut auskennen, dann empfehlen wir, zuerst den Anhang A durchzuarbeiten.

**Die blauen Boxen**

> R-Funktion()
>
> Vor jeder für das Rasch Modell relevanten Funktion (z. B. RM()) wird diese zuerst theoretisch dargestellt. Sie befindet sich in einer blauen Box und beinhaltet einerseits die allgemeine Funktion, andererseits die für unsere Analysen notwendigen Einstellungsoptionen. Diese Argumente zeigen an, was in der Funktion benutzt wird (z. B. ob die Summe-Null-Normierung verwendet wird) oder sie bieten die Möglichkeit Modifikationen durchzuführen (z. B. eine Grafik wird nur für bestimmte Items gezeichnet). Eine genaue Auflistung der Argumente für die jeweiligen Funktionen finden Sie in der Hilfe von **eRm**.

**Aufruf eRm**

Zuerst öffnen wir das Programm R. Bevor die Item- und Personenparameter in **eRm** geschätzt werden können, muss das Paket **eRm** geladen werden. Dies erfolgt mit dem Befehl library().

```
> library(eRm)
```

**Die Hilfe in eRm**

Im nächsten Schritt machen wir uns mit dem Paket **eRm** etwas vertraut. Durch den Aufruf der Hilfe über help() oder ?eRm wird die Seite mit der Beschreibung zu **eRm** aufgerufen.

```
> help(eRm)
```

Am Ende dieser Seite finden Sie den Link Index. Klicken Sie auf diesen Link. Sie befinden sich nun auf der Dokumentationsseite von **eRm**. Hier finden Sie die Inhalte zu allen hier verwendeten Funktionen. Wollen Sie nachsehen, wie die Funktion RM() funktioniert, dann klicken Sie auf RM. Wissen Sie wie eine bestimmte Funktion, z. B. RM(), heißt, können Sie die Hilfe dazu in R direkt über help(RM) aufrufen. Eine kurze Information zum Packet **eRm** finden Sie in Anhang B.

## 3.8.1. Ein Beispielsdatensatz

Um die einzelnen Funktionen zur Schätzung der Item- und Personenparameter sowie der Modellüberprüfung zu demonstrieren, verwenden wir einen

Rasch modellkonformen Datensatz (raschdat3). Dieser ist in **eRm** verfügbar (Aufgabe: Versuchen Sie diesen unter Anwendung der Hilfefunktion zu finden).

Der Datensatz kann durch Eingabe des Namens des Datensatzes raschdat3 angesehen werden. Dieser Aufruf führt jedoch dazu, dass wir die vollständige $n \times k$ Datenmatrix als Output erhalten. Der hier verwendete Datensatz inkludiert $n = 500$ Personen und $k = 6$ Items. Wir begnügen uns mit den ersten Zeilen des Datensatzes, die wir über head() aufrufen.

```
> head(raschdat3)
```

```
     [,1] [,2] [,3] [,4] [,5] [,6]
[1,]   1    1    1    1    1    0
[2,]   1    1    0    1    0    1
[3,]   1    1    1    1    1    1
[4,]   1    1    0    1    0    1
[5,]   1    1    0    0    0    0
[6,]   0    0    1    1    1    0
```

Im Output stehen in der ersten Zeile die Indizes der Items ($k = 6$) (oder, wenn vorhanden, die Variablennamen) und in der ersten Spalte die Indizes der Personen (oder die Personenbezeichnungen). Jede Zeile stellt ein Antwortmuster dar, welches darüber Aufschluss gibt, wie eine Person auf die Items geantwortet hat, 0 für nicht gelöst (keine Zustimmung) und 1 für gelöst (Zustimmung).

## 3.8.2. Schätzung der Item- und Personenparameter

### Schätzung der Itemparameter

Zuerst schätzen wir die Itemparameter für die Daten. Die Schätzung erfolgt über die Funktion RM().

---

**RM( )**

RM(X, W, se = TRUE, sum0 = TRUE, etaStart)

Diese Funktion schätzt die Itemparameter für das Rasch Modell unter Anwendung der CML-Methode

- X ... ist die Datenmatrix mit 0/1 Einträgen; Zeilen für Personen und Spalten für Items. Fehlende Werte müssen als NA definiert sein

---

- W ... Modellmatrix für das Rasch Modell (wird automatisch erstellt)
- se ... Standardfehler der Itemparameter. Standardeinstellung ist TRUE
- sum0 ... Wenn TRUE, dann sind die Itemparameter Summe-Null normiert; wenn FALSE, dann wird der erste Itemparameter 0 gesetzt. Standardeinstellung ist TRUE
- etaStart ... Es kann ein Startwert für die Schätzung der eta-Parameter spezifiziert werden, als Standard wird ein 0-Vektor benützt

Die Schätzung der Itemparameter benötigt keine zusätzlichen Einstellungen der möglichen Argumente, z. B. für das Erstellen der Modellmatrix **W**. Die Erklärung zur Modellmatrix **W** folgt weiter unterhalb. Wir müssen lediglich unsere Datenmatrix **X** angeben. In unserem Fall sind das die Daten raschdat3.

Zur Schätzung der Itemparameter kann die Standardeinstellung der Funktion beibehalten werden. Das Ergebnis speichert man in ein Objekt (hier z. B. res für Resultat). Dieses Objekt kann man beliebig benennen.

```
> res <- RM(raschdat3)
```

Die Ausgabe kann durch die Eingabe des von uns benannten Objektes res, sowie über die Funktion print() aufgerufen werden. Wir verwenden einfach res.

```
> res

Results of RM estimation:

Call:  RM(X = raschdat3)

Conditional log-likelihood: -1001
Number of iterations: 14
Number of parameters: 5

Item (Category) Difficulty Parameters (eta):
             I2      I3      I4      I5      I6
Estimate -0.8461 -0.2679 0.2212 0.8167 1.3089
Std.Err   0.0964  0.0885 0.0862 0.0888 0.0957
```

Wir erhalten das Ergebnis der Itemparameterschätzung (Results of RM estimation) für die Datenmatrix raschdat3 (Call: RM(X = raschdat3)). Die logarithmierte Conditional Likelihood für die Daten beträgt −1001. Insgesamt mussten 14 Iterationen erfolgen, bis das Konvergenzkriterium (Genauigkeitskriterium) der Likelihoodschätzung erreicht wurde.

Anmerkung:

• Wir wissen bereits, dass solange neue Werte (die sogenannten Parameterkandidaten nach einer bestimmten Regel als Parameter eingesetzt werden, bis die Likelihood ihr Maximum erreicht. Das könnte aber gegen unendlich laufen. Damit das nicht passiert, wird ein Genauigkeitskriterium festgelegt, welches in **eRm** 0.000001 ist. Einfach gesagt, die Schätzung endet, wenn die Likelihood sich um einen geringeren Betrag als 0.000001 vergrößert. In sehr seltenen Fällen kommt es jedoch auch vor, dass dieses Genauigkeitskriterium lange nicht erreicht wird. In diesem Fall endet die Schätzung nach maximal 5000 Iterationen.

Als nächstes folgen im Output die eta-Parameter (`Item (Category) Difficulty Parameters (eta)`). Die etas sind die normierten Schätzwerte für die Parameter (`Estimate`). Wir haben für die Schätzung die Standardeinstellung `sum0 = TRUE` beibehalten. Somit sind die Itemparameter Summe-Null normiert und es wurden in diesem Beispiel nur $k - 1 = 5$ Parameter geschätzt. Da für das erste Item keine Schätzung vorgenommen wurde, wird für dieses Item kein eta-Parameter ausgegeben. Der Parameterwert ergibt sich aus der Summe der restlichen Itemschwierigkeitsparameter.

Anmerkung:

• Es gibt zwei Arten der Normierung von Itemparametern, welche in der Modellmatrix **W** (auch Designmatrix genannt) festgelegt sind. Die Standardeinstellung ist die Summe-Null-Normierung.

Zur Erklärung der Normierung sehen wir uns die Modellmatrix etwas genauer an. Diese erhalten wir über

```
> model.matrix(res)
          eta 1 eta 2 eta 3 eta 4 eta 5
beta I1      -1    -1    -1    -1    -1
beta I2       1     0     0     0     0
beta I3       0     1     0     0     0
beta I4       0     0     1     0     0
beta I5       0     0     0     1     0
beta I6       0     0     0     0     1
```

Die Modellmatrix zeigt uns die beta × eta Matrix (die Erklärung zu den beta-Parametern ($\beta$) erfolgt als nächstes bei `summary()`). Die Matrix enthält fünf

Spalten und sechs Zeilen. Die Spalten stellen die einzelnen eta-Parameter und die Zeilen die beta-Parameter dar.

Anmerkung:

- Man darf sich durch die Beschriftung nicht irritieren lassen, denn in der Modellmatrix fängt die Nummerierung bei eta 1 an und geht bis eta 5. Im Output res erhalten wir jedoch eta 2 bis eta 6. Der Unterschied der Nummerierung hat keinen besonderen Grund, sondern kommt nur zu Stande, da für die Modellmatrix intern eine eigene Nummerierung festlegt wird.

Das erste Item wird nicht geschätzt. Das sehen wir in der ersten Zeile (beta I1). Die Zeile mit −1 Einträgen deutet darauf hin, dass die Summe-Null-Normierung gewählt wurde. $\beta_1$ wird nicht geschätzt, sondern der Schätzwert ergibt sich aus der Summe der restlichen Parameterschätzungen. Werden dann alle $\beta$-Parameterschätzer (beta I1 bis beta I6) zusammengezählt, ergibt sich der Betrag 0.

Eine andere Möglichkeit der Normierung wäre das Nullsetzen des ersten Items. Damit erhält das erste Item den Wert 0 und die restlichen Items werden relativ zu diesem Item geschätzt. Diese Möglichkeit spielt jedoch bei der Anwendung hier keine Rolle. Deshalb gehen wir nicht weiter darauf ein.

Bei Interesse können Sie res1 <- RM(raschdat3, sum0=FALSE) berechnen, die Modellmatrix mit model.matrix(res1) aufrufen und sie mit der vorherigen aus res vergleichen.

Kommen wir zurück zur Parameterschätzung. Eine übersichtlichere Darstellung der Parameterschätzung sowie die Ausgabe der $\beta$-Parameter erreicht man über summary().

```
> summary(res)
Results of RM estimation:

Call:  RM(X = raschdat3)

Conditional log-likelihood: -1001
Number of iterations: 14
Number of parameters: 5

Item (Category) Difficulty Parameters (eta): with 0.95 CI:
   Estimate Std. Error lower CI upper CI
I2   -0.846      0.096   -1.035   -0.657
```

```
I3     -0.268      0.089     -0.441    -0.094
I4      0.221      0.086      0.052     0.390
I5      0.817      0.089      0.643     0.991
I6      1.309      0.096      1.121     1.496


Item Easiness Parameters (beta) with 0.95 CI:
          Estimate Std. Error lower CI upper CI
beta I1      1.233      0.105     1.027     1.438
beta I2      0.846      0.096     0.657     1.035
beta I3      0.268      0.089     0.094     0.441
beta I4     -0.221      0.086    -0.390    -0.052
beta I5     -0.817      0.089    -0.991    -0.643
beta I6     -1.309      0.096    -1.496    -1.121
```

Am Anfang werden dieselben Informationen ausgegeben wie zuvor bei dem Aufruf von res. Zusätzlich erhalten wir bei den eta-Parametern noch das 95%ige Konfidenzintervall, welches sich aus den Parameterschätzern und den dazugehörigen Standardfehlern berechnen lässt. Es gibt uns an, in welchem Bereich der wahre Wert eines Itemparameters mit 95%iger Sicherheit liegt.

Als nächstes werden die $\beta$-Parameter (Item Easiness Parameters (beta) with 0.95 CI) ausgegeben. Bei den $\beta$-Parametern ist nun auch ein Wert für das erste Item enthalten (Versuch: Zählen Sie die Parameterschätzer zusammen. Das Ergebnis wird annähernd 0 sein. Leichte Abweichungen von 0 ergeben sich, weil wir bei der händischen Berechnung nicht alle möglichen Nachkommastellen beachten und somit ein ungenaues Ergebnis erhalten.) Wenn wir die zwei Outputs miteinander vergleichen, sehen wir, dass sich die Vorzeichen der Itemparameter (inklusive der Konfidenzintervalle) geändert haben. Die $\beta$-Parameter stellen die Itemleichtigkeitsparameter dar. Um aus den $\beta$-Parametern wieder Schwierigkeitsparameter zu erhalten, müssen einfach die Vorzeichen umgedreht werden (jedoch nicht beim Standardfehler, der immer einen positiven Wert annimmt).

Anmerkung:

- Die Begründung für die Ausgabe der Itemleichtigkeitsparameter liegt darin, dass in **eRm** eine Vielzahl von Modellen geschätzt werden können. Einige benötigen die Itemleichtigkeitsparameter (z. B. Modelle der Veränderungsmessung). Somit müssen wir zur Bestimmung der Itemschwierigkeitsparameter im Rasch Modell die Vorzeichen der geschätzten Parameter ändern.

In unserem Fall stellt das sechste Item mit einem Itemschwierigkeitsparameter von 1.309 das schwierigste Item im Test dar. Mit 95%iger Sicherheit liegt es im Schwierigkeitsbereich von 1.121 bis 1.496.

Fehlende Werte: Sind in den Daten fehlende Werte enthalten, d. h., es gibt Items auf die nicht geantwortet wurde, müssen diese als NA klassifiziert werden. NA bedeutet nicht verfügbar (engl.: not available). Diese Zellen in der Datenmatrix dürfen keine Einträge enthalten, d. h., sie dürfen z. B. nicht die Zahl 99 enthalten, die in anderen Programmen gerne als Bezeichnung für fehlende Werte genommen wird. Wie Sie mit fehlenden Werten im Datensatz umgehen können, lesen Sie bitte in Anhang A.3.1 nach.

Wie wir bereits aus dem theoretischen Teil wissen (siehe Kapitel 3.7), können die Itemparameter unter bestimmten Annahmen auch mit fehlenden Werten in den Daten geschätzt werden. Damit bietet diese Methode den Vorteil, dass Personen, die manche Items nicht beantwortet haben, nicht aus der Analyse ausgeschlossen werden müssen.

Anmerkung:

- Auf einzelne Teile des Outputs kann man auf unterschiedliche Arten zugreifen. Eine genauere Beschreibung findet sich über help(RM).

  - Beispiele: Wie wir bereits wissen, können wir die automatisch generierte Modellmatrix **W** über model.matrix() ausgeben lassen. Erfahrenen Anwendern steht ebenso die Möglichkeit von $ zur Verfügung, z. B. res$W gibt ebenso die Modellmatrix aus. Ein weiteres Beispiel wären die β-Parameter, die wir entweder über coef() oder über res$betapar erhalten. Man kann sich die einzelnen möglichen Elemente in der Hilfe ansehen und ausprobieren. Für die weitere praktische Anwendung sind diese Möglichkeiten jedoch nicht notwendig.

### Grafische Darstellung der Itemparameter

Nachdem wir nun die Itemschwierigkeitsparameter kennen, können wir sie uns noch grafisch ansehen.

Eine Möglichkeit ist die aus Kapitel 2 bereits bekannte ICC. Sie zeigt uns die Lösungswahrscheinlichkeit eines Items in Abhängigkeit von der Personenfähigkeit.

Anmerkung:

- Wir haben die Personenfähigkeit eigentlich noch nicht geschätzt. Das passiert für diese grafische Darstellung jedoch bereits intern.

In **eRm** kann die ICC auf unterschiedliche Art und Weise erstellt werden. Über plotICC() können die ICCs für jedes Item einzeln betrachtet werden.

---

## plotICC()

```
plotICC(object, item.subset = "all", empICC = NULL, empCI =
    NULL, mplot = NULL, xlim = c(-4, 4), ylim = c(0, 1),
    xlab = "Latent Dimension", ylab = "Probability to Solve",
    main = NULL, col = NULL, lty = 1, legpos = "left", ask =
    TRUE, ...)
```

Plot für die Visualisierung der Itemcharakteristikkurven

- object ... Objekt aus RM()
- item.subset ... "all" = alle Items werden geplottet; Es können einzelne Items angesprochen werden z. B. = 1, = 1:3, = c(1,5)
- empICC ... Möglichkeit die empirisch ermittelten Lösungswahrscheinlichkeiten für die Items anzeigen zu lassen z. B. über "raw"
- empCI ... Möglichkeit das Konfidenzintervall für die empirisch ermittelten Lösungswahrscheinlichkeiten anzeigen zu lassen
- mplot ... TRUE/FALSE: Standardeinstellung ist TRUE, es werden mehrere Items auf einer Seite angezeigt
- xlim ... Range/Bereich der Personenparameter auf der $x$-Achse
- ylim ... Range/Bereich der Lösungswahrscheinlichkeit auf der $y$-Achse
- xlab ... Label für die $x$-Achse
- ylab ... Label für die $y$-Achse
- main ... Titel der Abbildung
- col ... Es kann für die Items eine eigene Farbe eingestellt werden
- lty ... Linientyp
- legpos ... Position der Legende
- ask ... Anzeigen der Grafik für die nächste Itemgruppe. TRUE/FALSE: Standardeinstellung ist TRUE, somit muss vor jedem neuen Item bestätigt werden. FALSE sollte benutzt werden, wenn man die Abbildungen exportieren möchte
- ... Weitere Argumente aus anderen Funktionen werden in dieser Funktion ignoriert

Der Standardbefehl lautet

```
> plotICC(res)
```

Pro Seite werden vier Items angezeigt. (Wenn man die Items einzeln darstellen möchte, dann muss man mplot = FALSE setzen.) Für die Ansicht des
nächsten Items muss die Eingabe bestätigt werden (z. B. durch Drücken der
Eingabe-Taste, durch Drücken der linken Maustaste oder durch klicken des
Reiters links oben nächster und nächster Plot).

Folglich ist zur besseren Veranschaulichung nur ein Item dargestellt. Die
Standardeinstellung der Funktion lautet item.subset = "all". Damit werden alle ICCs für alle Items gezeichnet. Will man jedoch nur bestimmte
Items auswählen, erreicht man das z. B. durch item.subset = c(2,3) oder
item.subset = 2. Wir rufen die ICC für das zweite Item auf.

```
> plotICC(res, item.subset = 2)
```

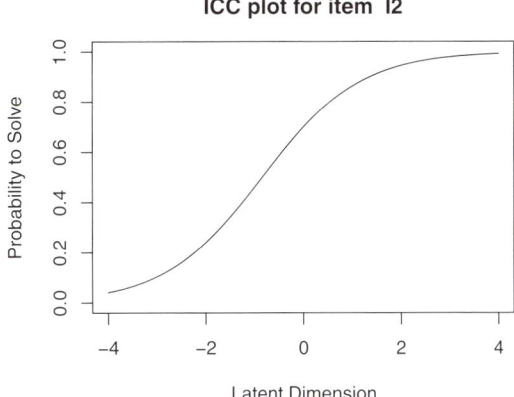

Wir sehen, dass mit steigender Fähigkeit (Latent Dimension) die Lösungswahrscheinlichkeit des Items (Probability to Solve) steigt. Als nächstes
wollen wir uns für dasselbe Item die empirisch ermittelten Lösungswahrscheinlichkeiten (empICC = list("raw")) und die dazugehörigen empirischen Konfidenzintervalle (empCI = list()) ansehen.

```
> plotICC(res, item.subset = 2, empICC = list("raw"),
+     empCI = list())
```

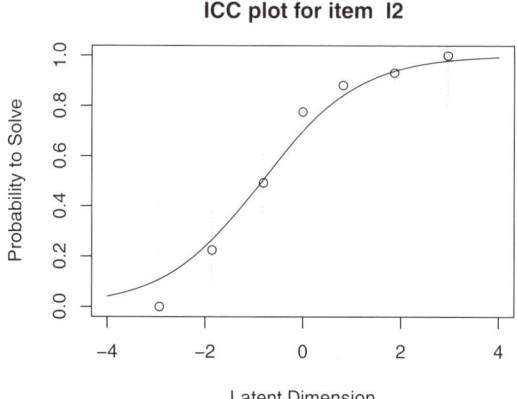

In dieser Darstellung sind zusätzlich zur ICC die empirisch ermittelten Wahrscheinlichkeitspunkte (relative Lösungshäufigkeiten auf der $y$-Achse) für die geschätzten Personenfähigkeiten (auf der $x$-Achse) und die dazugehörigen Konfidenzintervalle eingezeichnet. Die blauen Linien geben an, im welchen Bereich die geschätzten Wahrscheinlichkeiten mit einer bestimmten Sicherheit liegen (standardmäßig mit 95%). Die empirischen Werte sollten in der Praxis nicht weit weg von der ICC liegen, sondern so gut wie möglich mit der Linie übereinstimmen und ihre Konfidenzintervalle die ICC überlappen.

In der Abbildung sehen wir, dass die Linien der ersten und der letzten Fähigkeitsausprägung größer sind. Dies ist darauf zurückzuführen, dass relativ wenige Personen keines ($n_{r=0} = 4$) oder alle Items ($n_{r=6} = 17$) gelöst haben. Wie wir bereits wissen, können für diese zwei Fälle eigentlich keine Parameter geschätzt werden, sondern sie werden durch eine Annäherungstechnik für die Praxis zur Verfügung gestellt. Daher können diese beiden Punkte bei der Beurteilung, ob die ICC gut zu den Daten passt, vernachlässigt werden.

### Schätzung der Personenparameter

Nach der Schätzung der Itemparamameter mittels der CML-Methode erfolgt nun die Schätzung der Personenfähigkeiten $\theta$. Die Schätzung erfolgt in **eRm** unter Anwendung der ML-Methode (siehe Kapitel 3.5) über die Funktion `person.parameter()`.

---

**person.parameter()**

---

person.parameter(object)

Maximum-Likelihood-Schätzung für die Personenparameter. Personenparameter für Personenscore 0/k wird durch Spline-Schätzung erzeugt.

- object ... Objekt, für das die Personenparameter geschätzt werden. Stellt das Objekt aus der Funktion RM() dar, welches bereits die Itemparameterschätzungen inkludiert

---

Zur Schätzung der Personenparameter werden die zuvor geschätzten Itemparameter benötigt, die im Objekt res gespeichert sind. Der Aufruf erfolgt mit

```
> pers <- person.parameter(res)
```

Die Ausgabe erfolgt über pers oder print(pers).

```
> print(pers)
```

Person Parameters:

```
Raw Score Estimate Std.Error
        0 -2.94838       NA
        1 -1.85881    1.146
        2 -0.82332     .935
        3 -0.00374    0.892
        4  0.81855    0.937
        5  1.86155    1.151
        6  2.95962       NA
```

Der Output zeigt uns die Personenparameterschätzungen. In der ersten Spalte befindet sich der Personenscore (Raw Score), der in unserem Fall von 0 bis 6 geht. Die Personenfähigkeitsparameter werden in der zweiten Spalte ausgegeben (Estimate). Personen, die einen Personenscore von 0 erhalten, haben die geringste Fähigkeit und dementsprechend einen hohen negativen Wert. Personen, die einen Personenscore von 6 erreichen, haben die höchste Fähigkeit und erhalten daher einen hohen positiven Wert. Zählt man alle Personenparameter zusammen, erhält man wieder einen Wert annährend

0. In der letzten Spalte befinden sich die Standardfehler (Std.Error) der Personenparameter. Für den Personenscore 0 und $k$ wird kein Standardfehler ausgegeben. Wie wir bereits wissen, ist für die Extrembereiche keine Schätzung der Parameter möglich und somit kann auch kein Standardfehler bestimmt werden.

Fehlende Werte: Enthält die Datenmatrix fehlende Werte, so werden intern soviele Personengruppen gebildet, wie es Muster von fehlenden Werten gibt. Zum Beispiel, bearbeitet eine Gruppe von Personen alle Items, jedoch die zweite Gruppe bearbeitet alle bis auf das letzte Item, dann ergibt das zwei Personengruppen, für die die Personenparameter getrennt geschätzt werden müssen.

Die Ausgabe kann ebenso über summary(pers) erfolgen. Mit diesem Aufruf erhalten wir für jede Person die Fähigkeitsparameter inklusive Konfidenzintervalle. Die Konfidenzintervalle geben den Fähigkeitsbereich an, in dem sich die Person mit einem bestimmten Personenscore mit 95%iger Sicherheit befindet.

```
> summary(pers)
```

Da sich der Output über mehrere Seiten erstrecken würde, wird er an dieser Stelle nicht gezeigt.

### Die Person-Item-Map

Eine Möglichkeit der grafischen Darstellung der Personenparameter und der Itemschwierigkeiten ist die Person-Item-Map (plotPImap()). Diese zeigt die Verteilung der Personenparameter und an welcher Stelle auf der latenten Dimension sich die Items befinden.

---

### plotPImap()

```
plotPImap(object, item.subset = "all", sorted = FALSE, main =
    "Person-Item Map", latdim = "Latent Dimension", pplabel =
    "Person\nParameter\nDistribution", cex.gen = 0.7,
    xrange = NULL, warn.ord = TRUE, warn.ord.colour =
    "black", irug = TRUE, pp = NULL)
```

Stellt den Ort der Itemschwierigkeitsparameter auf der latenten Dimension dar

- object ... Objekt aus RM()

---

- `item.subset` ... "all" = alle Items werden geplottet, es können einzelne Items angesprochen werden z. B. = 1, = 1:3, = c(1,5)
- `sorted` ... Wenn `TRUE`, dann werden die Items nach ihrer Schwierigkeit aufsteigend geordnet dargestellt. Standardeinstellung ist `FALSE`. Die Itemschwierigkeiten werden ihrer Reihenfolge nach aufgetragen
- `main` ... Titel der Abbildung
- `latdim` ... Label der *x*-Achse
- `pplabel` ... Titel für die Personenparameterverteilung
- `cex.gen` ... Schriftgröße
- `xrange` ... Range der *x*-Achse
- `warn.ord` ... nur für das polytome Rasch Modell von Relevanz
- `warn.ord.colour` ... wie `warn.ord`
- `irug` ... zeichnet unter der Personenparameterverteilung kleine Striche, die anzeigen wo die Items liegen
- `pp` ... hier kann ein Objekt, das von `person.parameter()` erzeugt wurde, angegeben werden. Das ist bei einer großen Stichprobe nützlich, wenn man schon die Personenparameter geschätzt hat. Die Standardeinstellung ist `NULL`. In diesem Fall werden die Personenparameter von `plotPImap()` geschätzt

```
> plotPImap(res)
```

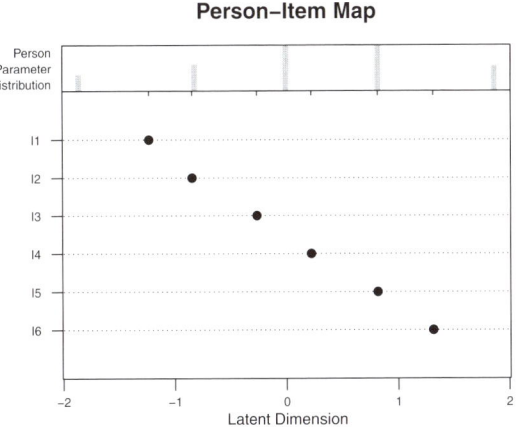

**Person–Item Map**

Im oberen Bereich der Abbildung sehen wir die Personenparameterverteilung (Person Parameter Distribution). Im zweiten Teil der Abbildung sind die Itemschwierigkeiten aller Items dargestellt. Im besten Fall sollten die Items hinsichtlich ihrer Schwierigkeiten über den ganzen Bereich der Personenfähigkeit (Latent Dimension) verteilt sein.

Stellen wir uns vor, wir haben einen sehr leichten Test einer zu fähigen Personengruppe vorgegeben. Dann werden viele Personen eher hohe Personenscores erreichen. Damit wird die Verteilung eher asymmetrisch und der höchste Punkt der Verteilung auf der rechten Seite sein. Die Items werden für diese Personen eher zu leicht sein und sich daher eher auf der linken Seite der Abbildung befinden. Somit würden die Items wenig geeignet sein, um die Fähigkeit dieser Personengruppe gut erfassen zu können.

Bis jetzt haben wir die theoretischen Grundlagen des Rasch Modells und die Berechnung der Schätzwerte der Item- und Personenparameter sowie die praktische Umsetzung in **eRm** kennengelernt. Im Folgenden werden wir uns mit der Überprüfung der Geltung des Rasch Modells beschäftigen.

# 4. Modellprüfung

In Kapitel 2 wurden einige Eigenschaften beschrieben, die eine gute Messung ausmachen. Sie alle stecken in den Annahmen, die beim Rasch Modell getroffen werden. Ein großer Vorteil (statistischer) Modelle ist es, dass man überprüfen kann, ob ein bestimmtes Modell erhobene Daten gut beschreibt. Ist dies der Fall, dann treffen die Annahmen des Modells auch für die Daten zu.

Das Prüfen bestimmter Annahmen bedeutet das Beantworten spezifischer Fragen, wie etwa:

- Ist für alle Aufgaben dieselbe Fähigkeit zur Lösung erforderlich oder spielen bei einigen Aufgaben weitere Fähigkeiten eine Rolle?

- Haben die untersuchten Aufgaben tatsächlich eine Lösungswahrscheinlichkeit, die in der in Abbildung 2.3 (Seite 13) gezeigten Form von der latenten Fähigkeit abhängt?

- Sind die Itemcharakteristikkurven auch tatsächlich für alle Aufgaben parallel, oder unterscheiden sich einzelne Items hinsichtlich ihrer Trennschärfe bzw. können sie durch Raten gelöst werden?

- „Funktionieren" die Aufgaben in allen Subgruppen gleich, d. h., gelten die vom Modell angenommenen ICCs für alle Personen unabhängig von deren Sprache, Bildung, Geschlecht, Herkunft, Behandlungsmethode oder anderen möglichen Einlussfaktoren?

- Ist die Annahme der lokalen stochastischen Unabhängigkeit erfüllt, d. h., hat der Erfolg oder Misserfolg bei einer Aufgabe keinen Einfluss auf die Chancen bei einer anderen Aufgabe, oder wird beispielsweise in einem Item ein Lösungsweg trainiert, der bei einem nachfolgenden Item vorteilhaft ist?

Das allgemeine Prinzip der Modellprüfung funktioniert so: Aus der Modellgleichung lassen sich bestimmte Erwartungen hinsichtlich der Antwortmuster und -häufigkeiten ableiten. Treffen diese Annahmen für einen vorliegenden Datensatz nicht zu, kann für ihn das Rasch Modell nicht gelten. Man spricht dann von einer Modellverletzung.

# 4.1. Subgruppeninvarianz

In Zuge der CML-Schätzung (siehe Kapitel 3.3.2) können wir die Itemschwierigkeitsparameter ermitteln, ohne dass die Personenparameter in den Schätzgleichungen vorkommen. Das setzt aber voraus, dass die Itemschwierigkeiten für alle Personen gleich sind. Es kann aber der Fall sein, dass sich bestimmte Teilgruppen abweichend verhalten, d. h., das Modell und die damit ermittelten Parameter gelten nicht für alle Personen in gleichem Maße.

Wenn im Handy-Beispiel (siehe Kapitel 3.3.1) das Rasch Modell gilt, dann weichen die Wurfweitenverhältnisse für einzelne Personen oder Personengruppen nicht systematisch voneinander ab. Es könnte aber auch der Fall eintreten, dass bestimmte Personengruppen durch ihre spezielle Wurftechnik unterschiedliche Verhältnisse produzieren.

Bei Gültigkeit des Rasch Modells unterscheiden sich die nach der CML-Methode geschätzten Itemparameter nur zufällig zwischen beliebigen Subgruppen. Man nennt diese Eigenschaft *Subgruppeninvarianz* (siehe Seite 20). Diese kann auch zur Modellprüfung herangezogen werden: Betrachtet man gezielt unterschiedliche Personengruppen, dürfen zwischen diesen keine systematischen Unterschiede auftreten – wenn doch, kann das Modell nicht gelten.

Wir werden in diesem Abschnitt vier häufig angewandte Methoden – zwei statistische Tests und zwei grafische Verfahren – zur Prüfung der Subgruppeninvarianz vorstellen: Der Andersen-Likelihood-Ratio-Test (LRT; Kapitel 4.1.2) überprüft die Nullhypothese der Modellgültigkeit global (d. h. für alle Items gleichzeitig), der Wald-Test (Kapitel 4.1.3) prüft Unterschiede der Itemschwierigkeiten zwischen Gruppen von Personen itemspezifisch (d. h. für einzelne Items, man sagt auch auf Itemebene). Die beiden grafischen Verfahren (Kapitel 4.1.4) stellen Aspekte der aus verschiedenen Gruppen stammenden Itemparameterschätzungen grafisch dar. Auch hier werden die gruppenspezifisch geschätzten Itemparameter miteinander verglichen.

Allen Methoden dieses Kapitels ist gemeinsam, dass sie auf einer Teilung der Stichprobe nach bestimmten Variablen, z. B. Geschlecht (männlich/weiblich) oder Personenscore (hoch/niedrig), beruhen. Solche Variablen nennt man Teilungskriterien. Es hängt von den gewählten Teilungskriterien ab, ob relevante Unterschiede auch tatsächlich entdeckt werden. Welche inhaltlichen Aspekte durch die Wahl des Teilungskriteriums entdeckt werden können, wollen wir im Folgenden näher betrachten.

## 4.1.1. Die Wahl des Teilungskriteriums

In den bisherigen Überlegungen zur Überprüfung der Subgruppeninvarianz haben wir einige zentrale Prinzipien betrachtet, die bei jeder Teilung des Datensatzes gültig sind. Die Wahl des Teilungskriteriums hat nun Einfluss darauf, welche spezifischen Modellverletzungen aufgedeckt werden können.

### Parallele ICCs und Eindimensionalität

Andersen (der einen wichtigen Modelltest entwickelt hat, auf den wir in Kapitel 4.1.2 näher eingehen werden) hat eine Teilung des Datensatzes nach dem Personenscore vorgeschlagen. Es werden dabei $k-1$ Gruppen gebildet, die sich laut ihrer Personenscores $r_v$ in ihrer Fähigkeit unterscheiden. Bei 4 Items wären es drei Gruppen: $r_v = 1$, $r_v = 2$, $r_v = 3$ (für $r_v = 0$ bzw. $r_v = k$ sind ja keine Parameterschätzungen möglich). Wenn wir nun (signifikante) Unterschiede zwischen diesen Gruppen finden, dann sind die Items für die Personen der einzelnen Scoregruppen unterschiedlich schwierig.

Das kann z. B. darauf zurückzuführen sein, dass fähigere Personen eine andere (effizientere) Lösungsstrategie angewandt haben, wodurch deren Ergebnis sowohl von ihrer tatsächlichen Fähigkeit in der gemessenen Dimension als auch von der Wahl der Strategie abhängt. Es kann auch bedeuten, dass ein Item den Personen neben der eigentlich zu messenden Fähigkeit weitere abverlangt (z. B. sprachliche, bei komplexen Angaben), auf die es eigentlich gar nicht ankommen sollte.

Eine Teilung in alle Personenscoregruppen kann in der Praxis nicht immer angewendet werden, da wir dafür in jeder Personenscoregruppe genügend Beobachtungen benötigen. Gerade bei kleinen Stichproben oder sehr vielen Items ist dies nicht immer gewährleistet, was zu Problemen bei der Parameterschätzung führen kann. Es wird daher häufiger anstelle einer kompletten Teilung in alle $k-1$ Personenscoregruppen nur eine Zweigruppenteilung vorgenommen, wobei als Teilungskriterium der Median der Personenscoreverteilung herangezogen wird (also jener Personenscore, der von der Hälfte der Stichprobe erreicht wird). Man nennt diese Teilung auch Mediansplit. Hier findet ebenfalls eine Trennung in unterschiedlich leistungsfähige Gruppen dar, ist aber leichter realisierbar. Außerdem gewährleistet der Median, dass die beiden Gruppen annähernd gleich groß sind, denn eine asymmetrische Teilung könnte (wie oben) Probleme bei der Parameterschätzung zur Folge haben. Es kann aber auch der Mittelwert der $r_v$ oder ein anderer geeignet erscheinender Trennwert (cut-off score) gewählt werden. Man kann auch mehrere Scoregruppen bilden, etwa niedrige, mittlere und hohe Scores usw.

Nehmen wir nun bei einer Teilung in zwei Fähigkeitsgruppen an, dass sich ein Item deutlich zwischen diesen beiden Gruppen unterscheidet. Zeichnen wir für dieses Item die Itemcharakteristikkurven getrennt für jede Teilgruppe (siehe Abbildung 4.1). Die ICCs sind mit blauen durchgezogenen Linien dargestellt, F+ und F- bezeichnen die fähigere und die weniger fähige Teilgruppe. Ohne Trennung in Teilgruppen würde die ICC als gemittelte Kurve verlaufen (in Abbildung 4.1 als gestrichelte Linie dargestellt). Sie ist flacher als die beiden anderen blau dargestellten. Nehmen wir nun an, dass die übrigen Items (graue Linien) keine Auffälligkeiten zeigen, dann kann diese gemittelte Linie des auffälligen Items nicht mehr parallel zu den ICCs der anderen (grau dargestellten) Items verlaufen. Der LRT kann daher Verletzungen der Annahme paralleler ICCs entdecken.

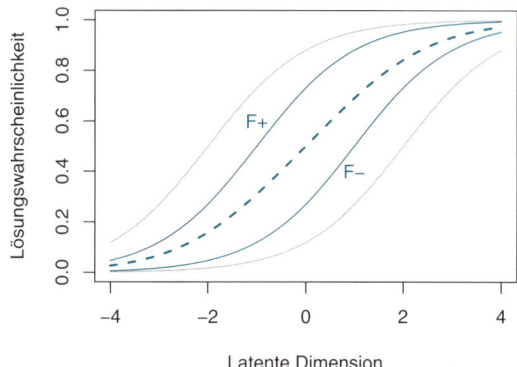

**Abbildung 4.1.:** ICCs eines Items laut Modell für zwei Teildatensätze (blaue durchgezogene Linien) und den Gesamtdatensatz (blaue gestrichelte Linie)

Zeigen bei einer Teilung in zwei Gruppen *alle* Items *dieselbe* Abweichung zwischen den Gruppen, wären alle gemittelten Linien auch wieder parallel und der LRT würde diese Abweichung nicht entdecken. Diese Art von Abweichung ist aber eher unwahrscheinlich und braucht uns daher nicht weiter zu beschäftigen.

Da die Teilung des Datensatzes nach dem Personenscore $r_v$ aus den untersuchten Items selbst stammt, wird sie auch *internes* Teilungskriterium genannt.

## Diffential Item Functioning (DIF)

Neben der Teilung anhand der Personenscores ist natürlich auch jedes andere inhaltlich sinnvolle Teilungskriterium anwendbar. Bei Items, die einer möglichen Geschlechtsdifferenzierung unterliegen können, verwendet man Geschlecht als Teilungskriterium. Bei Items im klinischen Kontext können Behandlungsgruppen wichtige Unterschiede zutage fördern. Wurden Personen aus unterschiedlichen Ländern oder Institutionen getestet, so mag dies als Teilungskriterium interessant sein. Wird eine Vermengung der eigentlichen Fähigkeit mit sprachlichen oder anderen durch die Ausbildung begründeten Unterschieden vermutet, so kann eine Trennung nach der Schulbildung relevante Unterschiede aufzeigen. Welche Kriterien letztlich gewählt werden, hängt von inhaltlichen Aspekten der Studie ab.

Da diese Teilungen nicht anhand der untersuchten Items selbst, sondern aus zusätzlichen Informationen gebildet werden, nennt man man sie auch externe Teilungskriterien. Bei Teilungen nach externen Kriterien werden (signifikante) Auffälligkeiten auch als Differential Item Functioning (DIF) bezeichnet. Diese Benennung geht auf Anwendungen zurück, in denen untersucht wurde, ob unterschiedliche ethnische Gruppen durch Tests systematisch benachteiligt werden. Die Begrifflichkeit soll also ausdrücken, ob Items in bestimmten Gruppen anders *funktionieren*. Sprachlich wird daher bei DIF-Analysen häufig zwischen einer Referenzgruppe (engl.: reference group) und einer Zielgruppe (engl.: focal group) unterschieden, also einer Standardgruppe und einer interessierenden mit möglichen systematischen Abweichungen. (Die Frage, welche Gruppenaufteilung inhaltlich interessante Aussagen zulässt, wird in Kapitel 4.1.1 erläutert.)

### Itemhomogenität und lokale stochastische Unabhängigkeit

Man kann einen Datensatz auch anhand eines bestimmten Items teilen, wobei zwei Gruppen von Personen entstehen – jene Personen, die das Item gelöst und jene, die es nicht gelöst haben. Dieses Item wird bei den Berechnungen der Itemschwierigkeiten dann natürlich nicht berücksichtigt (siehe z. B. Formann, 1981). Mithilfe dieser Teilung lässt sich die Annahme der Itemhomogenität überprüfen: Angenommen, wir wählen ein bestimmtes Item $j$ als Teilungskriterium aus und dieses Item misst genau dasselbe wie die übrigen (es gilt also das Modell). Dann ist zu erwarten, dass alle Personen, die dieses Item $j$ gelöst haben, fähiger sind als jene, die es nicht gelöst haben. In diesem Fall entspricht die Teilung nach Item $j$ auch annähernd der Teilung nach dem Personenscore. Beide Tests sollten bei Rasch modellkonformen Items zum gleichen Resultat führen.

Betrachten wir nun den Fall nicht-homogener (also heterogener) Items etwas näher: Nehmen wir an, untersuchte Items bilden in Wirklichkeit zwei Gruppen, die jeweils etwas anderes messen. So etwas kann z. B. passieren, wenn man bei der Itemerstellung zwei verschiedene Darstellungsformen für ein und dieselbe Thematik wählt, etwa eine textbasierte und eine bildbasierte. Eine solche Unterscheidung kann zur Erfassung unterschiedlicher Fähigkeiten führen, weil manche Personen besser mit einer textbasierten und andere besser mit einer bildhaften Darstellung zurechtkommen.

Wählen wir nun ein Item, sagen wir das Item $j$, aus der Gruppe der textbasierten Items für die Teilung aus, dann erhalten wir zwei Personengruppen, die sich hinsichtlich ihrer Fähigkeit zur Lösung textbasierter Aufgaben unterscheiden. Für jene, die Item $j$ gelöst haben, werden auch die anderen textbasierten Items relativ einfach zu lösen sein, während für jene, die Item $j$ nicht gelöst haben, die anderen textbasierten Items eher schwieriger sein werden. Bei den bildbasierten Aufgaben wird es wahrscheinlich keinen Unterschied geben. Diese werden in beiden Gruppen annähernd gleich schwierig sein.

Die textbasierten Items werden bei einer grafischen Modellkontrolle abweichende Itemschwierigkeitsparameter zeigen, bzw. in einem Modelltest zu einem signifikanten Ergebnis führen. Es kann also die Teilung nach einem Item eine potentielle Verletzung der Itemhomogenitätsannahme aufzeigen. Alternativ ist dies auch mit dem in Kapitel 4.2 vorgestellten Martin-Löf-Test möglich.

 Die Teilung anhand eines Items kann auch eine Verletzung der Annahme der lokalen stochastischen Unabhängigkeit anzeigen: Angenommen, wir haben zwei Items ($i$ und $j$) aufgrund ihrer Ähnlichkeit in Verdacht, nicht unabhängig voneinander zu sein. Das kann z. B. vorkommen, wenn eines der beiden auf das andere oder auf Ergebnisse des anderen Bezug nimmt. Dies führt dazu, dass diese beiden Items stärker als erwartet miteinander korrelieren (vgl. Kapitel 2.1.2).

Teilen wir nun die Personen nach Item $i$, Item $j$ bleibt im Datensatz. Alle in Gruppe „Item $i$ gelöst" haben (aufgrund der zu hohen Korrelation von Items $i$ und $j$) tendenziell auch Item $j$ gelöst und umgekehrt. Das im Datensatz verbliebene „Schwesteritem" $j$ wird daher bei Teilung nach $i$ einen deutlichen Schwierigkeitsunterschied zeigen. Daran können wir die Abhängigkeit der beiden Items erkennen.

Eine solche Vorgangsweise ist allerdings nur bei theoretisch begründeten Fällen von zusammenhängenden Items zu empfehlen. Eine systematische

Analyse aller Items (Teilungen also nach jedem der $k$ Items) würde das Risiko bergen, auch zufällige Abweichungen irrtümlich anzuzeigen. Auf Probleme dieser Art werden wir in Kapitel 6 noch genauer eingehen.

## 4.1.2. Der Andersen-Likelihood-Ratio-Test

Andersen (1973) hat speziell für das Rasch Modell einen sogenannten Likelihood-Ratio-Test (LRT; auch: Likelihood-Quotienten-Test, LQT) entwickelt, bei dem die aus der CML-Schätzung resultierende Likelihood verwendet wird. Der LRT ist ein globaler Test, d. h., es werden alle Items simultan geprüft. In der Nullhypothese dieses Tests ($H_0$) wird die Gültigkeit des Rasch Modells angenommen. Ein signifikantes Ergebnis deutet darauf hin, dass das Rasch Modell nicht gilt.

Dabei wird auf das Prinzip der Likelihood zurückgegriffen, wie wir es in Kapitel 3.1 kennengelernt haben: Die Likelihood ist das Produkt der Wahrscheinlichkeiten für die beobachteten Daten bei gegebenen Parametern.

Die Grundidee des LRT ist folgende: Man berechnet 1) die Likelihood für den gesamten Datensatz und 2) die Likelihoods getrennt für zwei oder mehrere Gruppen. Wenn die Parameterschätzungen für die Gesamtgruppe und die Teilgruppen gleich sind, dann dürfen sich die Likelihoods aus der Gesamtgruppe und den Teilgruppen nicht unterscheiden.

Beispiel 4:
Rufen wir uns nochmals die Beispiele aus Kapitel 3.1 in Erinnerung. Wir haben angenommen, dass die Personen A und B auf drei Items geantwortet haben (vgl. Tabelle 3.2). Die Daten waren

|          | Item 1 | Item 2 | Item 3 |
|----------|--------|--------|--------|
| Person A | 1      | 1      | 0      |
| Person B | 1      | 0      | 1      |

Nehmen wir weiters an, die geschätzten Parameter entsprechen jenen, wie wir sie im Beispiel 3 (Seite 34) verwendet haben, nämlich für die beiden Personen jeweils 1.5 und für die drei Items $-1.5$, 0 und 2. Da wir jetzt annehmen, wir hätten die Parameter geschätzt, erhalten wir auch eine Tabelle der geschätzten Lösungswahrscheinlichkeiten $\hat{P}$ (man sagt auch *erwartete Werte* oder engl.: fitted values). Die Tabelle 4.1 ändert sich nur insofern, als dass wir jetzt die geschätzten Parameterwerte zur Berechnung verwenden, also $\hat{\beta}_1$ statt $\beta_1$, $\hat{\theta}_1$ statt $\theta_1$, etc. Der Wert der Likelihood ist wie in Kapitel 3.1

**Tabelle 4.1.:** Die geschätzten Wahrscheinlichkeiten zur Datenmatrix aus Tabelle 3.2 mit geschätzten Parameterwerten $\hat{\theta} = \{1.5, 1.5\}$ und $\hat{\beta} = \{-1.5, 0, 2\}$.

|  | $\hat{\beta}_1 = -1.5$ | $\hat{\beta}_2 = 0$ | $\hat{\beta}_3 = 2$ |
|---|---|---|---|
| $\hat{\theta}_A = 1.5$ | $\hat{P}(1 \mid 1.5, -1.5) = 0.95$ | $\hat{P}(1 \mid 1.5, 0) = 0.82$ | $\hat{P}(0 \mid 1.5, 2) = 0.62$ |
| $\hat{\theta}_B = 1.5$ | $\hat{P}(1 \mid 1.5, -1.5) = 0.95$ | $\hat{P}(0 \mid 1.5, 0) = 0.18$ | $\hat{P}(1 \mid 1.5, 2) = 0.38$ |

$$L(\hat{\theta}, \hat{\beta}) = 0.95 \cdot 0.82 \cdot 0.62 \cdot 0.95 \cdot 0.18 \cdot 0.38 \approx 0.0318$$

Der Unterschied zum Beispiel 3 aus Kapitel 3.1 ist, dass wir jetzt die mittels der geschätzten Parameter $\hat{\theta}$ und $\hat{\beta}$ ermittelten Wahrscheinlichkeiten zur Berechnung der Likelihood verwendet haben. Deswegen haben wir auch $L(\hat{\theta}, \hat{\beta})$ geschrieben.

Nun haben wir aber bereits festgestellt, dass die Antwort der zweiten Person auf das zweite Item mit 0 auffällig ist, da ihre Fähigkeit mit 1.5 größer ist als die Schwierigkeit des Items mit 0. Eigentlich hätte sie mit 1 antworten sollen. Vielleicht ist aber das Item 2 für Person B aus irgendeinem Grund schwieriger als für Person A. Wir könnten das herausfinden, wenn wir die Parameter getrennt für die beiden Personen schätzen würden.

Nun nehmen wir an, eine getrennte Schätzung hätte folgendes Resultat: Für Person B ist die Schwierigkeit des zweiten Items $\hat{\beta}_2^B = 1.5$, alles andere bleibt gleich (siehe Tabelle 4.2).

**Tabelle 4.2.:** Getrennt geschätzte Parameterwerte für die Personen A und B.

|  | $\hat{\theta}$ | $\hat{\beta}_1$ | $\hat{\beta}_2$ | $\hat{\beta}_3$ |
|---|---|---|---|---|
| Person A | 1.5 | -1.5 | 0 | 2 |
| Person B | 1.5 | -1.5 | 1.5 | 2 |

Bei getrennter Schätzung erhalten wir andere Wahrscheinlichkeiten als in Tabelle 4.1, nämlich jene in Tabelle 4.3.

Die Likelihoods für die beiden Personen erhalten wir wieder durch Multiplizieren der einzelnen Wahrscheinlichkeiten.

$$L^{(A)}(\hat{\theta}_A, \hat{\beta}_A) = 0.95 \cdot 0.82 \cdot 0.62 \approx 0.485$$

$$L^{(B)}(\hat{\theta}_B, \hat{\beta}_B) = 0.95 \cdot 0.50 \cdot 0.38 \approx 0.18$$

**Tabelle 4.3.:** Die geschätzten Wahrscheinlichkeiten zur Datenmatrix aus Tabelle 3.2 mit für Personen A und B getrennt geschätzten Parameterwerten.

| | $\hat{\beta}_{A1} = -1.5$ | $\hat{\beta}_{A2} = 0$ | $\hat{\beta}_{A3} = 2$ |
|---|---|---|---|
| $\hat{\theta}_A = 1.5$ | $\hat{P}(1\,|\,1.5, -1.5) = 0.95$ | $\hat{P}(1\,|\,1.5, 0) = 0.82$ | $\hat{P}(0\,|\,1.5, 2) = 0.62$ |

| | $\hat{\beta}_{B1} = -1.5$ | $\hat{\beta}_{B2} = 1.5$ | $\hat{\beta}_{B3} = 2$ |
|---|---|---|---|
| $\hat{\theta}_B = 1.5$ | $\hat{P}(1\,|\,1.5, -1.5) = 0.95$ | $\hat{P}(0\,|\,1.5, 1.5) = 0.50$ | $\hat{P}(1\,|\,1.5, 2) = 0.38$ |

Nun setzt sich aber die gesamte Likelihood aus dem Produkt der Likelihoods für jede Person zusammen (vgl. $\prod_v$ in Formel 3.2, Seite 33). Daher multiplizieren wir die Likelihood für Person A (kurz $L^{(A)}$) mit der für Person B (kurz $L^{(B)}$) und erhalten

$$L^{(A)} \cdot L^{(B)} = 0.485 \cdot 0.18 = 0.0872$$

Dieser Wert ist fast drei Mal so groß wie jener, den wir bei der gemeinsamen Schätzung erhalten haben. Daraus folgt, dass wir die Daten besser erklären können, wenn wir die Schätzung getrennt durchführen. Die Likelihood ist größer.

Natürlich ist dieses Beispiel fiktiv und in der Praxis könnte man nicht die Parameter für nur zwei Personen getrennt schätzen. Man würde eine Stichprobe anhand eines Teilungskriteriums in zwei oder mehr Gruppen trennen und für diese dann die Likelihoods getrennt bestimmen. Das wichtigste Grundprinzip ist, dass zwei Fälle eintreten können:

- Die Itemschwierigkeiten sind in den Gruppen gleich. Die getrennte Berechnung führt zu den gleichen Parameterschätzungen in den Gruppen. Wenn man dann die einzelnen Likelihoods multipliziert, ergibt das die gleiche Gesamtlikelihood, wie wenn man keine getrennte Parameterschätzung durchgeführt hätte.
- Die Itemschwierigkeiten sind in den Gruppen ungleich. Dann erhält man bei getrennter Berechnung unterschiedliche Parameterschätzwerte, die besser die Schwierigkeiten der Items in den einzelnen Gruppen widerspiegeln und dadurch steigt auch die Gesamtlikelihood.

Diese beiden Fälle entsprechen auch der Nullhypothese (das Modell gilt) und der Alternativhypothese (das Modell gilt nicht), die man mit dem Likelihood-Ratio-Test prüfen kann. Um einen Test durchzuführen, berechnet man den Quotienten aus der Gesamtlikelihood bei getrennter Schätzung und jener aus der gemeinsamen Schätzung. Der Quotient besagt, um wie viel Mal die getrennte Schätzung besser ist. Für unser Beispiel ist das

$$\frac{0.0872}{0.0318} = 2.74$$

Je größer dieser Quotient ist, umso eher werden sich Itemschwierigkeiten in den einzelnen Gruppen systematisch unterscheiden. Ist der Quotient groß genug, wird die Nullhypothese, dass das Rasch Modell gilt, verworfen.

Der Andersen-LRT hat die Form

$$T_{LR} = 2\ln \frac{\prod_g L_c^{(g)}}{L_c^{(0)}} \tag{4.1}$$

- $T_{LR}$ ist die Testgröße
- $L_c^{(0)}$ ist die conditional Likelihood aus der Gesamtgruppe (gemeinsame Schätzung)
- $L_c^{(g)}$ ist die conditional Likelihood für eine einzelne Gruppe $g$
- $g$ ist eine bestimmte Gruppe, es gibt insgesamt $G$ Gruppen

Andersen (1973) hat gezeigt, dass $T_{LR}$ (asymptotisch) $\chi^2$-verteilt ist, mit df $= (k-1)(G-1)$ Freiheitsgraden, wobei $k$ die Anzahl der Items und $G$ die Anzahl der Teilgruppen ausdrückt. Man vergleicht $T_{LR}$ mit der $\chi^2$-Verteilung (mit entsprechenden Freiheitsgraden) und erhält einen $p$-Wert anhand dessen man dann entscheidet, ob man die Nullhypothese verwirft.

### Der Andersen-LRT in eRm

Der LRT wird in **eRm** über die Funktion LRtest() aufgerufen.

---

**LRtest()**

---

LRtest(object, splitcr = "median", se = TRUE)

Andersen-LRT für Subgruppeninvarianz

- object ... Objekt der Funktion RM()
- splitcr ... mögliche Teilungskriterien: Standardeinstellung ist Personenscore-Median ("median"). Weitere Möglichkeiten: Personenscore-Mittelwert ("mean"), Personenscore ("all.r"), sowie die Möglichkeit eigene Teilungskriterien zu definieren, z. B. externe Teilungskriterien

---

> • se ... wenn TRUE (Standard), dann werden die Standardfehler für
> die beta-Parameter (Itemleichtigkeitsparameter) in den jeweiligen
> Personengruppen berechnet

Wir wissen bereits, dass der LRT je nach Teilungskriterium unterschiedliche
Arten von Modellannahmen überprüft. Auf diese gehen wir im Folgenden
näher ein.

### Anstieg der ICCs

Die erste Möglichkeit besteht darin, die Personengruppen anhand des Personenscore-Medians zu teilen. Das Teilungskriterium median ist als Standardeinstellung definiert und muss nicht extra aufgerufen werden. Der Median
des Personenscores stellt den Wert dar, der die Personengruppe (geordnet
nach dem erreichten Personenscore) in eine untere 50% Gruppe und eine
obere 50% Gruppe unterteilt. Nehmen wir z. B. an, dass genau 50% der Personen einen Personenscore von 3 erreichen. Personen, die bis zu drei Items
lösen, werden der unteren Gruppe (untere Fähigkeitsgruppe) zugeordnet.
Personen, die mehr als drei Items lösen, werden der oberen Gruppe (obere
Fähigkeitsgruppe) zugeordnet.

Anmerkung:

• Es gibt dabei keinen besonderen Grund, warum die Personen, die genau
am Median liegen der unteren Gruppe zugeordnet werden. Man könnte
sie genauso der oberen Gruppe zuordnen. Wie das funktioniert, wird im
Folgenden erläutert (Teilungskriterium Personenscore).

```
> lrt1 <- LRtest(res)
```

Die Ausgabe erfolgt über lrt1 oder print(lrt1).

```
> lrt1

Andersen LR-test:
LR-value: 6.11
Chi-square df: 5
p-value:  0.296
```

Die erste Zeile des Outputs zeigt uns, dass wir den LRT angewendet haben (Andersen-LR-test). Der ermittelte Wert der Test-Statistik (LR-value)
beträgt 6.11. Die Freiheitsgrade zur Bestimmung des Signifikanzwertes $p$

betragen 5. Der *p*-Wert von 0.296 wäre unter Anwendung einer Irrtumswahrscheinlichkeit von $\alpha = .05$ nicht signifikant.

Wir können uns das Ergebnis jedoch auch im Detail ansehen. Dazu müssen wir das Ergebnis über summary() anfordern.

```
> summary(lrt1)

Andersen LR-test:
LR-value: 6.11
Chi-square df: 5
p-value:  0.296


Subject Subgroup: Raw Scores <= Median:
Log-likelihood:  -570

Beta Parameters:
          beta I1 beta I2 beta I3 beta I4 beta I5 beta I6
Estimate    1.295   0.860   0.323  -0.115  -1.047   -1.32
Std.Err.    0.122   0.114   0.110   0.115   0.145    0.16


Subject Subgroup: Raw Scores > Median:
Log-likelihood:  -428

Beta Parameters:
          beta I1 beta I2 beta I3 beta I4 beta I5 beta I6
Estimate    1.096   0.887   0.223  -0.301  -0.634  -1.271
Std.Err.    0.208   0.191   0.151   0.131   0.124   0.123
```

Der erste Teil des Outputs unterscheidet sich nicht vom vorherigen aus lrt1. Zusätzlich werden jetzt aber noch Informationen zu den beiden Personengruppen ausgegeben. Die erste Gruppe besteht aus der unteren Fähigkeitsgruppe (Subject Subgroup: Raw Scores <= Median) und die zweite Gruppe aus der oberen Fähigkeitsgruppe. Für beide Teildatensätze werden die logarithmierten Likelihoods (Log-likelihood ausgegeben. Es folgen die $\beta$-Parameter (Beta Parameters) und die dazugehörigen Standardfehler (Std.Err.). Diese stellen wieder die Itemleichtigkeitsparameter dar. Wenn wir die Itemleichtigkeiten über die Gruppen vergleichen, sehen wir, dass diese bis auf zufällige Abweichungen gleich sind.

Wir können davon ausgehen, dass die Lösungswahrscheinlichkeiten der Items mit steigender Personenfähigkeit ebenso steigen. Die Differenzen der Itemschwierigkeiten zueinander sind annähernd gleich und somit gibt es auch keine Veränderung hinsichtlich der Ordnung der Items über die Personengruppen in Bezug auf ihre Schwierigkeiten.

Erhält man ein signifikantes Ergebnis, so muss man davon ausgehen, dass Items existieren, die in einer der beiden Gruppen viel schwieriger oder leichter sind als in der anderen Gruppe. Somit würden die Differenzen der Items zueinander und die Anordnung der Itemschwierigkeiten im Test über die Gruppen nicht übereinstimmen.

Eine weitere Möglichkeit der Teilung wäre z. B. nach dem Mittelwert (mean), welche in der Funktion LRtest() integriert ist. Hierbei wird über alle Personen der mittlere Personenscore für den Test berechnet. Wäre dieser z. B. mean = 3.5, würden alle Personen die drei oder weniger Items gelöst haben der unteren Gruppe und alle anderen Personen der oberen Gruppe zugeordnet werden.

```
> lrt2 <- LRtest(res, splitcr = "mean")
```

Der Aufbau des Outputs unterscheidet sich nicht vom vorherigen (lrt1) und wird deshalb nicht dargestellt.

Anmerkung:

- Ebenso besteht die Möglichkeit selbst zu bestimmen, bei welchem Personenscore die Stichprobe geteilt wird. Aufgrund inhaltlicher Überlegungen könnte z. B. eine andere Personenscore Teilung als der Median oder der Mittelwert von Interesse sein (z. B. Extremgruppe vs. Rest). Es könnte jedoch auch sein, dass der Test für die getestete Personengruppe etwas zu leicht (oder zu schwer) ist und deshalb der Median sehr hoch (oder sehr niedrig) ist. Nehmen wir z. B. an, der Test ist zu leicht und der Median wäre 5 und nicht 3. Bei insgesamt 6 Items würden dann alle Personen, die weniger oder genau 5 Items gelöst haben der unteren Gruppe zugeordnet werden. Die obere Gruppe würde dann nur noch aus Personen, die alle Items gelöst haben, bestehen. Somit kann für die obere Gruppe keine Schätzung erfolgen und der LRT für das Teilungskriterium Median wäre nicht durchführbar. In **eRm** wird die Fehlermeldung

  ```
  - Error in LRtest.Rm(res) : No items with appropriate response
    patterns left to perform LR-test!
  ```

  ausgegeben. Es sind also keine Items mit passenden Antwortmustern zur Durchführung des LRTs vorhanden.

- Wenn Sie trotzdem das Ergebnis des LRTs anfordern (wir nennen das Objekt `lrt_Beispiel`), erhalten Sie die Fehlermeldung
  - `Fehler: Objekt "lrt_Beispiel" nicht gefunden.`
- In diesem Fall müsste man sich ein anderes Teilungskriterium überlegen. Zum Beispiel könnte man die Gruppen so aufteilen, dass Personen, die mindestens die Hälfte der Items gelöst haben, der oberen Gruppe zugeordnet werden. Hierbei muss darauf geachtet werden, dass die Anzahl der Personen in den einzelnen Gruppen nicht zu gering ist, denn sonst treten erneut Schätzschwierigkeiten auf.
- Es kann auch vorkommen, dass einzelne Items in einer Personengruppe nicht schätzbar sind. Zum Beispiel könnte ein Item immer oder nie gelöst worden sein. Über dieses Item kann keine Aussage bezüglich der Gültigkeit des Rasch Modells getätigt werden. Wenn ein Item diese Eigenschaft aufweist, wird es von der Analyse automatisch ausgeschlossen und man erhält die Warnung
  - `Full and subgroup models are estimated without these items!`.

### Erstellung eines eigenen internen Teilungskriteriums

Stellen wir uns vor, wir möchten Personen, die so viele Items gelöst haben, sodass sie genau am Personenscore-Median liegen, der oberen Gruppe und nicht wie zuvor der untere Gruppe zuordnen. Dafür müssen wir zuerst den Personenscore aller Personen sowie dessen Median berechnen.

Wir bilden zuerst die Zeilensummen über `rowSums()` (Personenscore) für jede Person und berechnen dann über `median()` dessen Median.

```
> score <- rowSums(raschdat3)
> median(score)
```

```
[1] 3
```

In unserem Beispiel beträgt der Median also 3. Im nächsten Schritt müssen wir ein Teilungskriterium erstellen. Wir nennen es `med2`.

Dafür wenden wir die Funktion `ifelse` an (siehe Kapitel A.3.3). Wenn (`if`) Personen weniger als 3 Items gelöst haben (`score < median(score)`) werden sie der Gruppe 0 zugeordnet und die restlichen Personen (`else`) der Gruppe 1.

```
> med2 <- ifelse(score < median(score), 0, 1)
```

Über `table(med2)` sehen wir, wie viele Personen sich jeweils in den beiden Gruppen befinden.

```
> table(med2)
med2
  0   1
121 379
```

Das neu erstellte Teilungskriterium kann nun in der Funktion `LRtest()` als Option bei `splitcr` eingetragen werden.

```
> lrt3 <- LRtest(res, splitcr = med2)
```

Wir wissen aus dem theoretischen Kapitel (Seite 63), dass zur genauen Bestimmung des Verlaufes der ICC bei hinreichend großen Stichproben eine Teilung in alle möglichen Personenscore-Gruppen möglich ist. Die interne Teilungsoption `all.r` teilt den Datensatz in die Gruppen $1, 2, \ldots k - 1$.

```
> lrt4 <- LRtest(res, splitcr = "all.r")
```

### Differential Item Functioning

Zur Untersuchung von Subgruppeninvarianz anhand eines externen Teilungskriteriums, also DIF, benötigen wir eine externe Variable, wie z. B. Geschlecht oder Alter. Liegt diese Variable bereits dichotom oder mehrkategoriell vor, kann sie direkt als Teilungskriterium eingesetzt werden. Sie muss als Faktor, Textvariable oder als numerische Variable definiert sein (siehe R-Einführung, Kapitel A.1.5).

Möchte man eine metrische Variable wie Alter als Teilungskriterium verwenden, muss diese in eine kategoriale Variable rekodiert werden. Zum Beispiel könnte man den Median der Variable Alter berechnen und diesen zur Dichotomisierung (jüngere Personen vs. ältere Personen) mit der bereits bekannten Funktion `ifelse` verwenden.

Unser Beispieldatensatz enthält kein externes Teilungskriterium. Deshalb erstellen wir uns zuerst (z. B. mit der Funktion `sample()`) ein fiktives. (Anmerkung: Das fiktive Teilungskriterium dient nur als Beispiel, in praktischen Anwendungen hätte es keine Relevanz. Wir wollen unseren Datensatz in vier Personengruppen teilen. Das Argument `replace = TRUE` führt dazu, dass die gewählten Werte (hier die Ziffern 1 bis 4) mehrmals vorkommen dürfen. Der Zahlenvektor darf genau 500 Einträge enthalten. Das entspricht der Anzahl von Personen in unserem Datensatz.

```
> splitvec <- sample(1:4, 500, replace = TRUE)
```

Anmerkung:

- Wenn man die Anzahl der Personen im Teilungskriterium falsch definiert (weniger oder mehr Personen als in den Daten vorhanden sind), dann gibt R die Fehlermeldung

  ```
  - Mismatch between length of split vector and number of persons!
  ```
  aus.

Das neue Teilungskriterium splitvec kann nun verwendet werden.

```
> lrt5 <- LRtest(res, splitcr = splitvec)
```

### Lokale stochastische Unabhängigkeit und Itemhomogenität

Wie wir von Seite 65 wissen, können wir ein Item aus dem Datensatz als Teilungskriterium verwenden. Zuerst wählt man ein Item, von dem man annimmt, dass es eine Modellverletzung entdecken kann, aus dem Datensatz aus. Dieses Item dient als Teilungskriterium. Personen, die auf dieses Item mit 0 geantwortet haben, werden der ersten Gruppe und Personen, die auf dieses Item mit 1 geantwortet haben, der zweiten Gruppe zugeordnet.

Wir wollen das erste Item als Teilungskriterium verwenden. Dafür müssen wir zuerst einen neuen Datensatz, in dem das erste Item nicht enthalten ist, erstellen (daten). Als nächstes müssen wir die Itemparameter des Rasch Modells schätzen (res2).

```
> daten <- raschdat3[, 2:6]
> res2 <- RM(daten)
```

Als Teilungskriterium wählen wir das erste Item des Datensatzes raschdat3 und berechnen den LRT.

```
> lrt6 <- LRtest(res2, splitcr = raschdat3[, 1])
```

```
> lrt6

Andersen LR-test:
LR-value: 0.896
Chi-square df: 4
p-value:  0.925
```

Das Ergebnis ist nicht signifikant. Es gibt keine Items, die vom ersten Item entweder zu abhängig sind oder Items, die eine andere Dimension als das erste Item erfassen.

Bis jetzt haben wir kennengelernt, wie wir die Annahme der Subgruppeninvarianz global testen. Im nächsten Kapitel lernen wir einen Test auf Itemebene kennen.

### 4.1.3. Der Wald-Test

Wir können die Idee der Teilung des Datensatzes, wie sie im LRT im vorangegangenen Abschnitt vorgestellt wurde, auch zur Überprüfung einzelner Items verwenden. Der Wald-Test ist daher ein Test auf Itemebene. Teilt man den Datensatz in genau zwei Gruppen, dann kann man für jedes einzelne Item die Nullhypothese

$$H_0 : \beta_i^{(1)} = \beta_i^{(2)} = \beta_i$$

prüfen. Die $\beta_i^{(1)}$ und $\beta_i^{(2)}$ sind die (wahren) Parameter in den beiden Gruppen (1) und (2). Dabei wird nicht die Likelihood betrachtet, sondern es werden die beiden Parameterschätzwerte selbst und deren jeweiliger (geschätzter) Standardfehler $SE(\hat{\beta})$ verwendet, SE steht dabei für standard error (vgl. Kapitel 3.6).

Für jedes Item $i$ kann nun die Testgröße

$$T_W = \frac{\hat{\beta}_i^{(1)} - \hat{\beta}_i^{(2)}}{SE(\hat{\beta}_i^{(1)})^2 + SE(\hat{\beta}i^{(2)})^2} \tag{4.2}$$

berechnet werden. Der berechnete Wert von $T_W$ kann anhand der Standardnormalverteilung auf Signifikanz überprüft werden. Dazu vergleichen wir den Absolutbetrag von $T_W$ mit einem kritischen Wert (bei einem $\alpha$ von z. B. 5% beträgt dieser 1.96). Oder man verwendet direkt den $p$-Wert (ist dieser kleiner als $\alpha$, verwirft man die Nullhypothese).

Allerdings ist bei der praktischen Anwendung (besonders wenn man mit dem Wald-Test viele Items prüft) zu berücksichtigen, dass das (nominale) Signifikanzniveau nicht eingehalten wird. Das bedeutet, man glaubt z. B. am 5%-Niveau zu prüfen, tatsächlich ist die Fehlerwahrscheinlichkeit aber viel höher. Diese Problematik und mögliche Lösungen werden in Kapitel 6 genauer diskutiert.

## Der Wald-Test in eRm

Die Definition der Teilungskriterien unterscheidet sich nicht vom LRT und wird deshalb nicht noch einmal erklärt. Sollten die Items in den Teilgruppen nicht schätzbar sein, werden die gleichen Fehlermeldungen oder die gleichen Warnungen wie beim LRT ausgegeben.

---

### Waldtest()

Waldtest(object, splitcr = "median")

Subgruppeninvarianz auf Itemlevel

- object ... Objekt der Funktion RM()
- splitcr ... Mögliche Teilungskriterien: Standardeinstellung ist Personenscore-Median ("median"). Weitere Möglichkeiten: Personenscore-Mittelwert ("mean"), Personenscore ("all.r"), sowie die Möglichkeit eigene Teilungskriterien zu definieren z. B. externe Teilungskriterien

---

Die erste Möglichkeit besteht wie beim LRT (siehe Seite 71) darin, die Personengruppen anhand des Personenscore-Medians zu teilen.

```
> Waldtest(res)

Wald test on item level (z-values):

        z-statistic p-value
beta I1       0.827   0.408
beta I2      -0.123   0.902
beta I3       0.534   0.594
beta I4       1.067   0.286
beta I5      -2.162   0.031
beta I6      -0.224   0.823
```

Der Output von Waldtest() zeigt, dass der Wald-Test angewendet wurde. Die Differenz der Itemparameter von Gruppe 1 und Gruppe 2 wird durch $z$-Werte angegeben. (Wald test on item level (z-values)).

In den Spalten 2 und 3 werden für jedes Item die $z$-Statistiken und die dazugehörigen $p$-Werte ausgegeben. Das Vorzeichen der $z$-Statistik gibt uns Auskunft über die Richtung der Differenz. Ein positiver Wert bedeutet, dass das Item in der ersten Gruppe leichter als in der zweiten Gruppe ist. Umgekehrt gibt ein negativer $z$-Wert an, dass das Item für die erste Gruppe schwieriger ist als für die zweite Gruppe.

Wie beim LRT (siehe Seite 73) besteht die Möglichkeit eine Teilung durch den Mittelwert (mean) durchzuführen. Dieses Teilungskriterium ist in der Funktion Waldtest() integriert.

```
> Waldtest(res, splitcr = "mean")
```

Wie beim LRT ist es auch möglich, ein eigenes internes Teilungskriterium zu konstruieren (z. B. med2) und anzuwenden oder ein externes Teilungskriterium (z. B. splitvec) einzusetzen.

```
> Waldtest(res, splitcr = med2)
```

Anmerkung:

- Der Nachteil des Wald-Tests in **eRm** liegt darin, dass nur eine Teilung in zwei Gruppen möglich ist.

- Die Test-Statistiken für alle Items werden anhand eines Datensatzes durchgeführt. Das kann dazu führen, dass beim Vorhandensein von auffälligen Items (die der Annahme der Subgruppeninvarianz widersprechen), modellkonforme Items als auffällig eingeschätzt werden können. Dieses Problem gilt auch umgekehrt. Das heißt, dass bei Vorhandensein von auffälligen Items andere ebenso auffällige Items fälschlicherweise als modellkonform erscheinen können. Damit ist gemeint, dass auffällige Items andere Items beeinflussen können. Eine Lösung dieses Problemes ist der Ausschluss nur eines Items. Empfehlenswert ist, zuerst das am meisten als problematisch auffallende Item (bzw. theoriegeleitet Items) auszuscheiden und das Rasch Modell neu zu berechnen.

Jetzt können wir die Annahme der Subgruppeninvarianz auf globalem Level und auf Itemebene testen. Auf Itemebene können wir mögliche Modellverletzungen auch grafisch darstellen. Diese Methoden lernen wir im Folgenden kennen.

## 4.1.4. Grafische Modellkontrollen

### Streudiagramm der Itemparameter („Grafische Modellkontrolle")

Die Benennung „Grafische Modellkontrolle" ist insofern irreführend, als dass mehrere grafische Methoden existieren, die alle eine Form von grafischer Modellkontrolle darstellen. Es hat sich jedoch eingebürgert, ein Streudiagramm (bzw. Scatterplot) der Itemparameterschätzungen aus zwei Personengruppen als grafische Modellkontrolle zu bezeichnen, da ihr Prinzip bereits von

Rasch (1960) vorgeschlagen wurde. Die anderen grafischen Darstellungen wurden später entwickelt und erhielten spezifischere Bezeichnungen. Die hier beschriebene Methode sollte auch nicht „Grafischer Modelltest" genannt werden, da es sich um keinen statistischen Test im eigentlichen Sinn handelt.

Bei Teilung des Datensatzes in genau zwei Gruppen eröffnet sich die Möglichkeit einer informativen grafischen Darstellung: Man trägt die geschätzten Itemparameter der beiden Gruppen gegeneinander in einem Streudiagramm auf (siehe Abbildung 4.2).

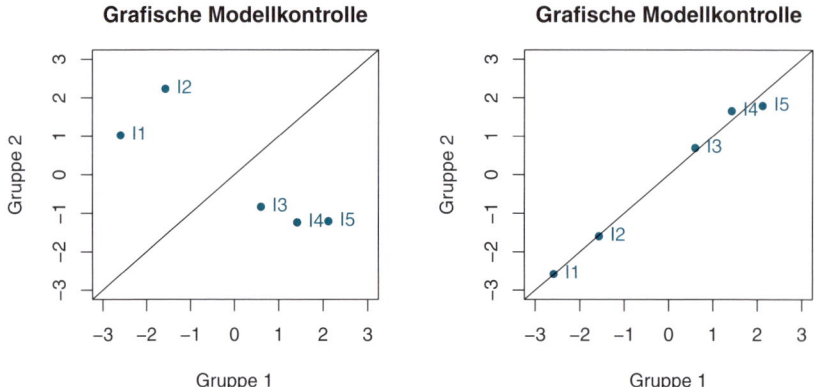

**Abbildung 4.2.:** Streudiagramm für getrennt geschätzte Itemparameter aus 2 Gruppen. Links: Systematische Unterschiede. Rechts: Keine Unterschiede.

Jeder Punkt entspricht einem Item, dessen waagrechte und senkrechte Koordinaten die geschätzten Schwierigkeitsparameter der ersten und der zweiten Gruppe darstellen. Passt das Modell perfekt, dann stimmen die Werte je Item überein und alle Punkte liegen auf der 45°-Geraden durch den Ursprung (Abbildung 4.2, rechts). Unterscheiden sich die Gruppen hingegen systematisch, dann werden die Punkte weiter von der 45°-Geraden entfernt sein (Abbildung 4.2, links). Liegen die Punkte also relativ eng bei der Geraden (rechts), dann ist das ein Indikator dafür, dass hinsichtlich der betrachteten Teilgruppen die Annahme der Subgruppeninvarianz zutrifft. Natürlich gilt diese Aussage immer nur für das jeweils gewählte Teilungskriterium.

Das Streudiagramm hat zwei Vorteile: Erstens kann eine globale Einschätzung der Qualität der Items anhand der „Breite" der Punktewolke vorgenommen werden und zweitens können einzelne deutlich abweichende Items sehr leicht identifiziert werden. Als Nachteil ist zu vermerken, dass die Entscheidung, ab wann ein Datensatz nicht mehr als modellkonform bezeichnet wird, einer subjektiven Einschätzung unterliegt. Als Entscheidungshilfe können die Konfidenzintervalle der geschätzten Itemparameter für jedes Item eingezeichnet werden: jenes für Gruppe 1 waagrecht und jenes für Gruppe 2 senkrecht. Die vier Eckpunkte werden durch eine Ellipse verbunden. Überlappt die Ellipsenfläche mit der 45°-Geraden, so kann man davon ausgehen, dass sich geschätzten Parameter dieses Items nicht unterscheiden (siehe Abbildung 4.3, rechts).

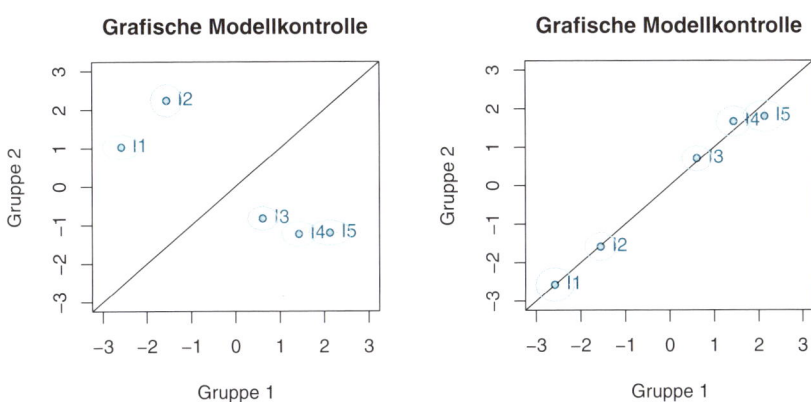

**Abbildung 4.3.:** Streudiagramm wie in Abb. 4.2 mit Konfidenzellipsen

Eine zweite Möglichkeit ist die Verwendung von Konfidenzbändern (Wright und Stone, 1999) wie in Abbildung 4.4. Sie basieren auf der standardisierten Differenz der Itemparameterschätzungen aus 2 Gruppen (wie beim Wald-Test). Man kann sogenannte Kontrolllinien ober- und unterhalb der 45°-Geraden einzeichnen, die für ein bestimmtes Konfidenzniveau (z. B. 95%) berechnet werden. Es ergibt sich ein Band, in dem der Großteil der Itempunkte (entsprechend dem gewählten Konfidenzniveau) liegen sollte. Auffällige Items, also solche die außerhalb der Kontrolllinien liegen, sollten dann näher untersucht werden.

### Das Streudiagramm in eRm

Das Streudiagramm wird in eRm über die Funktion plotGOF() aufgerufen (GOF ist eine Abkürzung für engl.: goodness-of-fit und bedeutet vereinfacht Güte der Modellgeltung). Zuvor muss die Funktion LRtest() durchgeführt werden. Die Darstellung ist auf zwei Personengruppen beschränkt.

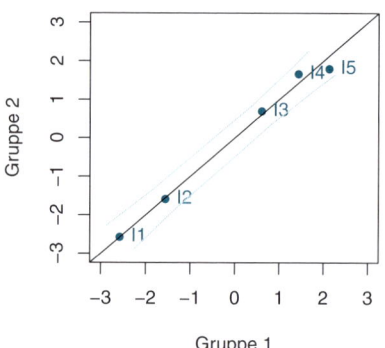

**Abbildung 4.4.:** Streudiagramm wie in Abb. 4.2 mit Kontrolllinien

---

## plotGOF()

```
plotGOF(x, beta.subset = "all", main = "Graphical Model
    Check", xlab = NULL, ylab = NULL, tlab = "item", ylim =
    c(-3, 3), xlim = c(-3, 3), type = "p", pos = "4", conf =
    NULL, ctrline = NULL, ...)
```

Grafische Modellkontrolle für LRtest()

- x ...Objekt der Funktion LRtest()
- beta.subset ...Wenn "all" werden alle Items geplottet. Es können jedoch auch einzelne Items definiert werden
- main ...Titel des Plots
- xlab ...Label *x*-Achse, Standardeinstellung: Name des Teilungskriteriums und Level
- ylab ...Label *y*-Achse, Standardeinstellung: Name des Teilungskriteriums und Level
- tlab ...Spezifikation der Item Labels. Mit "item" erhält man Itemnamen, mit "number" die Nummer der Items, bei "none" werden keine Labels geplottet. "identify" erlaubt interaktives Labeling, d.h. es werden zunächst keine Labels geplottet. Wenn man dann mit der Maus auf einen Punkt klickt, erscheint der Label
- ylim ...Begrenzung *y*-Achse
- xlim ...Begrenzung *x*-Achse

- type ... Darstellungsform z. B. Punkte, Linien, etc.
- pos ... Position der Item Labels
- conf ... Konfidenzellipsen für die Itemparameter. Standardeinstellung = NULL, conf muss als Liste mit Elementen spezifiziert werden. "gamma" = Konfidenzintervall, col = Farbe, lty = Linientyp
- ctrline ... Konfidenzband. Standardeinstellung = NULL. crtline muss als Liste mit Optionen wie bei conf definiert werden

Zuerst sehen wir uns die einfachste Darstellung der grafischen Modellkontrolle an. Welche Gruppen in der grafischen Modellkontrolle aufgetragen werden, ist durch die Anwendung des jeweiligen Teilungskriteriums im LRT definiert.

```
> plotGOF(lrt1)
```

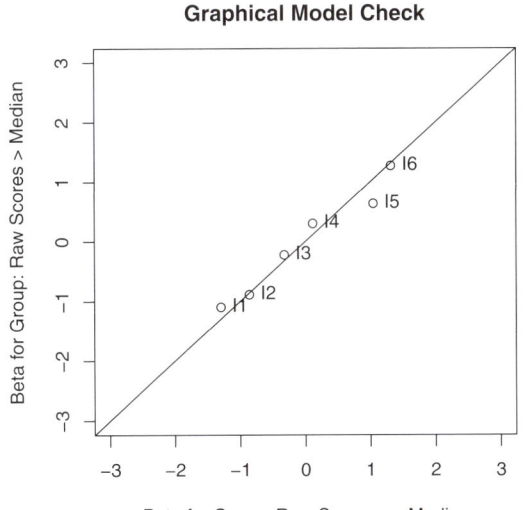

**Graphical Model Check**

Auf der $x$-Achse sind die Itemschwierigkeitsparameter der unteren Fähigkeitsgruppe aufgetragen (Beta for Group: Raw Scores <= Median) und auf der $y$-Achse die Itemschwierigkeitsparameter der oberen Fähigkeitsgruppe (Beta for Group: Raw Score > Median). Wir sehen, dass die Items sich sehr nahe bei der 45°-Geraden befinden. Es gibt keine auffälligen Items.

Anmerkung:

- Wenn wir die Itemparameterschätzer mit dem Output von `summary(lrt1)` (siehe Seite 72) vergleichen, sehen wir, dass in `plotGOF()` nicht die Item-leichtigkeitsparameter, sondern die Itemschwierigkeitsparameter aufgetragen sind.

Im nächsten Schritt wollen wir nur die Items 1 und 4 betrachten (`c(1,4)`) und für diese Items die Konfidenzellipsen (siehe Seite 81) mit `conf=list()` einzeichnen.

```
> plotGOF(lrt1, beta.subset = c(1, 4), conf = list(),
+     xlim = c(-3.5, 3.5), ylim = c(-3.5, 3.5))
```

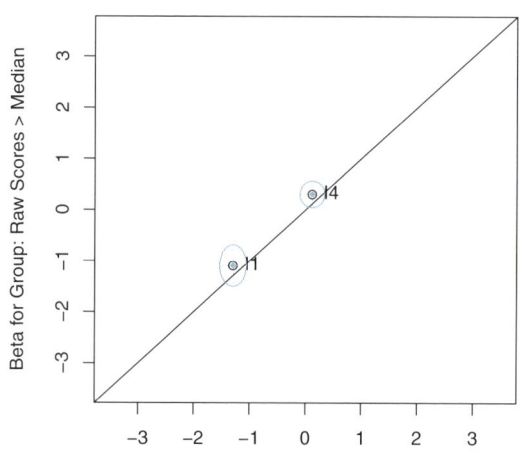

**Graphical Model Check**

Diese beiden Items können als modellkonform angenommen werden. Sie befinden sich einerseits nahe der 45°-Geraden und andererseits schneiden ihre Konfidenzellipsen die Gerade.

Statt den Konfidenzellipsen können wir auch das Konfidenzband (siehe Seite 81) betrachten. Das Konfidenzband wird über das Argument `ctrline = list()` aufgerufen. Die wichtigste Einstellung bei `list()` ist gamma. An dieser Stelle besteht die Möglichkeit die Breite des Konfidenzbandes durch Angabe der Irrtumswahrscheinlichkeit $\alpha$ selbst zu bestimmen.

```
> plotGOF(lrt1, beta.subset = c(1, 4), xlim = c(-3.5,
+       3.5), ylim = c(-3.5, 3.5), ctrline = list(gamma = 0.95,
+       col = "red", lty = "dashed"))
```

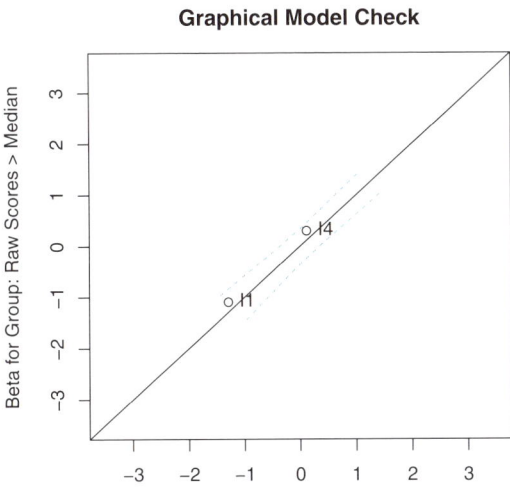

**Graphical Model Check**

Beta for Group: Raw Scores <= Median

In diesem Beispiel wurde ein $\alpha = 0.05$ gewählt. Somit erhalten wir das 95% Konfidenzband. Beide Items liegen innerhalb des Konfidenzbandes und können somit als modellkonform angenommen werden.

Anmerkung:

- Es wurde bereits beim Wald-Test auf die Problematik des Überprüfens aller Itemparameterwerte anhand eines Datensatzes hingewiesen (siehe Seite 79). Es ist auch bei `plotGOF()` empfehlenswert, zuerst das am meisten als problematisch auffallende Item (bzw. theoriegeleitet Items) auszuscheiden und das Rasch Modell neu zu berechnen.

**Plot der Konfidenzintervalle (DIF-Plot)**

Ebenfalls auf einer Teilung in Subgruppen und der Betrachtung der gruppenspezifischen Itemparameter beruht die zweite grafische Darstellung, die wir als DIF-Plot bezeichnen wollen. Die Abkürzung DIF steht für Differential Item Functioning (siehe Seite 65). Es geht hierbei um die grafische

Darstellung von etwaigen Unterschieden der Itemparameter in einzelnen Personengruppen.

Im DIF-Plot werden Unterschiede der geschätzten Itemparameter durch horizontale Linien pro Item und Gruppe visualisiert, wobei die Gruppen durch die Liniengestaltung unterschieden werden. Die Längen der Linien entsprechen dem 95%-Konfidenzintervall (siehe Kapitel 3.6) des geschätzten Schwierigkeitsparameters in der jeweiligen Gruppe. Aus der Überlappung der Linien pro Item kann daher auch bei diesem Diagramm ein Rückschluss auf allfällige signifikante Unterschiede der jeweiligen Itemschwierigkeit zwischen den Gruppen gezogen werden. Ein Vorteil dieses Diagramms gegenüber dem ersten liegt darin, dass Unterteilungen in mehr als zwei Gruppen dargestellt werden können.

Abbildung 4.5 zeigt DIF-Plots einmal für Itemparameter, die sich systematisch zwischen zwei Gruppen unterscheiden (links) und solche, die in beiden Gruppen (annähernd) gleich sind (rechts). Es handelt sich dabei um die gleichen Items, die schon im vorigen Abschnitt (siehe Abbildungen 4.2 und 4.3) dargestellt wurden.

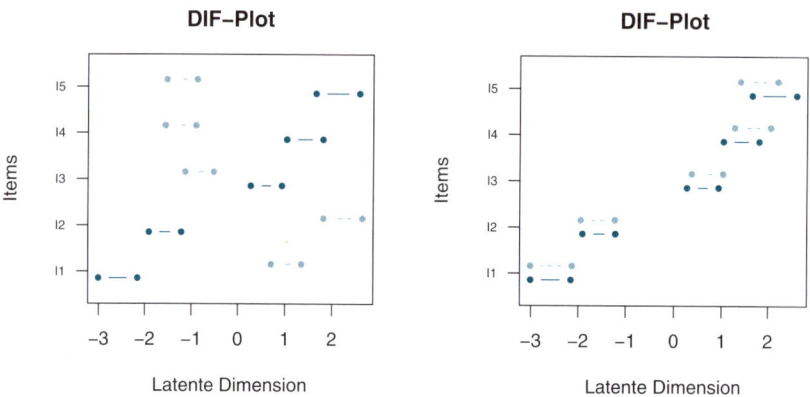

**Abbildung 4.5.:** Plot der Konfidenzintervalle für die Itemparameter wie in den Abbildungen 4.2 und 4.3. Gruppe 1 ist durch die dunklere, durchgezogene Linie gekennzeichnet.

### Der DIF-Plot in eRm

Wie bei `plotGOF()` werden bei `plotDIF()` die Itemschwierigkeitsparameter aus `LRtest()` benötigt.

Anmerkung:

- Der DIF-Plot bietet zwei Vorteile: Es ist möglich, die Itemschwierigkeitsparameter von mehr als zwei Personengruppen darzustellen und man kann mehrere Teilungskriterien in einem Plot zusammenfassen.

---

### plotDIF()

```
plotDIF(object, item.subset = NULL, gamma = 0.95, main =
    NULL, xlim = NULL, xlab = " ", ylab = " ", col = NULL,
    distance, splitnames = NULL, leg = FALSE, legpos =
    "bottomleft", ...)
```

Stellt Itemparameter mit Konfidenzintervallen für Subgruppen dar

- `object` ... Objekt der Funktion `LRtest()`
- `item.subset` ... Wenn `"NULL"` werden alle Items geplottet. Es können jedoch auch einzelne Items definiert werden
- `gamma` ... Angabe zum Konfidenzintervall, Standard ist `0.95`
- `main` ... Titel des Plots
- `xlim` ... Länge der $x$-Achse, muss ein numerischer Vektor von 2 sein z. B. `c(-2,2)`
- `xlab` ... Label der $x$-Achse
- `ylab` ... Label der $y$-Achse
- `col` ... Farbe
- `distance` ... horizontaler Abstand zwischen den Konfidenzintervall-linien
- `splitnames` ... Benennung der Teilungskriterien
- `leg` ... Legende, Standard = `FALSE`
- `legpos` ... Position der Legende
- ... Weitere Argumente aus anderen Funktionen werden in dieser Funktion ignoriert

---

Als erstes erzeugen wir den DIF-Plot für `lrt1`. Aus der Funktionsbeschreibung wissen wir, dass standardmäßig keine Legende angezeigt wird. Das ändern wir mit `leg = TRUE`. Außerdem möchten wir die Legende nicht links unten (Standardeinstellung), sondern rechts unten (`legpos = "bottomright"`). Weitere Möglichkeiten für die Einstellung der Legende finden Sie über `help(plotDIF)`.

```
> plotDIF(lrt1, leg = TRUE, legpos = "bottomright")
```

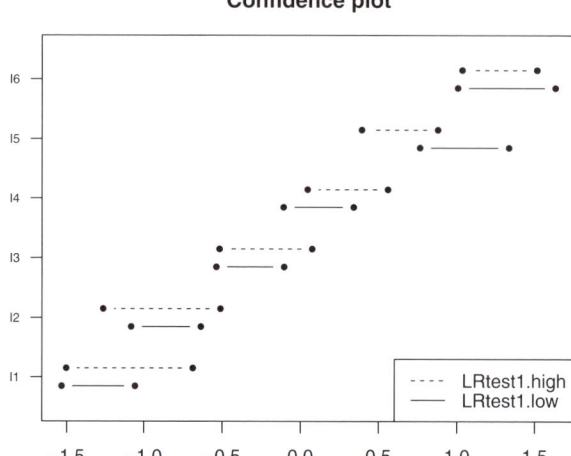

Auf der $x$-Achse sind die Itemschwierigkeiten und auf der $y$-Achse die Items aufgetragen. Wir haben für gamma die Standardeinstellung beibehalten. Somit sind 95%-Konfidenzintervalle dargestellt. Überlappen die Konfidenzintervalle horizontal, so kann man davon ausgehen, dass sich die Parameterschätzwerte zwischen den Personengruppen nicht unterscheiden.

Die durchzogene Linie stellt die untere Fähigkeitsgruppe (LRtest1.low) und die gestrichelte Linie die obere Fähigkeitsgruppe (LRtest1.high) dar. Bei allen Items sind die Konfidenzintervalle überlappend, somit kann Modell-Gültigkeit angenommen werden.

Wir können uns jedoch auch nur bestimmte Items ansehen. Dafür müssen wir eine Subskala/Subset (item.subset) definieren. Wenn wir z. B. nur die Items 1 und 3 ansehen wollen, geben wir folgenden Befehl ein.

```
> plotDIF(lrt1, item.subset = c(1, 3))
```

Ein bedeutender Vorteil von plotDIF ist, dass wir die Ergebnisse unterschiedlicher Teilungskriterien miteinander vergleichen können. Damit sieht man, ob ein Item systematisch auffällt (d. h., wenn ein Item in mehreren Teilungskriterien auffällt).

Dafür müssen wir die unterschiedlichen Ergebnisse aus `LRtest()` verbinden. Dies geschieht über die Funktion `list()`.

```
> RMplotCI <- list(lrt1, lrt5)
```

Jetzt können wir einen DIF-Plot für mehrere Teilungskriterien erzeugen. Wir verwenden auch eine Legende.

```
> plotDIF(RMplotCI, leg = T, legpos = "bottomright")
```

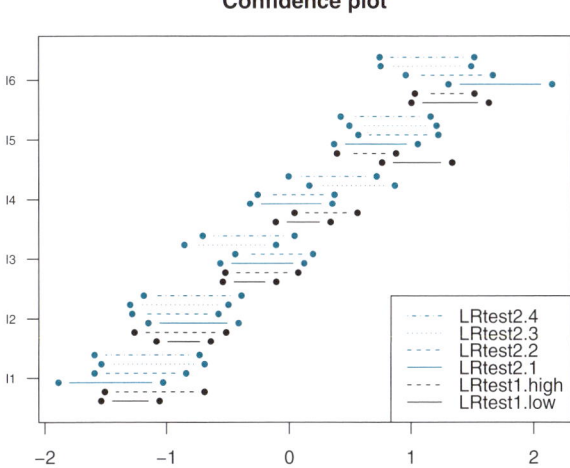

**Confidence plot**

Anmerkung:

- Es wurde bereits beim Wald-Test auf die Problematik des Überprüfens der Itemparameterwerte anhand eines Datensatzes hingewiesen (siehe Seite 79). Es ist auch bei `plotDIF()` empfehlenswert, zuerst das am meisten als problematisch auffallende Item (bzw. theoriegeleitet Items) auszuscheiden und das Rasch Modell neu zu berechnen.

## 4.2. Itemhomogenität: Der Martin-Löf-Test

Martin-Löf (1973) hat einen Test entwickelt, der wie der Andersen-LRT (siehe Kapitel 4.1.2) auch auf dem Vergleich von Likelihoods beruht. Im Gegensatz zum Andersen-LRT werden nicht Personen, sondern Items in Gruppen geteilt.

Die Grundidee ist hierbei folgende: Nehmen wir an, alle Items eines Tests messen dasselbe, d. h., alle Items bilden eine latente Dimension ab. Wenn man dann 2 Gruppen von Items (2 Subskalen) bildet, dann müssten die Personenscores für die beiden Itemgruppen gleich, bzw. sehr ähnlich sein. Personen, die einen hohen Score bei einer Itemgruppe erzielen, sollten auch bei der anderen Itemgruppe einen hohen Wert erreichen und umgekehrt. Man könnte aus dem einen Wert auf den anderen schließen.

Wenn die beiden Subskalen Unterschiedliches messen, dann funktioniert das nicht. Eine Person könnte einen hohen Score bei einer Itemgruppe erzielen, aber einen vergleichsweise niedrigen bei der anderen Itemgruppe.

Die folgenden Beispiele sollen zwei Extremfälle illustrieren:

Ein Test besteht aus 8 Items. Wir haben eine Stichprobe von $n = 100$. Es gibt 5 Fähigkeitsgruppen von Personen und die Fähigkeiten seien gleichverteilt, d. h., es gibt je 20 Personen pro Fähigkeitsgruppe. Für den Gesamttest zeigt sich folgende Verteilung:

| Score $r_v$ | 0 | 2 | 4 | 6 | 8 |
|---|---|---|---|---|---|
| Anzahl Personen | 20 | 20 | 20 | 20 | 20 |

Extremfall 1: Die beiden Item-Subskalen messen dasselbe.

Personen, die einen Score von 0, 1, 2, etc. bei Itemgruppe 1 (in den Zeilen) haben, haben auch einen Score von 0, 1, 2, etc. bei Itemgruppe 2 (in den Spalten). Dann hätte eine Kreuztabelle folgende Form:

|  | 0 | 1 | 2 | 3 | 4 |
|---|---|---|---|---|---|
| 0 | 20 | 0 | 0 | 0 | 0 |
| 1 | 0 | 20 | 0 | 0 | 0 |
| 2 | 0 | 0 | 20 | 0 | 0 |
| 3 | 0 | 0 | 0 | 20 | 0 |
| 4 | 0 | 0 | 0 | 0 | 20 |

Extremfall 2: Die beiden Item-Subskalen messen Unterschiedliches.

Man kann nicht mehr aus dem Score bei Itemgruppe 1 (in den Zeilen) auf den Score bei Itemgruppe 2 (in den Spalten) schließen. So verteilen sich die 20 Personen mit einem Score in Itemgruppe 1 gleichmäßig auf alle Scores in Itemgruppe 2.

|   | 0 | 1 | 2 | 3 | 4 |
|---|---|---|---|---|---|
| 0 | 4 | 4 | 4 | 4 | 4 |
| 1 | 4 | 4 | 4 | 4 | 4 |
| 2 | 4 | 4 | 4 | 4 | 4 |
| 3 | 4 | 4 | 4 | 4 | 4 |
| 4 | 4 | 4 | 4 | 4 | 4 |

Nun wird man in der Praxis nie solch eindeutige Muster sehen, der Martin-Löf-Test baut jedoch auf dieser Überlegung auf. Die Nullhypothese besagt, dass die Item-Subskalen dasselbe messen, also Fall 1.

Betrachten wir einen realistischeren Fall. Nehmen wir an die Fähigkeitsverteilung unserer 100 Personen im gesamten Test wäre:

| Score $r_v$ | 0 | 1 | 2 | 3 | 4 | 5 | 6 | 7 | 8 |
|---|---|---|---|---|---|---|---|---|---|
| Anzahl Personen | 5 | 6 | 13 | 16 | 26 | 18 | 9 | 4 | 3 |

Um eine für den Martin-Löf-Test wichtige Eigenschaft zu illustrieren, haben wir in dieser und der folgenden Tabelle einige Einträge markiert. Es gibt insgesamt 18 Personen, die einen Score im Gesamttest von $r = 5$ erzielt haben.

Teilt man wieder in zwei Itemgruppen und tabelliert man die Personen nach ihren Scores dann könnte sich folgendes Bild ergeben:

|   | 0 | 1 | 2 | 3 | 4 |
|---|---|---|---|---|---|
| 0 | 5 | 4 | 5 | 0 | 0 |
| 1 | 2 | 8 | 11 | 8 | 5 |
| 2 | 0 | 5 | 18 | 12 | 5 |
| 3 | 0 | 0 | 1 | 4 | 3 |
| 4 | 0 | 0 | 0 | 1 | 3 |

Man sieht, dass 5 Personen das Antwortmuster {14} haben, d. h., sie haben bei der ersten Itemgruppe einen Score von 1 und bei der zweiten einen Score von

4 erzielt (Zeile mit 1, Spalte mit 4). 12 Personen zeigen das Antwortmuster {23}, 1 Person das Muster {32} und keine {41}. Die Summe der markierten Einträge in der unteren Tabelle entspricht dem ebenso markierten Eintrag in der oberen. Auf gleiche Weise, also durch die Summen der Nebendiagonalen in der unteren Tabelle, setzen sich die anderen Einträge in der oberen Tabelle zusammen.

Diese Überlegung können wir mit den beiden eingangs betrachteten Fällen in Beziehung setzen. Im Fall, dass beide Subskalen dasselbe messen, werden sich die größten Häufigkeiten nahe der Hauptdiagonale finden, rechts oben und links unten wird es kaum Einträge geben. Je weniger die beiden Subskalen dasselbe messen, umso mehr werden Häufigkeiten weiter entfernt von der Diagonale auftreten, also mehr in Richtung rechts oben und links unten wandern. Dafür können wir Wahrscheinlichkeiten und in Folge wieder eine Likelihood berechnen, die wir dann bei einem Likelihood-Ratio-Test verwenden können.

Wir wissen schon aus Kapitel 3.1, dass die Likelihood ein Maß dafür ist, wie gut Daten durch ein bestimmtes Modell (mit bestimmten Parametern) beschrieben werden können. Umgesetzt auf das obige Beispiel stellt sich die Frage, ob ein Parameter für den Score $r_v = 5$ genügt, um die Häufigkeit 18 zu beschreiben? Oder ob man berücksichtigen muss, dass sich die 18 Personen aus den Häufigkeiten 5, 12, 1 und 0 für die Scoremuster {41}, {32}, {23} und {14} zusammensetzen, und man für jedes Muster einen eigenen Parameter, also insgesamt 4 Parameter benötigt. Allgemein formuliert: Genügen Parameter für die gemeinsamen Scores oder benötigt man Parameter für alle Kombinationen der Scores aus den beiden Itemgruppen?

### Die Likelihood für die Personenscores aus dem Gesamttest

Die Wahrscheinlichkeiten für die Personenscores kann man mittels relativer Häufigkeiten ausrechnen, z. B. ist die Wahrscheinlichkeit, dass eine Person $v$ im Gesamttest den Score $r_v = 5$ erreicht

$$P(r_v = 5) = \frac{n_{r=5}}{n} = \frac{18}{100} = 0.18$$

Hierbei bedeutet $n_{r=5}$ die Anzahl der Personen, die den Wert 5 erreicht haben, also 18, $n$ ist die Stichprobengröße.

Die Likelihood für $r = 5$ ist das Produkt über alle Personen, die einen Score von 5 erzielt haben, also

$$L = 0.18 \cdot 0.18 \cdots 0.18 = 0.18^{18} = \left(\frac{n_{r=5}}{n}\right)^{n_{r=5}}$$

Um die Likelihood $L_G$ für die Personencores aus dem Gesamttest zu bestimmen, müssen wir alle möglichen Scores $r = 0, \ldots, k$ berücksichtigen. Die entsprechende Formel lautet dann

$$L_G = \prod_{r=0}^{k} \left( \frac{n_r}{n} \right)^{n_r}$$

### Die Likelihood für die Personenscores aus den beiden Subtests

Jetzt bestimmen wir die Likelihood für den Score $r_v = 5$, wenn man die Wahrscheinlichkeiten der beiden Subskalen heranzieht. Zum Beispiel erreicht eine Person den Score 5, wenn sie in der ersten Subskala einen Wert von 4 und in der zweiten einen Wert von 1, also das Scoremuster {41}, erzielt hat. Die entsprechende Wahrscheinlichkeit ist dann

$$P(r_v = 5 \,|\, \{41\}) = \frac{n_{\{41\}}}{n} = \frac{5}{100} = 0.05$$

In Analogie zu oben und unter Berücksichtigung aller Muster beträgt die Likelihood für $r_v = 5$

$$
\begin{aligned}
L &= \left( \frac{n_{\{41\}}}{n} \right)^{n_{\{41\}}} \cdot \left( \frac{n_{\{32\}}}{n} \right)^{n_{\{32\}}} \cdot \left( \frac{n_{\{23\}}}{n} \right)^{n_{\{23\}}} \cdot \left( \frac{n_{\{14\}}}{n} \right)^{n_{\{14\}}} \\
&= \left( \frac{5}{100} \right)^{5} \cdot \left( \frac{12}{100} \right)^{12} \cdot \left( \frac{1}{100} \right)^{1} \cdot \left( \frac{0}{100} \right)^{0}
\end{aligned}
$$

Wie oben ergibt sich die gesamte Likelihood, wenn wir alle möglichen Personenscores, diesmal aber aus den beiden Subskalen, berücksichtigen. Zur Unterscheidung schreiben wir für diese Likelihood $L_{(1)(2)}$. Nennen wir weiters die Scores aus Subtest 1 $t$ ($t = 0, \ldots, k$) und jene aus Subtest 2 $u$ ($u = 0, \ldots, k$) (für das oben verwendete Muster {41}, wäre $t = 4$ und $u = 1$). Die entsprechende Formel lautet

$$L_{(1)(2)} = \prod_{t=0}^{k} \prod_{u=0}^{k} \left( \frac{n_{\{tu\}}}{n} \right)^{n_{\{tu\}}}$$

### Vergleich der Likelihoods aus dem Gesamttest und den beiden Subtests

Jetzt können wir die beiden Likelihoods vergleichen und prüfen, ob die Aufteilung in die beiden Subskalen die Daten besser beschreibt, als wenn wir die Gesamtskala betrachten. Nur müssen wir noch berücksichtigen, dass die Items in den Subskalen unterschiedlich schwer sein können. Dazu werden die Likelihoods der Personenscores ($L_G$ und $L_{(1)(2)}$ von vorher) mit den bedingten Likelihoods aus der CML-Schätzung der Itemparameter (siehe Kapitel 3.3.2) gewichtet. Man benötigt dazu drei CML-Schätzungen: die Itemparameterschätzung für den Gesamttest und die beiden getrennt durchgeführten Itemparameterschätzungen für die beiden Subtests.

Die Testgröße des Martin-Löf-Tests ist

$$T_{ML} = 2\ln\left( \frac{\prod_t \prod_u \left(\frac{n_{\{tu\}}}{n}\right)^{n_{\{tu\}}}}{\prod_r \left(\frac{n_r}{n}\right)^{n_r}} \cdot \frac{L_c^{(1)} \cdot L_c^{(2)}}{L_c^{(0)}} \right) \qquad (4.3)$$

- $T_{ML}$ ist die Testgröße für 2 Itemgruppen
- $r = 0 \ldots k$ sind die Personenscores im Gesamtdatensatz
- $t = 0 \ldots k_1$ sind die Personenscores des ersten Subtests mit $k_1$ Items
- $u = 0 \ldots k_2$ sind die Personenscores des zweiten Subtests mit $k_2$ Items
- $n_r$ sind die Häufigkeiten der Personenscores $r$ (analog zu $n_t$ und $n_u$)
- $n = \sum_r n_r$ die Anzahl der Beobachtungen
- $L_c^{(0)}$ ist die conditional Likelihood für die Itemparameter aus der Gesamtgruppe (gemeinsame Schätzung)
- $L_c^{(1)}$ und $L_c^{(1)}$ sind die conditional Likelihoods für die Itemgruppen 1 und 2

Die Testgröße ist asymptotisch $\chi^2$-verteilt mit $k_1 \cdot k_2 - 1$ Freiheitsgraden.

Ein signifikantes Ergebnis dieses Tests zeigt an, dass die Personenscores nicht eindimensional sind und daher die Items der beiden Testhälften unterschiedliches messen. Auch hier stellt sich die Frage nach einer sinnvollen Teilung der Items in zwei Gruppen. Neben einer rein inhaltlich begründeten Teilung, die sich an den Items orientiert und mithilfe derer Items nach theoretischen Überlegungen gruppiert werden, kann auch ein internes Teilungskriterium angewandt werden, das sich z. B. am Median der $c_i$ orientiert. Im Gegensatz zu einer externen Teilung (inhaltlichen) der Items ermöglicht eine interne Teilung nicht nur die Entdeckung einer möglichen Multidimensionalität zwischen Itemsubskalen, sondern auch den unterschiedlichen Anstieg der

ICCs auf globaler Ebene. Erfassen die Itemsubskalen die gleiche Dimension, dann steigt bei Konstanthaltung der Personenreihenfolge und Anstieg der Fähigkeit die Anzahl der gelösten Items in allen untersuchten Subskalen. Ein Beispiel für eine Verletzung wäre, dass mit steigender Fähigkeit in der einen Subskala, die Lösungswahrscheinlichkeit für Items aus der anderen Subskala nicht steigt. Der Grund dafür könnte sein, dass diese Subskala Items enthält, deren ICCs nicht den Anstieg aufweisen, der unter dem Rasch Modell erwartet wird.

Der Martin-Löf-Test benötigt relativ große Stichproben, weil er ja auf den relativen Häufigkeiten der einzelnen Personenscore-Kombinationen beruht. Bei 20 Items und einer Unterteilung in 2 gleichgroße Subtests mit je 10 Items gibt es schon $11 \cdot 11 = 121$ Kombinationen. Damit die Testverteilung dann auch tatsächlich einer $\chi 2$-Verteilung folgt, benötigt man mehrere hundert Personen. Theoretisch kann der Martin-Löf-Test auch für Unterteilungen der Items in mehr als zwei Gruppen verwendet werden, dann wird das Problem der Stichprobengröße noch gravierender. Wir werden im Kapitel 5.3 Methoden kennenlernen, wie man Eindimensionalität der Items auch bei relativ kleinen Stichproben überprüfen kann.

### Der Martin-Löf-Test in eRm

Der Martin-Löf-Test erlaubt die Untersuchung der Annahme der Homogenität von Itemsubskalen.

Fehlende Werte: Aufgrund eines noch ungelösten statistischen Problems kann der Martin-Löf-Test nur bei vollständigen Datensätzen angewendet werden. Es dürfen somit keine fehlenden Werte in den Daten vorliegen.

Anmerkung:

• Jede Subskala muss mindestens zwei Items inkludieren.

---

**MLoef()**

```
MLoef(robj, splitcr = "median")
```

Martin-Löf-Test, Teilung in Itemsubgruppen

- `robj` ... Objekt aus `RM()`
- `splitcr` ... Teilungskriterium für die Items. Standard = `"median"`, weitere Möglichkeiten sind `"mean"` oder ein Vektor der Länge k (Anzahl der untersuchten Items), in dem für jedes Item die Itemgruppe zugeordnet wird (also z. B. 1 für Gruppe 1, und 2 Für Gruppe 2)

---

Mittels des Medians der Itemscores können Items in zwei Subgruppen geteilt werden. Dieses Teilungskriterium ist in der Funktion MLoef() als Standard gesetzt. Bei diesem Teilungskriterium wird der Median der Itemscores berechnet. Items, die schwieriger sind, also einen Itemscore kleiner als der Median haben, werden der ersten Gruppe zugeordnet und die restlichen Items der zweiten Gruppe.

```
> MLlrt1 <- MLoef(res)
> MLlrt1

Martin-Loef-Test (split criterion: median)
LR-value: 14.735
Chi-square df: 8
p-value: 0.065
```

Im Output sehen wir zuerst, dass wir den Martin-Löf-Test unter Anwendung des Teilungskriteriums Median angewendet haben (Martin-Loef-Test (split criterion: median)). Der kritische LR-Wert (LR-value) ist 14.735. Die Freiheitsgrade zur Bestimmung des kritischen Vergleichswertes betragen 8 (Chi-square df). Wurde $\alpha = 5\%$ festgelegt, so ist das Ergebnis des Testes mit einem $p$-Wert von 0.065 als gerade noch nicht signifikant einzustufen.

Es besteht auch die Möglichkeit ein externes Teilungskriterium zu definieren. Wir nehmen an, dass die ersten drei Items im Vergleich zu den restlichen drei Items theoretisch eine andere Dimension ansprechen könnten. Zuerst müssen wir die Itemsubskalen definieren. Die Länge dieses Teilungskriteriums muss der Itemanzahl $k$ des untersuchten Tests entsprechen.

```
> splitML <- c(1, 1, 1, 0, 0, 0)
```

Dieses neue Teilungskriterium können wir nun verwenden.

```
> MLlrt2 <- MLoef(res, splitcr = splitML)
```

Anzumerken ist, dass ein externes Teilungskriterium theoriegeleitet erstellt werden soll. Stellen Sie sich einen Test vor, der die allgemeine Lebenszufriedenheit erfasst. Ein Teil der Items erfragt jedoch die Zufriedenheit im Job. In diesem Fall könnte man die Items in zwei Subgruppen (allgemeine Lebenszufriedenheit vs. Zufriedenheit im Job) aufteilen und deren Homogenität überprüfen. Von Möglichkeiten der theorielosen Aufteilung in Itemsubskalen, wie z. B. jedes zweite Item einer Gruppe zuordnen, ist abzuraten. Erhält man mit so einer Zuteilung ein signifikantes Ergebnis, ist die Ursache der Modellverletzung nicht erklärbar.

Anmerkung:

- Jede Subskala muss mindestens zwei Items beinhalten. Definiert man eine Itemsubskala mit nur einem Item, dann wird die Fehlermeldung

  - `Each group of items must contain at least 2 items` ausgegeben.

- Definiert man ein eigenes Teilungskriterium und stimmt die Anzahl der Elemente im Teilungskriterium nicht mit der Anzahl der untersuchten Items überein, gibt **eRm** die Fehlermeldung

  - `Split vector too long/short` aus.

- Enthält der Datensatz fehlende Werte, erhält man die Fehlermeldung

  - `Martin-Loef-Test with NA currently not available`.

Jetzt kennen wir alle wichtigen Analyseschritte für die parametrische Überprüfung der Modellgültigkeit. Bevor wir in den Kapiteln 6 und 7 die bis jetzt dargestellten Inhalte in die Praxis umsetzen, lernen wir noch eine weitere Modellüberprüfungsmöglichkeit, die quasi-exakten Tests, kennen.

# 5. Nicht-parametrische Überprüfung der Modellgültigkeit

Eine weitere Möglichkeit zur Modellüberprüfung stellen sogenannte quasi-exakte Tests dar. Diese Tests bieten die Möglichkeit die Gültigkeit des Rasch Modells bereits bei relativ geringem Stichprobenumfang zu überprüfen. Beispielsweise konnte Koller (2010) zeigen, dass die Modelltests für die Überprüfung von Subgruppeninvarianz bereits ab $n = 50$ bis 100 anwendbar sind, sofern maximal zwei Gruppen von Personen untersucht werden und sich in jeder annähernd gleich viele Personen befinden. Die Analysemöglichkeit von kleineren Datensätzen kann für die Praxis von großer Relevanz sein, deshalb stellen wir diese Methode hier vor.

Hinweis zur Anwendung in **eRm**: Zur Darstellung und Erklärung der R-Befehle wird der bereits aus Kapitel 3.8 bekannte Datensatz `raschdat3` verwendet.

## 5.1. Kleine Stichproben

In der Praxis ergibt sich oft nicht die Möglichkeit hunderte Personen zu testen, weswegen parametrische Modelltests Verletzungen der Modellannahmen dann möglicherweise nicht entdecken.

Es gibt zahlreiche Situationen, in denen die Qualität der Items bereits bei kleinem Stichprobenumfang überprüft werden soll. Sei es für Experimente, die es aufgrund ihrer Komplexität (z. B. neuropsychologische Studien) nicht ermöglichen mehrere hundert Personen zu testen oder seien es Befragungsstudien zu Themen, bei denen die Möglichkeit der Testung von vielen Personen gar nicht gegeben ist. Der Grund könnte darin bestehen, dass nicht so viele Personen mit den untersuchten Eigenschaften existieren (z. B. bei seltenen Krankheiten) oder einfach die finanzielle Möglichkeit zum Testen von vielen Personen nicht zur Verfügung steht.

Mittels parametrischer Überprüfung könnte eine Vorgehensweise mit zu kleinen Stichproben zu etlichen statistischen Problemen führen. Ein Problem stellt die Itemparameterschätzung dar, deren Genauigkeit mit größer werdendem Stichprobenumfang steigt. Zu kleine Stichproben führen zu ungenauen Schätzwerten, bis hin zur Unschätzbarkeit der Parameter. Diese geschätzten Parameter werden dann aber zur Modellüberprüfung herangezogen, wobei deren Ungenauigkeit miteinfließt.

Die Stichprobengröße hat noch weitere Auswirkungen auf die Modellüberprüfung, denn die Modellgeltungstests beruhen auf asymptotischen Verteilungsannahmen, z. B. wird beim Andersen-LRT eine $\chi^2$-Verteilung angenommen, die jedoch nur bei hinreichend großen Stichproben gilt (z. B. Fischer und Molenaar, 1995; Ponocny, 1996, 2001).

Zusätzlich zu den oben beschriebenen Situationen, bei denen die Überprüfungsmöglichkeit der Items anhand kleinerer Stichproben von Vorteil ist, erbringt die Überprüfungsmöglichkeit auch bedeutsame Vorteile in der Testkonstruktion an sich. Üblicherweise müssen die Items anhand einer größeren Stichprobe überprüft werden. Das bedeutet nicht nur einen höheren zeitlichen Aufwand und höhere Kosten, sondern ebenso einen hohen Testpersonenaufwand. Nachdem nicht passende Items eliminiert wurden und eine neue revidierte Fassung des Tests vorliegt, muss die neue Version des Tests anhand einer neuen Stichprobe nochmals überprüft werden. Nachdem der Aufwand von Testpersonen bei einmaliger Überprüfung schon hoch ist, wird in der Praxis üblicherweise nur eine einmalige Überprüfung vollzogen und a posteriori Rasch Modellgültigkeit postuliert. Jedoch muss dieses Ergebnis anhand einer neuen Stichprobe abgesichert werden. Das Wort a posteriori („im Nachhinein") bedeutet, dass nach der Elimination von nicht passenden Items das Rasch Modell für die verbleibenden Daten angenommen werden kann.

Mit den quasi-exakten Tests ist es jedoch möglich, das Rasch Modell anhand einer kleineren Stichprobe zu überprüfen, nicht passende Items (theoriegeleitet) zu eliminieren und die Daten wieder anhand einer relativ kleinen Stichprobe neu zu analysieren. Das Rasch Modell kann mittels quasi-exakter Tests schrittweise überprüft werden. Der endgültige Test kann zum Schluss mittels parametrischer Methoden und einer größeren Stichprobe nochmals überprüft und die Item- und Personenparameter geschätzt werden. Anschließend kann man weitere Gütekriterien berechnen und Normtabellen erstellen.

## 5.2. Exakte und quasi-exakte Tests: Einführung

Ein Zweig der Statistik behandelt sogenannte exakte Methoden, die entwickelt wurden, um genauere Resultate (z. B. beim Testen von Hypothesen) zu erhalten, als dies bei asymptotischen und approximativen Methoden der Fall ist. Die letztgenannten Methoden setzen sehr große Stichproben (theoretisch $n \to \infty$) voraus. Exakte Methoden hingegen beruhen auf exakten Wahrscheinlichkeitsaussagen und gelten daher für jede beliebige Stichprobengröße. Außerdem können dabei Annahmen, die oft unrealistisch sind, vermieden werden, wie z. B. gleiche Varianzen in allen Gruppen bei der klassischen Varianzanalyse. Generell gilt, dass bei kleinen Stichproben asymptotische Resultate sehr irreführend sein können. In solchen Fällen können asymptotische $p$-Werte substanziell von exakten $p$-Werten abweichen. Es kann also passieren, dass man mit asymptotischen Resultaten zu ungültigen oder falschen Schlussfolgerungen kommt.

Ein berühmtes Beispiel geht auf Ronald A. Fisher zurück, der auch den sogenannten Fisher's Exact Test entwickelte. Eines Nachmittags erhielt er Besuch von Dr. Bristol, die den ihr angebotenen Tee so serviert bekommen wollte, dass zuerst die Milch und dann erst der Tee eingeschenkt würde. Ms. Bristol meinte nämlich erkennen zu können, ob in einem Tee mit Milch zuerst der Tee oder zuerst die Milch eingeschenkt worden war. Fisher, der ihr nicht glaubte, entwarf folgendes Experiment, um ihre Behauptung zu überprüfen. Er verwendete insgesamt acht Tassen, in jeweils vier wurde zuerst Milch bzw. zuerst Tee eingeschenkt. Ms. Bristol sollte angeben, in welchen vier Tassen „Tee zuerst" enthalten war. Es ist leider nicht bekannt, wie das Experiment ausging, aber nehmen wir an Ms. Bristol hätte drei Tassen „Tee zuerst" richtig erkannt. Schematisch könnte das Experiment und das Ergebnis folgendermaßen dargestellt werden.

**Abbildung 5.1.:** Tee-Experiment: Links sind die Tassen, in denen Tee zuerst eingeschenkt wurde. Die Kreuze (×) markieren, ob die betreffende Tasse mit „Tee zuerst" beurteilt wurde.

Wie groß ist die Wahrscheinlichkeit für dieses Ergebnis, also dreimal „Tee zuerst" richtig zu erkennen. Zunächst rechnen wir aus, wie viele Möglichkeiten es gibt, von den 4 Tassen „Tee zuerst" 3 auszuwählen (d. h. jene 3, die sie richtig zuordnete). Dies sind

$$\binom{4}{3} = \frac{4!}{3! \cdot 1!} = \frac{4 \cdot 3 \cdot 2 \cdot 1}{3 \cdot 2 \cdot 1 \cdot 1} = 4$$

Als nächstes benötigen wir die Anzahl der Möglichkeiten, falsch entschieden zu haben, was Ms. Bristol einmal passierte (rechter Kasten in Abbildung 5.2). Die Formel dafür ist $\binom{4}{1}$. Schließlich brauchen wir noch alle Möglichkeiten, wie von den insgesamt 8 Tassen die 4 Tassen „Tee zuerst" angeordnet sein können. Das sind $\binom{8}{4}$. Nun können wir die Wahrscheinlichkeit („Günstige" durch „Mögliche") ausrechnen, dass Dr. Bristol genau 3-mal richtig lag. Die entsprechende Formel ist

$$\frac{\binom{4}{3}\binom{4}{1}}{\binom{8}{4}} = \frac{4 \cdot 4}{70} = 0.229$$

Dieses Ergebnis besagt, dass sie, wenn sie nur geraten hätte, mit ca. 23% Wahrscheinlichkeit, zufällig 3-mal richtig zugeordnet hätte. Hätte sie alle 4 Tassen „Tee zuerst" richtig erkannt, dann wäre die Wahrscheinlichtkeit dafür

$$\frac{\binom{4}{4}\binom{4}{0}}{\binom{8}{4}} = \frac{1 \cdot 4}{70} = 0.014$$

Formuliert man als Nullhypothese, „Ms. Bristol kann nicht erkennen ob zuerst Tee oder zuerst Milch eingeschenkt wurde", dann müsste sie alle vier Tassen „Tee zuerst" richtig identifiziert haben, damit das Ergebnis bei $\alpha = 0.05$ signifikant wäre, und man ihr glaubt, dass sie diese Fähigkeit besitzt. Bei so wenigen Tassen, also nur 4 Tassen „Tee zuerst", müssen also alle richtig zugeordnet werden, damit das Ergebnis signifikant wird. Bei mehr Tassen, z. B. je 8, muss man nicht mehr alle erkennen. Es genügen sieben „Richtige". Allgemein lautet die Testfrage: „Wie viele muss man mindestens richtig erkennen, damit die Wahrscheinlichkeit dafür kleiner als $\alpha$ ist?".

Dies kann man an der Wahrscheinlichkeitsverteilung ablesen. Sie gibt für alle möglichen Ausgänge des Experiments (also 0 richtig, 1 richtig, 2 richtig, ..., alle richtig) die enstprechenden Wahrscheinlichkeiten an. Für acht Tassen sieht das so aus:

Wenn man die Wahrscheinlichkeiten von unten her (0 richtig) aufsummiert, erhält man für sieben Richtige (gerundet) $P$(mindestens 7 richtig) =

$P(7 \text{ richtig}) + P(8 \text{ richtig}) = 0.005 + 0.000 = 0.05$. 6-mal richtig zuzuordnen wäre zu wenig, weil $P(\text{mindestens 6 richtig}) = 0.061 + 0.005 + 0.000 = 0.066$. Die kritische Grenze, ab der man nicht mehr an ein zufälliges Ergebnis glaubt, ist also 7.

Die eben beschriebene Methode wird Fisher's Exact Test genannt und beruht auf der sogenannten hypergeometrischen Verteilung. Die Methode zeigt, wie man durch die Berechnung möglicher Ausgänge eines Experiments, die Wahrscheinlichkeit für ein bestimmtes Ereignis exakt bestimmen kann. Dass man bei Verwendung eines Tests, der das Ergebnis nur approximiert, zu anderen Schlussfolgerungen kommen kann, zeigt sich, wenn man für obiges Beispiel einen (asymptotischen) $\chi^2$-Test berechnen würde. Die entsprechende $2 \times 2$-Kontingenztafel ist die gleiche wie zuvor, nämlich

| Beurteilung | tatsächlich: | | |
| --- | --- | --- | --- |
| | zuerst Milch | zuerst Tee | Summe |
| zuerst Milch | 6 | 2 | 8 |
| zuerst Tee | 2 | 6 | 8 |
| Summe | 8 | 8 | 16 |

Nach dem Fisher's Exact Test ist die Wahrscheinlichkeit für mindestens 6 Richtige 0.066. Das Ergebnis ist also nicht signifikant. Hingegen wäre der $p$-Wert des $\chi^2$-Tests $p = 0.046$, also signifikant.

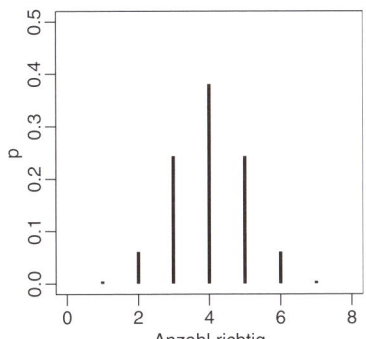

$P(0 \text{richtig}) < 0.001$
$P(1 \text{richtig}) = 0.005$
$P(2 \text{richtig}) = 0.061$
$P(3 \text{richtig}) = 0.244$
$P(4 \text{richtig}) = 0.381$
$P(5 \text{richtig}) = 0.244$
$P(6 \text{richtig}) = 0.061$
$P(7 \text{richtig}) = 0.005$
$P(8 \text{richtig}) < 0.001$

**Abbildung 5.2.:** Wahrscheinlichkeitsverteilung für das Tee-Experiment mit jeweils acht Tassen „Tee zuerst" und „Milch zuerst". Dargestellt sind die Wahrscheinlichkeiten für 1-mal, 2-mal, etc. richtig erkannt.

Obwohl also exakte Tests zu genaueren Ergebnissen führen, gibt es einen Nachteil. Dieser besteht darin, dass bei gößeren Stichproben die Berechnung sehr aufwändig werden kann. Stellen Sie sich vor, beim obigen Experiment gäbe es je 20 Tassen mit „Tee zuerst" und „Milch zuerst". Man müsste nun nach der Formel

$$P(a \text{ richtig}) = \frac{\binom{20}{a}\binom{20}{20-a}}{\binom{40}{20}}$$

die Wahrscheinlichkeiten für $a = 20, 19, 18, \ldots$ ausrechnen und aufsummieren, bis man einen Wert erhält, der größer ist als das Signifikanzniveau $\alpha$. Leider ist schon eine der benötigten Zahlen 20! (20! $= 20 \cdot 19 \cdots 2 \cdot 1$ sehr groß, nämlich 2 432 902 008 176 640 000. Damit zu rechnen ist ziemlich umständlich. Aber man kann sich mittels Computersimulationen helfen. Die Idee ist dabei folgende:

- Unter der Nullhypothese sind die Ausgänge des Experiments zufällig.
- Mittels Zufallszahlen wählt man aus den Tassen mit „Tee zuerst" und „Milch zuerst" so viele aus, wie maximal richtig sein können (im Beispiel von Ms. Bristol 8).
- Nun bestimmt man aus diesen zufällig gewählten Tassen die Anzahl der Richtigen (im Beispiel eine zufällige Zahl aus dem Bereich 0 bis 8).
- Diesen Vorgang wiederholt man sehr oft, z. B. 1000-mal.
- Schließlich zählt man für die 1000 Simulationsdurchgänge aus, wie oft jede der Zahlen 0 bis Maximalanzahl Richtiger vorgekommen ist. Dies ergibt eine Schätzung der Wahrscheinlichkeit für eine bestimmte Anzahl richtiger Zuordnungen.

Die Abbildung 5.3 gibt eine schematische Darstellung der Simulation für je 8 Tassen „Tee zuerst" und „Milch zuerst".

Das Ergebnis dieser Simulation ist in Abbildung 5.4 dargestellt. Bei einem Vergleich der Simulationsergebnisse mit den exakten Resultaten (aus Abbildung 5.2) sieht man, dass nahezu die gleichen Zahlen herauskommen. Man könnte die Simulationsergebnisse noch genauer machen, indem man die Anzahl der Simulationsdurchgänge $S$ auf z. B. 10000 erhöht. Um nun die Nullhypothese zu prüfen, geht man genauso vor wie beim Fisher's Exact Test. Wieder addiert man (von unten her) die (diesmal geschätzen) Wahrscheinlichkeiten für ein bestimmtes Ergebnis und beurteilt die Ereignisse mindestens 8 richtig, mindestens 7 richtig, etc.

Wir kommen zum gleichen Ergebnis wie vorher, dass mindestens 7 Richtige benötigt werden, $\hat{P}(\text{mindestens 7 richtig}) = 0.009$. Nur sechs wären zu wenig, denn $\hat{P}(\text{mindestens 6 richtig}) = 0.009 + 0.059 = 0.068$.

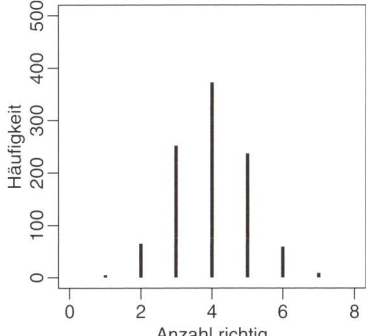

| $s$ | richtig | | |
|---|---|---|---|
| 1 | 3 | × ×   × | ×   ×   × × × |
| 2 | 5 | × × ×   ×   × | × ×     × |
| 3 | 4 | ×   ×   ×   × | ×    × ×   × |
| ⋮ | ⋮ | | |
| 1000 | 7 | × × ×   × × × × | × |

**Abbildung 5.3.:** Darstellung einer Simulation für je 8 Tassen „Tee zuerst" und „Milch zuerst": Die Kreuze (×) beschreiben, welche Tassen in einem bestimmten Simulationsdurchgang $s$ zufällig ausgewählt wurden. Ingesamt wurden hier $S = 1000$ Simulationsdurchgänge ausgeführt und jeweils die Anzahl der Richtigen bestimmt.

$$\hat{P}(0\,\text{richtig}) < 0.001$$
$$\hat{P}(1\,\text{richtig}) = 0.005$$
$$\hat{P}(2\,\text{richtig}) = 0.065$$
$$\hat{P}(3\,\text{richtig}) = 0.252$$
$$\hat{P}(4\,\text{richtig}) = 0.373$$
$$\hat{P}(5\,\text{richtig}) = 0.237$$
$$\hat{P}(6\,\text{richtig}) = 0.059$$
$$\hat{P}(7\,\text{richtig}) = 0.009$$
$$\hat{P}(8\,\text{richtig}) < 0.001$$

**Abbildung 5.4.:** Ergebnisse der Simulation zum Tee-Experiment. Das Dach (ˆ) über dem $P$ deutet an, dass es sich bei den Wahrscheinlichkeiten um geschätzte Werte handelt.

Die Berechnung des $p$-Werts geht aber auch noch einfacher. Für ein bestimmtes Ergebnis eines Experiments, zählt man einfach aus, wie oft in der Simulation ein Wert aufgetreten ist, der größer gleich dem im Experiment beobachteten Wert ist. Diesen Wert nennt man auch Test-Statistik. Wir wollen ihn mit $T_0$ bezeichnen. Nehmen wir an Ms. Bristol hat 6-mal richtig zugeordnet, dann ist $T_0 = 6$. Nun vergleichen wir diesen Wert mit allen $S = 1000$ Werten aus der Simulation, $T_1, \ldots, T_s, \ldots, T_S$, und zählen, wie oft einer dieser $T_s$ gleich oder größer als der bei Ms. Bristol beobachtete Wert $T_0$

ist. Dividieren wir noch durch die Anzahl der Simulationen, dann erhalten wir den $p$-Wert. Als Formel kann man diese Vorgangsweise so aufschreiben:

$$p = \frac{1}{S} \sum_{s=1}^{S} t_s \quad \text{wobei} \quad t_s = \begin{cases} 1, & T_s \geq T_0 \\ 0, & \text{sonst} \end{cases} \tag{5.1}$$

Das Ergebnis ist natürlich das gleiche wie bei der vorherigen Vorgangsweise. In der Simulation kam der Wert 6 insgesamt 59-mal vor, der Wert 7 9-mal und der Wert 8 0-mal. Die Summe ist 68. Dividiert man noch durch 1000, dann erhält man den obigen $p$-Wert von 0.059.

Wenn man Simulationsmethoden, wie die eben beschriebene, zur Beurteilung einer Nullhypothese verwendet, dann nennt man solche Tests quasi-exakt. Sie sind nicht wirklich exakt, wie der Fisher's Exact Test, aber durch Erhöhung der Simulationsanzahl, kann man das Ergebnis beliebig genau machen. Ein anderer Name für solche Tests ist auch Monte-Carlo Tests.

Sie haben zwei Vorteile. Man kann sie, wie auch die echten exakten Tests, verwenden, wenn man nur kleine Stichproben zur Verfügung hat. Oder aber, wenn die Berechnung sehr kompliziert wird, bzw. wenn die Population zu groß ist, um exakte Tests berechnen zu können. Ein aber noch viel wichtigerer Vorteil ist, dass man im Gegensatz zu asymptotischen Tests nicht die asymptotische Verteilung der Test-Statistik unter der Nullhypothese kennen muss. Man kann solche quasi-exakten Tests dann genauso als Alternative zu parametrischen Tests verwenden, wie man z. B. den Mann-Whitney $U$-Test statt des $t$-Tests verwendet, wenn man vermutet, dass die zu prüfenden Daten nicht normalverteilt sind. Im Folgenden werden wir dieses Prinzip auf Tests für das Rasch Modell anwenden, das uns erlaubt, auch bei relativ kleinen Stichproben seine Annahmen zu überprüfen und eventuelle Modellverletzungen zu entdecken.

### 5.2.1. Quasi-exakte Tests beim Rasch Modell

Die Idee der quasi-exakten Tests eignet sich für die Überprüfung auf Gültigkeit des Rasch Modells bei kleinem Stichprobenumfang. Die Idee basiert darauf, dass bei Gültigkeit des Rasch Modells die Randsummen suffiziente Statistiken (sie Kapitel 2.1.5, Seite 25) für die Personenfähigkeiten und für die Itemschwierigkeiten darstellen. Aufgrund der Annahme der Suffizienz gilt, dass alle möglichen binären Datenmatrizen (nur 0 und 1 als Einträge) zu gleichen Parameterschätzwerten führen. Wir bezeichnen die Menge aller möglichen Datenmatrizen mit gleichen Randsummen auf Personenseite (Personenscore $r$) und auf Itemseite (Itemscore $c$) mit $\Omega_{rc}$.

Für die Konstruktion eines exakten Tests müssten alle möglichen Matrizen berechnet werden, die die gleichen Randsummen haben wie die beobachtete Datenmatrix (die Ausgangsmatrix). Allerdings ist selbst bei relativ kleinen Datenmatrizen die Anzahl so groß, dass man damit kaum rechnen kann. Zum Beispiel gibt es für eine $12 \times 12$ Matrix, in der alle Randsummen $r = c = 2$ sind, insgesamt $21\,959\,547\,410\,077\,200$ mögliche Matrizen.

Ein Ausweg aus dieser Problematik ist es, eine Zufallsstichprobe aus $\Omega_{rc}$ zu ziehen. Aus diesem Grund wird $\Omega_{rc}$ auch Stichprobenraum genannt. Da wir im allgemeinen $\Omega_{rc}$ nicht kennen, greifen wir auf Simulationsmethoden zurück und erzeugen so eine Zufallsstichprobe von Datenmatrizen. Zahlreiche Autoren beschäftigten sich mit diesem Thema und versuchten geeignete Simulationsmethoden zur Generierung binärer Datenmatrizen mit gleichen Randsummen zu entwickeln (z. B. Chen und Small, 2005; Ponocny, 1996, 2001; Snijders, 1991; Verhelst, 2008). Beispielsweise Ponocny (1996; 2001) hat nicht nur eine Methode zur Simulation von Datenmatrizen mit gleichen Randsummen entwickelt, sondern auch zahlreiche Test-Statistiken für unterschiedliche Modellverletzungen formuliert.

Die Simulationsmethode von Ponocny (2001) wurde von Verhelst (2008) weiterentwickelt. Diese Simulationsmethode ist im Paket **RaschSampler** (Verhelst et al., 2007) implementiert und wird für die Anwendung der in diesem Buch vorgestellten quasi-exakten Tests benötigt.

Wie man einen Modelltest konstruiert, wurde bereits im vorherigen Kapitel mit Gleichung (5.1) erläutert. Wir wissen jedoch noch nicht, wie Methoden zur Simulation von Matrizen funktionieren, die die Anwendung der quasi-exakten Tests erst erlauben. Die folgenden beiden Abschnitte beschreiben die Methode von Verhelst (2008), wie sie in **eRm** realisiert ist. Für die Anwendung der quasi-exakten Tests ist das genaue Verständnis des Algorithmus nicht notwendig. Daher kann beim ersten Lesen das Folgende übersprungen werden. Eine Zusammenfassung der wichtigsten Prinzipien, die zu beachten sind, findet sich auf Seite 108.

### Der Simulationsalgorithmus

Bei der Simulation von Matrizen mit denselben Randsummen wie in der beobachteten Ausgangsmatrix, geht es darum, zufällig aus dem Raum aller möglichen Matrizen $\Omega_{rc}$ praktisch gesehen möglichst unähnliche Matrizen zu ziehen. Dabei muss jede mögliche Matrix aus dem gesamten Raum mit gleicher Wahrscheinlichkeit erreicht werden können. Diese beiden Bedingungen (Unabhängigkeit und gleiche Wahrscheinlichkeit) sind von besonderer

Bedeutung, denn nur so können für die Modellüberprüfung geeignete Test-Statistiken berechnet werden.

Würden diese Bedingungen nicht zutreffen, dann könnte es z. B. passieren, dass man nur Matrizen zieht, die der Ausgangsmatrix zu ähnlich sind. Berechnet man nun Test-Statistiken für die beobachtete, sowie für die simulierten Matrizen, werden die Test-Statistiken der simulierten Matrizen sehr ähnlich der beobachteten Test-Statistik sein. Wenn man dann über die Gleichung (5.1) einen Modelltest konstruiert, werden viele der Test-Statistiken aus den simulierten Matrizen einen ähnlichen Wert aufweisen. Dann ist die Wahrscheinlichkeit eine Modellverletzung zu entdecken gering oder anders gesagt, man kann eventuell eine falsche Entscheidung hinsichtlich der Modellgültigkeit treffen.

Die Grundidee des Algorithmus ist, Einträge in der Matrix so zu vertauschen, dass die Personen- und Itemscores (Randsummen) gleich bleiben. Das Vorgehen zur Erzeugung möglichst unabhängiger und gleich wahrscheinlicher Matrizen ist dabei folgendes:

Vorgehen:
Nennen wir die Matrix der beobachteten Daten $\mathbf{A}_0$. Aus dieser nehme man zufällig zwei Spalten, die die Antworten auf Item $i$ und Item $j$ enthalten (siehe Tabelle 5.1). Die möglichen Zeilenrandsummen (Personenscores $r$) sind dann 0, 1 oder 2. Die interessanten Zeilen sind nur diejenigen, welche einen Personenscore von 1 aufweisen, also mit dem Antwortmustern {10} oder {01}, denn nur in diesen Zeilen kann eine Vertauschung der Einträge erfolgen. Die Anzahl an Zeilen mit einem Personenscore von 1 wird als $m$ bezeichnet. In unserem Beispiel haben wir $m = 5$ Zeilen mit einem Personenscore von 1. In der ersten Spalte $i$ ergibt es im Bereich $m$, $a$ Einträge von 1, also in unserem Fall $a = 3$. In der zweiten Spalte $j$ gibt es $m - a = b$ Einträge von 1, also $5 - 3 = 2$. Haben wir diese Einträge einmal identifiziert, werden im nächsten Schritt die Einträge im Bereich $m$ zufällig vertauscht, sodass die gleichen Randsummen bestehen bleiben, jedoch eine neue Matrix entsteht. Zufällig heißt, dass nicht unbedingt alle Elemente vertauscht werden. Diese neue Matrix wird als $\mathbf{A}_1$ bezeichnet und ist durch einen einzigen Schritt (step) entstanden. Damit kennen wir die grundlegende Regel zum Erzeugen von neuen Matrizen mit gleichen Randsummen.

Damit wir im Prinzip jede Matrix im Raum erreichen können und die simulierten Matrizen unabhängig voneinander sind, müssen wir noch eine sogenannte Burn-in Periode (burn_in) und eine Schrittweite (step) einführen.

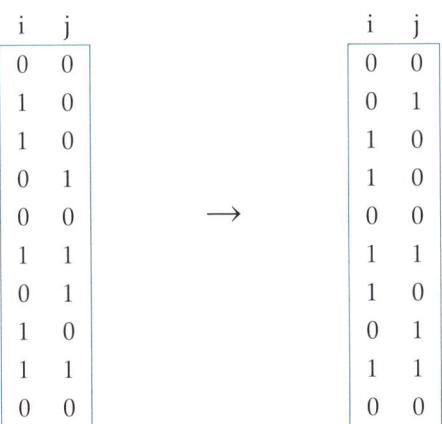

**Tabelle 5.1.:** Beispiel zur Erzeugung einer neuen Matrix durch Vertauschen von Elementen zweier Spalten

- Mit Burn-in ist gemeint, dass eine bestimmte Anzahl von Matrizen simuliert, jedoch nicht für die Berechnung des Modelltests genutzt wird. Das heißt, dass nach Erreichen der Burn-in Anzahl alle bis dahin simulierten Matrizen verworfen werden und die letzte entstandene Matrix als Ausgangspunkt für die Erzeugung weiterer binärer Matrizen dient. Damit will man erreichen, daß jede mögliche Matrix die gleiche Wahrscheinlichkeit hat, generiert zu werden. Wir nehmen also nicht gleich die Erste, weil diese ja nur durch das Vertauschen weniger Einträge entstanden ist. Sie ist natürlich der beobachteten Datenmatrix $A_0$ sehr ähnlich. Praktisch gesehen, beginnt man nach dem Ausführen einer Burn-in-Periode mit dem Simulieren sogenannter effektiver Matrizen, aus welchen erst die Test-Statistiken berechnet werden. Durch die Burn-in Periode startet man mit dem Generieren von effektiven Matrizen an einem anderen Ort des Raumes, also nicht in der Nähe der Ausgangsmatrix.

- Die Schrittweite des Algorithmus wird als step bezeichnet. Wir wissen bereits, dass durch zufällige Vertauschung der Einträge zweier Spalten $i$ und $j$ eine neue Matrix entsteht. Diese Vertauschung stellt einen step dar (step = 1). Es ist nachvollziehbar, dass die nächste entstehende Matrix der vorherigen sehr ähnlich ist und diese beiden somit abhängig voneinander sind. Die (unerwünschte) Abhängigkeit von Matrizen kann verringert werden, indem nicht die nächste Matrix, sondern z. B. nur jede 32. genommen wird. Es werden 31 Matrizen verworfen und erst die 32. Matrix (erste effektive Matrix) zur Berechnung der Test-Statistik herangezogen. In diesem Beispiel ist die Schrittgröße daher 32.

- Als letztes muss noch festgelegt werden, anhand wie vieler simulierter Matrizen der *p*-Wert des Modelltests berechnet werden soll (n_eff). Zum Beispiel könnte der Wert 100 genommen werden, d. h., zur Berechnung der Test-Statistik werden nach der Burn-Periode 100 effektive Matrizen (n_eff = 100) simuliert.

In Abbildung 5.5 wird schematisch der Simulationsablauf dargestellt.

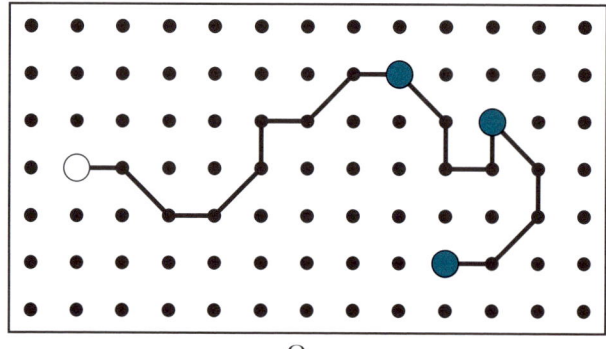

$$\Omega_{rc}$$

**Abbildung 5.5.:** Jede mögliche Matrix wird durch einen schwarzen Punkt dargestellt. Alle zusammen ergeben den Raum $\Omega_{rc}$. Der weiße Punkt stellt die Ausgangsmatrix dar. Nach 8 Schritten wird die erste effektive Matrix erreicht, die als blauer Punkt eingezeichnet ist. Dann werden noch zwei effektive Matrizen generiert, wobei die Schrittweite 4 ist. Alle Punkte entlang der Linie sind generierte Matrizen, sie werden aber bei der Berechnung von Test-Statistiken nicht berücksichtigt.

Wenn nun step mit 32 fixiert ist und wir 100 effektive Matrizen für den Modelltest generieren möchten, dann müssen wir insgesamt $100 \times 32 = 3200$ Matrizen generieren. Zuvor müssen wir jedoch eine Burn-in Periode durchführen. Legen wir diese ebenso mit dem Wert 100 fest. Die burn_in ist im Paket **RaschSampler** ebenso mit step verbunden, sodass zuerst $100 \times 32$ Matrizen generiert und verworfen werden. Die letzte Matrix wird als neuer Startpunkt genutzt. Mit dieser Einstellung generieren wir (burn_in = 100, step = 32, n_eff = 100) $100 \times 32 + 100 \times 32 = 6400$ Matrizen.

Damit wäre auch schon der grundsätzliche R-Befehl rsampler() für das Generieren der Datenmatrizen erklärt.

---

### rsampler()

```
rsampler(inpmat, control = rsctrl(burn_in = 100, n_eff = 32,
    step = 100, seed = 123))
```

Diese Funktion beinhaltet den Simulationsalgorithmus für binäre Matrizen

- inpmat ... Ausgangsmatrix (input matrix)
- control = rsctrl ... Argument, welches Kontrollparameter für die Generierung von Matrizen enthält
- burn_in ... Anzahl (burn_in × step) der Matrizen, die verworfen werden
- n_eff ... Anzahl effektiver Matrizen
- step ... Anzahl der nicht verwendeten Matrizen zur Erzeugung der Unabhängigkeit. Damit die Matrizen zueinander nicht zu ähnlich sind, wird step bei burn_in und n_eff verwendet
- seed ... Optional festzulegender Startwert, um die selben zufälligen Matrizen zu erzeugen

---

Als Beispiel möchten wir für unsere Daten 100 effektive Matrizen mit denselben Randsummen simulieren. Die simulierten Matrizen speichern wir in das Objekt rmat.

Für die Simulation benötigen wir das Paket **RaschSampler**, welches nicht extra geladen werden muss. Es ist in **eRm** implementiert. Als Datenmatrix benützen wir den bereits aus Kapitel 3.8.1 bekannten Datensatz raschdat3. Wir müssen also nur **eRm** aufrufen.

```
> rmat <- rsampler(raschdat3, rsctrl(burn_in = 100,
+     n_eff = 100, step = 32, seed = 123))
```

In diesem Beispiel wurde eine burn_in = 100, n_eff = 100 und step = 32 gewählt. Mit dieser Einstellung werden zuerst $100 \times 32$ Matrizen simuliert und verworfen (burn_in × step) und darauffolgend weitere $100 \times 32$ Matrizen simuliert (n_eff × step). Davon wird jede 32. Matrix gewählt, sodass am Ende 100 effektive Matrizen entstehen, mit denen die Test-Statistiken und folglich der Modelltest berechnet werden.

Mit seed = 123 wurde der Startwert für die Simulation festgelegt. Das Setzen eines Startwertes bietet zwei Vorteile. Einerseits kann man die Simulation zu jedem Zeitpunkt wiederholen und man erhält dieselben Ergebnisse, andererseits sollte für jede neue Modellüberprüfung neue effektive Matrizen generiert werden, sodass die Ergebnisse der unterschiedlichen Modellüberprüfungen unabhängig voneinander sind.

Wenn wir in R rmat aufrufen, dann erhalten wir einen vollständigen Output. Dieser beinhaltet alle Informationen zu der Simulation und würde in diesem Buch ca. 130 Seiten in Anspruch nehmen. Deshalb begnügen wir uns hier mit der zusammengefassten Information, die wir über summary(rmat) erhalten.

```
> summary(rmat)

Status of object rmat after call to RSampler:
        n = 500
        k = 6
        burn_in = 100
        n_eff = 100
        step = 32
        seed = 123
        tfixed = FALSE
        n_tot = 101
        outvec contains 50500 elements
```

- n ist die Anzahl der Personen und k die Anzahl der Items in der beobachteten Matrix.
- burn_in, n_eff, step und seed stellen die für die Simulation festgelegten Einstellungen dar.
- tfixed = FALSE stellt eine weitere Kontrolle dar. Diese ist für das Rasch Modell nicht von Bedeutung. Es wird immer die Standardeinstellung FALSE beibehalten.
- n_tot gibt an, dass der Output insgesamt n_eff + die beobachtete Matrix enthält. In unserem Fall enthält der Output eine beobachtete und 100 simulierte Matrizen.
- outvec contains 50500 elements gibt die Anzahl binär kodierter Elemente im vollständigen Output an.

Es sind natürlich auch andere Einstellungen möglich, wie z. B. burn_in = 500, step = 64, n_eff = 500. Unterschiedliche Werte bei burn_in bewirken, dass man an unterschiedlichen Startpunkten im Raum aller möglichen Matrizen mit gleichen Randsummen startet. Mit unterschiedlichen Werten bei step erreicht man unterschiedliche Unabhängigkeitsgrade.

## Durchführung direkt in eRm

Es besteht ebenso die Möglichkeit die Simulation der Matrizen gleichzeitig mit der Berechnung eines Modelltests zu starten. Die Modelltests sind im Paket **eRm** in der Funktion NPtest() implementiert. Der **RaschSampler** wurde in NPtest() eingebunden. Auf den Output verzichten wir an dieser Stelle, da wir bei den einzelnen Test-Statistiken darauf zurückkommen werden.

---

### NPtest()

```
NPtest(obj, n = 500, method = "T", burn_in = 100, step = 20,
    seed = 1234, RSinfo = TRUE)
```

Funktion zur Berechnung der quasi-exakten Tests

- obj ... binäre Ausgangsmatrix oder Objekt mit Inhalt aus rsampler(), z. B. rmat
- n ... Anzahl effektiver Matrizen. Nur anzugeben, wenn rsmapler() nicht benutzt wurde
- method ... inkludiert die Test-Statistiken zu unterschiedlichen Modellverletzungen
- burn_in ... nur anzugeben, wenn rsmapler() nicht benutzt wurde
- step ... nur anzugeben, wenn rsmapler() nicht benutzt wurde
- seed ... nur anzugeben, wenn rsmapler() nicht benutzt wurde
- Rsinfo = TRUE ... gibt automatisch die zusammengefasste Information zu der durchgeführten Simulation aus

---

Fehlende Werte: Enthält die Ausgangsmatrix fehlende Werte, so müssen diese Zeilen vor der Simulation gelöscht oder durch geeignete Werte ersetzt werden (siehe Kapitel A.3.1, Seite 248). Sind die fehlenden Werte von keinen Außenvariablen abhängig und kann begründet werden, dass fehlende Werte einen Hinweis darauf geben, dass Personen das Item nicht gelöst haben, dann werden die fehlenden Werte in der Praxis oft als Nicht-gelöst (Einsetzen des Wertes 0) behandelt. Eine weitere Möglichkeit wäre, die fehlenden Werte durch Zufallszahlen (zufällig 0 oder 1 eintragen) zu ersetzen. Auf den komplexen Umgang mit fehlenden Werten wird an dieser Stelle nicht näher eingegangen. Wenn fehlende Werte vorhanden sind, dann sollte man trotzdem zuerst in der Hilfe von **eRm** nachsehen, vielleicht ist das Problem der Matrizensimulation mit fehlenden Werten bis dahin bereits gelöst.

## 5.3. Tests: Lokale stochastische Unabhängigkeit und Homogenität

In diesem Kapitel lernen wir Test-Statistiken zur Überprüfung der Annahmen der lokal stochastichen Unabhängigkeit von Items, sowie der Homogenität der Items (siehe Kapitel 2.1.2) kennen. Es kann hierbei zwischen globalen Test-Statistiken und Test-Statistiken auf Itemebene unterschieden werden. Auf globaler Ebene werden alle Items simultan überprüft und auf Itemebene Itemgruppen mit mindestens zwei Items pro Subskala.

### 5.3.1. Globale Test-Statistiken

#### $T_{11}$: unpassende Inter-Itemkorrelationen

Die Test-Statistik $T_{11}$ (Ponocny, 2001) stellt eine globale Test-Statistik zur Überprüfung von lokal stochastischer Unabhängigkeit zwischen Items und Homogenität von Items dar.

Inhaltlich überprüft die Test-Statistik, ob es im gesamten Datensatz unpassende Inter-Itemkorrelationen zwischen allen möglichen Itempaaren gibt. Das heißt, es wird geprüft ob zu niedrige oder zu hohe Inter-Itemkorrelationen vorhanden sind.

Vorgehen:

- Es wird für jedes mögliche Itempaar $ij$ in der beobachteten Matrix $\mathbf{A}_0$ jeweils eine Korrelation $r_{ij}$ berechnet. Für drei Items würden wir drei Korrelationskoeffizienten erhalten, für vier Items bereits sechs.
- Dieser Schritt wird ebenso für alle simulierten Matrizen $\mathbf{A}_1$ bis $\mathbf{A}_S$ ($S$ stellt die Anzahl von simulierten Matrizen dar) durchgeführt.
- Anschließend werden aus allen simulierten Matrizen alle $r_{ij}$ der Itempaare $ij$ zusammengezählt.
- Über $\sum_{s=1}^{S} r_{ij}/S$ berechnet man die mittlere Inter-Itemkorrelation $\bar{r}_{ij}$, welche nichts anderes als die unter dem Rasch Modell erwartete Korrelation zwischen den Items $ij$ darstellt.
- Die mittlere Inter-Itemkorrelation wird für alle möglichen Itempaare der Datenmatrix berechnet.
- Im nächsten Schritt wird in der beobachteten Matrix $\mathbf{A}_0$ für jedes mögliche Itempaar $ij$ die absolute Differenz (ohne Beachtung des Vorzeichens) zwischen der empirisch vorliegenden Korrelation $r_{ij}$ und der mittleren

Korrelation $\tilde{r}_{ij}$ berechnet. Die Differenz stellt die Abweichung zu der unter dem Rasch Modell erwarteten Korrelation dar.

- Die Differenz wird für alle möglichen Itempaare $ij$ aufsummiert und ergibt $T_0$ für die beobachtete Datenmatrix.

Die allgemeine Gleichung zur Berechnung der Test-Statistik lautet:

$$T_{11}(\mathbf{A}) = \sum_{ij} |r_{ij} - \tilde{r}_{ij}| \tag{5.2}$$

$r_{ij}$ ... Inter-Itemkorrelation für die Items $ij$
$\tilde{r}_{ij}$ ... mittlere Inter-Itemkorrelation für $ij$

Zum besseren Verständnis stellen wir uns drei Items vor (siehe Abbildung 5.6). Die Lösungswahrscheinlichkeit des Items 2 ist von der Lösungswahrscheinlichkeit des Items 1 stark abhängig. Im ersten Schritt berechnen wir die beobachteten Korrelationskoeffizienten für jede der drei Itempaarkombinationen ($r_{12} = 0.816$, $r_{13} = 0.408$, $r_{23} = 0.250$). Im nächsten Schritt müssen wir die mittleren Korrelationen für alle drei Itempaarkombinationen berechnen. Wir nehmen für unser Beispiel an, dass diese $\tilde{r}_{12} = 0.527$, $\tilde{r}_{13} = 0.503$ und $\tilde{r}_{23} = 0.449$ seien. Zum Schluss bilden wir für jede Itempaarkombination die Differenz von der beobachteten Korrelation zu der jeweiligen mittleren Korrelation und zählen diese Werte zusammen. Es resultiert die Test-Statistik für den beobachteten Datensatz. Aus dem Beispiel können wir entnehmen, dass bei größer werdenden Abweichungen zur mittleren Korrelation, die Summe der Differenzen steigt.

Dieser soeben erklärte Schritt wird für alle simulierten Matrizen 1, ..., S vollzogen und ergibt $T_1, \ldots, T_S$. Für den Modelltest wird ausgezählt, wie oft in den simulierten Matrizen die gleiche oder eine noch extremere (größere) Abweichungssumme gefunden wird. Dieses Ergebnis wird dann durch $S$ dividiert und es resultiert der $p$-Wert für den Modelltest (5.3).

$$p = \sum_{s=1}^{S} t_s / S \qquad \text{wobei} \qquad t_s = \begin{cases} 1, & T_s(\mathbf{A}_s) \geq T_0(\mathbf{A}_0) \\ 0, & \text{sonst} \end{cases} \tag{5.3}$$

| i1 | i2 | i3 |
|----|----|----|
| 0  | 0  | 0  |
| 0  | 0  | 1  |
| 0  | 0  | 0  |
| 0  | 0  | 0  |
| 0  | 0  | 1  |
| 1  | 0  | 1  |
| 1  | 1  | 0  |
| 1  | 1  | 1  |
| 1  | 1  | 1  |
| 1  | 1  | 1  |

$$\tilde{r}_{12} = 0.527 \qquad r_{12} = 0.816$$
$$\tilde{r}_{13} = 0.503 \qquad r_{13} = 0.408$$
$$\tilde{r}_{23} = 0.449 \qquad r_{23} = 0.250$$

$$
\begin{aligned}
T_{11} &= \; |\,0.527 - 0.816\,| + \\
&\quad\; |\,0.503 - 0.408\,| + \\
&\quad\; |\,0.449 - 0.250\,| \\
&= \; 0.584
\end{aligned}
$$

**Abbildung 5.6.:** Beispiel für die Berechung von $T_{11}$

---

**Beispiel**

Nehmen wir an, ein Test besteht nur aus zwei Items und wir haben zwei inhaltlich zu ähnliche Items $i$ und $j$. Diese korrelieren zu $r_{ij} = .60$. Diese Korrelation ist hoch. Es werden vermutlich nicht viele $ij$ aus den simulierten Matrizen dieselbe oder eine noch höhere Korrelation aufweisen. Man könnte eher annehmen, dass die Korrelationen in den simulierten Matrizen niedriger ausfallen werden. Falls das der Fall ist (was bei einer Korrelation in dieser Größe sehr wahrscheinlich ist), dann wird die mittlere Korrelation $\tilde{r}_{ij}$ um einiges geringer ausfallen. Nehmen wir an, die mittlere Korrelation beträgt $\tilde{r} = 0.20$. Damit beträgt die absolute Differenz zur beobachteten Korrelation $.40$. Da viele Korrelationen $r_{ij}$ aus den simulierten Matrizen niedriger als die beobachtete Korrelation $r_{ij} = .60$ sein werden, werden viele Differenzwerte $r_{ij} - \tilde{r}_{ij}$ niedriger als die beobachtete Differenz sein. Damit werden nur wenige Differenzen gleich der beobachteten Abweichung sein oder eine noch größere Abweichung ergeben. Das Ergebnis wird höchstwahrscheinlich signifikant und die Items werden als lokal stochastisch abhängig zueinander beurteilt.

**Anmerkung:**

- Die Test-Statistik kann nicht zwischen der Verletzung der lokalen stochastischen Unabhängigkeit zwischen Items und einer möglichen Heterogenität von Items unterscheiden. Ist das Ergebnis des Modelltests signifikant, können eine oder beide Arten von Modellverletzungen vorliegen. Ist die Korrelation zwischen Items sehr gering oder fällt sie sogar in den negativen Bereich, wird die Differenz zur mittleren Korrelation ebenso größer sein, als unter dem Rasch Modell erwartet.

### Die Test-Statistik $T_{11}$ in eRm

**NPtest(T11)**

```
NPtest(obj, method = "T11")
```

Funktion zur Berechnung der Test-Statistik $T_{11}$

- Weiteres siehe Seite 113 bei NPtest()

Für unser Beispiel verwenden wir wieder den uns bereits bekannten selbst simulierten Datensatz raschdat3 (siehe Seite 47). Die Funktion NPtest() wurde bereits auf Seite 113 erklärt. Für $T_{11}$ sind keine weiteren Spezifikationen notwendig.

Als erstes geben wir die binäre Matrix, also unsere Ausgangsmatrix raschdat3, ein. Danach müssen wir einige Spezifikationen für das Simulieren der Matrizen festlegen (n, burn_in und step). Als Methode schreiben wir "T11". Zum Schluss legen wir noch einen Startwert fest.

```
> t11 <- NPtest(raschdat3, n = 1000, method = "T11",
+     burn_in = 500, step = 64, seed = 1606)
```

Die Ausgabe kann durch die Eingabe des von uns benannten Objektes t11 oder über die Funktion print() aufgerufen werden. Wir verwenden einfach t11.

```
> t11

Nonparametric RM model test: T11 (global test - local
    dependence)
(sum of deviations between observed and expected
    inter-item correlations)
Number of sampled matrices: 1000
one-sided p-value: 0.615
```

Der Output zeigt als erstes, dass wir die Test-Statistik $T_{11}$ (Nonparametric RM model test: T11) angewendet haben. Weiters enthält der Output Informationen über die Grundidee dieser Statistik. Es handelt sich um eine globale Test-Statistik zur Überprüfung der lokalen stochastischen Unabhängigkeit zwischen Items (global test-local dependence). Die Statistik basiert auf der Idee der Differenz zwischen beobachteter und erwarteter Inter-Itemkorrelation (sum of deviations between observed and expected inter-item correlations). Der p-Wert beruht auf 1000 simulierten Matrizen (Number of sampled matrices: 1000).

Laut dem Modelltest interessiert uns nur die Anzahl von Matrizen, in denen die Abweichungssumme gleich oder noch größer ist. Die relative Häufigkeit dieser Anzahl gibt uns der p-Wert aus (one-sided p-value), der mit einem von uns vorher festgelegten Signifikanzniveau von z. B. $\alpha = 0.05$ verglichen wird und in unserem Beispiel mit einem $p = 0.615$ als nicht signifikant zu bezeichnen ist.

### $T_{md}$: Korrelation der Personenscores von zwei Subskalen

Die Statistik $T_{md}$ (Koller und Hatzinger, 2012) ist eine Test-Statistik zur Überprüfung der Annahme von Homogenität der Items zweier Subskalen. Die Abkürzung „md" steht für den englischen Ausdruck „multidimensional scales". Diese Test-Statistik ist ähnlich dem parametrischen Martin-Löf-Test (siehe Kapitel 4.2).

Inhaltlich überprüft diese Statistik ob zwei Subskalen $I$ und $J$ eines Tests (oder Subskalen unterschiedlicher Tests) eindimensional messen. Wenn zwei Subskalen eindimensional messen, dann muss der Personenscore der Subskala $I$ ($r_v^{(I)}$) mit dem Personenscore der Subskala $J$ ($r_v^{(J)}$) positiv korreliert sein. Somit ist ein steigender $r_v^{(I)}$ ebenso mit einem steigendem $r_v^{(J)}$ assoziiert.

### Vorgehen

- Wähle zwei Subskalen $I$ und $J$ aus.
- Berechne für jede Subskala den jeweiligen Personenscore $r_v^{(I)}$ und $r_v^{(J)}$.
- Berechne die Korrelation dieser beiden Personenscores. Das Ergebnis stellt die Test-Statistik $T_0$ für die beobachtete Datenmatrix dar.

Die allgemeine Gleichung lautet:

$$T_{md}(\mathbf{A}) = Cor(r_v^{(I)}, r_v^{(J)}) \quad \text{wobei} \quad r_v^{(I)} = \sum_{i \in I} x_{vi} \quad (5.4)$$

Zum besseren Verständnis stellen wir uns zwei Subskalen vor, die unterschiedliche Dimensionen messen (siehe Abbildung 5.7). Wir berechnen zuerst für jede Subskala den jeweiligen Personenscore ($r_v^{(I)}$ und $r_v^{(J)}$) und anschließend den Zusammenhang der beiden Personenscores. Im Beispiel ergibt sich ein Korrelationskoeffizient von $-0.078$. Die zwei Subskalen korrelieren nicht miteinander. Dieser Korrelationskoeffizient stellt bereits die Test-Statistik der beobachteten Matrix dar.

| $i1$ | $i2$ | $i3$ | $r_v^I$ | $i4$ | $i5$ | $i6$ | $r_v^J$ |
|------|------|------|---------|------|------|------|---------|
| 0 | 0 | 0 | 0 | 0 | 0 | 0 | 0 |
| 0 | 1 | 0 | 1 | 1 | 0 | 1 | 2 |
| 1 | 0 | 0 | 1 | 0 | 0 | 0 | 0 |
| 1 | 1 | 0 | 2 | 1 | 1 | 0 | 2 |
| 1 | 1 | 0 | 2 | 0 | 0 | 1 | 1 |
| 1 | 1 | 0 | 2 | 1 | 0 | 0 | 1 |
| 1 | 1 | 1 | 3 | 0 | 0 | 0 | 0 |
| 1 | 1 | 1 | 3 | 0 | 0 | 0 | 0 |

$$Cor(r_v^I, r_v^J) = -0.078$$

**Abbildung 5.7.:** Beispiel für die Berechnung von $T_{md}$

Die Korrelation wird für die beobachtete Matrix, sowie für alle simulierten Matrizen berechnet. Eine Korrelation liegt zwischen $r = -1$ und $r = 1$. In unserem Fall ist $r = -1$ die kleinst mögliche und $r = 1$ die größtmögliche Korrelation. Wenn die Korrelation aus der beobachteten Matrix groß genug ist, sollten viele Korrelationen aus den simulierten Matrizen gleich oder kleiner der beobachteten Korrelation sein. Der Modelltest ist definiert durch:

$$p = \sum_{s=1}^{S} t_s / S \qquad \text{wobei} \qquad t_s = \begin{cases} 1, & T_s(\mathbf{A}_s) \leq T_0(\mathbf{A}_0) \\ 0, & \text{sonst} \end{cases} \tag{5.5}$$

**Beispiel**

Stellen wir uns einen Test mit $k = 8$ Items vor. Die ersten vier Items erfassen Führungsfähigkeit ($I$) und die anderen vier Items Arbeitszufriedenheit ($J$). Kann man davon ausgehen, dass eine Person mit einer hohen Führungsfähigkeit auch eine hohe Arbeitszufriedenheit aufweist? Nehmen wir an, dass es nicht so ist.

Wir können annehmen, dass die Personenscores $r_v^{(I)}$ und $r_v^{(J)}$ nur niedrig miteinander korrelieren. Das heißt, dass mit steigender Fähigkeit (steigendem Personenscore) in der Subskala $I$, die Zufriedenheit in Subskala $J$ nicht steigt. Wenn man nun eine Anzahl Matrizen mit den gleichen Randsummen simuliert und die jeweiligen Korrelationen der Personenscores $r_v^{(I)}$ und $r_v^{(J)}$ berechnet, wird man sehr wahrscheinlich nur wenige $T_s$ mit einer so niedrigen oder einer noch niedrigeren Korrelation als in $T_0$ vorfinden.

Anmerkung:

- Die Teilung in zwei Subskalen anhand eines inhaltlichen Kriteriums (extern), wie in unserem Beispiel Arbeitszufriedenheit und Führungsfähigkeit, ist jedoch nicht immer leicht. Oft erscheinen die Items theoretisch als eindimensional und es lässt sich keine logische Aufteilung in zwei Subskalen finden. In diesem Fall sollte man auch keine, somit zufällige, Aufteilung vornehmen.

Es gibt jedoch noch eine andere Möglichkeit, nämlich die Teilung in eine Subskala mit den leichteren Items und eine Subskala mit den schwierigeren Items (Itemscore-Median). Für diese Anwendung werden die Items der Schwierigkeit nach geordnet und in zwei Gruppen aufgeteilt (z. B. das leichteste bis zum mittelschweren Item werden der Gruppe 0 und alle anderen Items der Gruppe 1 zugeordnet). Auch hier gilt, wenn die Items eindimensional messen, dann müssen die Personenscores der beiden Subskalen positiv korreliert sein.

Dieses interne Kriterium testet jedoch nicht nur Eindimensionalität, sondern ebenso die Monotonizitätsannahme der ICCs (siehe Kapitel 2.1.4). Wenn keine Verletzung vorliegt, dann müssen weniger fähige Personen in beiden Subskalen eher geringe Personenscores aufweisen und mit steigender Fähigkeit sollten die Personenscores in beiden Subskalen größer werden. Die Lösungswahrscheinlichkeit der Items sollte mit höher werdender Fähigkeit der Personen steigen.

**Die Test-Statistik $T_{md}$ in eRm**

```
NPtest(Tmd)
```

```
NPtest(obj, method = "Tmd", idx1, idx2)
```
Funktion zur Berechnung der Test-Statistik $T_{md}$

> - idx1, idx2 ...zwei Indexvektoren, die zwei Subskalen darstellen, z.B. idx1 = c(1, 2, 3) und idx2 = c(4, 5, 6)
> - Weiteres siehe Seite 113 bei NPtest()

Für $T_{md}$ sind zwei weitere Spezifikationen notwendig, nämlich die Vektoren der beiden zu untersuchenden Item-Subskalen $I$ (idx1) und $J$ (idx2).

Als erstes müssen wir die binäre Matrix, also unsere Ausgangsmatrix rasch-dat3, aufrufen. Danach müssen wir einige Spezifikationen für das Simulieren der Matrizen festlegen (n, burn_in und step). Als Methode schreiben wir "Tmd". Nehmen wir an, wir hätten zwei Subskalen, von denen wir theorie-geleitet annehmen, dass sie zwei Dimensionen erfassen. Diese werden über idx1 = c(1:3) und idx2 = c(4:6) definiert. Zum Schluss legen wir noch einen Startwert fest.

```
> tmd1 <- NPtest(raschdat3, n = 1000, method = "Tmd",
+       idx1 = c(1:3), idx2 = c(4:6), burn_in = 500, step = 64,
+       seed = 2905)
```

Die Ausgabe kann durch die Eingabe des von uns benannten Objektes tmd1 aufgerufen werden.

```
> tmd1

Nonparametric RM model test: Tmd (Multidimensionality)
    (correlation of subscale person scores)
Number of sampled matrices: 1000
Subscale 1 - Items: 1 2 3
Subscale 2 - Items: 4 5 6
Observed correlation: 0.136
one-sided p-value: 0.4
```

Der Output zeigt als erstes, dass wir die Test-Statistik $T_{md}$ angewendet haben.

Es handelt sich um die Test-Statistik zur Überprüfung der Multidimensiona-lität von zwei Subskalen (Multidimensionality). Die Statistik basiert auf der Idee der Korrelation der Personenscores zweier Item-Subskalen (correlation of subscale person score). Die Anzahl der simulierten Matrizen beträgt 1000 (Number of sampled matrices: 1000). In der Subskala 1 befinden sich die Items 1, 2, 3 und in der Subskala 2 die Items 4, 5, 6. Die beobachtete Korrelation beträgt $Cor(r_v^{(I)}, r_v^{(J)}) = 0.136$ (Observed correlation).

Laut dem Modelltest interessiert uns nur die Anzahl von Matrizen, in denen die Korrelation der beiden Personenscores gleich oder kleiner als in der beobachteten Matrix ist. Die relative Häufigkeit dieser Anzahl gibt uns der $p$-Wert aus (one-sided p-value), der mit einem von uns vorher festgelegten Signifikanzniveau von z. B. $\alpha = 0.05$ verglichen wird und in unserem Beispiel mit einem $p = 0.4$ als nicht signifikant zu bezeichnen ist.

Wenn man jedoch die leichteren Items den schwierigeren Items gegenüberstellt (Itemscore-Median), muss zuerst ein eigenes Teilungskriterium (split1) definiert werden.

Dazu müssen zuerst die Spaltensummen (colSums(raschdat3)), sowie der Median (median(colSums(raschdat3))) berechnet werden. Wir möchten zwei Gruppen bilden. Die leichten Items (mit der höchsten Spaltensumme) bis inklusive dem mittelschweren Item sollen der Gruppe 0 und die übrigen Items der Gruppe 1 zugeordnet werden. Wenn (if) die Items schwieriger sind (>) als der Median der Spaltensummen, dann bilde damit die Gruppe 1, ansonsten (else) die Gruppe 0.

```
> split1 <- ifelse(colSums(raschdat3) > median(colSums(raschdat3)),
+       1, 0)
> split1

[1] 1 1 1 0 0 0
```

Der Output zeigt uns die Ordnung der Items im Test, die wir für die Definition von idx1 und idx2 benötigen.

```
> tmd2 <- NPtest(raschdat3, n = 1000, method = "Tmd",
+       idx1 = c(1, 2, 3), idx2 = c(4, 5, 6), burn_in = 500,
+       step = 64, seed = 1234)
> tmd2
```

Der Aufbau des Outputs unterscheidet sich nicht von tmd1 und wird deshalb nicht noch einmal angezeigt.

## 5.3.2. Überprüfung auf Itemebene

Auf Itemebene können wir mehrere Test-Statistiken unterscheiden. Eine Möglichkeit stellt die Überprüfung der Annahme der lokalen stochastischen Unabhängigkeit mit erhöhter Auftretenshäufigkeit der Antwortmuster {00} und {11} dar. Damit ist gemeint, dass entweder beide Items mit 0 oder mit 1 beantwortet wurden. Das passiert z. B. bei zu ähnlichen Items, oder wenn Items im Test mehrmals vorkommen. Eine weitere Möglichkeit ist die Überprüfung der erhöhten Auftretenshäufigkeit nur des Antwortmusters {11}. In einem Leistungstest würde das erhöhte Auftreten des Musters {11} für Lernen stehen. Wenn das erste Item gelöst wurde, steigt die Wahrscheinlichkeit das zweite Item auch zu lösen. In einem Einstellungstest könnte es bedeuten, dass eine Zustimmung bei einem Item die Zustimmungswahrscheinlichkeit bei einem zweiten Item erhöht. Wird jedoch das erste Item nicht gelöst (keine Zustimmung), dann wird die Lösungswahrscheinlichkeit des zweiten Items nicht beeinflusst (siehe Kapitel 2.1.2).

Die erstgenannte Möglichkeit, erhöhtes Auftreten von {00} und {11}, kann durch eine Modifikation auch zur Überprüfung der Annahme der Homogenität von Items bzw. Eindimensionalität der Items verwendet werden.

### $T_1$: Zu viele gleiche Antwortmuster {00} und {11}

Die Statistik $T_1$ (Ponocny, 2001) überprüft das Vorliegen einer erhöhten Auftretenshäufigkeit der Antwortmuster {00} und {11}, also $x_{vi} = x_{vj}$.

Vorgehen:

- Bei $T_1$ muss eine Item-Subskala von mindestens zwei Items gebildet werden. Bleiben wir beim einfachsten Fall, nämlich dem von zwei Items $i$ und $j$.
- Bei der Statistik (5.6) wird über alle Personen $v = 1, \ldots, n$ die Anzahl derselben Antwortmuster ($\delta_{ij} = 1$) summiert. Das Ergebnis stellt bereits $T_0$ dar.

$$T_1(\mathbf{A}) = \sum_v \delta_{ij} \qquad \text{wobei} \qquad \delta_{ij} = \begin{cases} 1, & x_{vi} = x_{vj} \\ 0, & x_{vi} \neq x_{vj} \end{cases} \tag{5.6}$$

Zum besseren Verständnis stellen wir uns zwei voneinander stark abhängige Items vor (siehe Abbildung 5.8). Als erstes zählen wir die Anzahl der Antwortmuster {00} und {11}. In unserem Fall ergeben sich 8 gleiche Antwortmuster. Dieser Wert stellt bereits die Test-Statistik $T_1$ für die beobachtete Datenmatrix dar.

Dieser Schritt wird bei der beobachteten Matrix wie auch bei allen simulierten Matrizen durchgeführt. Dann wird bei den simulierten Matrizen ausgezählt, wie oft die angesprochenen Items die gleiche oder eine noch größere Anzahl von {00} und {11} als in der beobachteten Matrix erhalten.

Der zugehörige Modelltest lautet:

$$p = \sum_{s=1}^{S} t_s/S \quad \text{wobei} \quad t_s = \begin{cases} 1, & T_s(\mathbf{A}_s) \geq T_0(\mathbf{A}_0) \\ 0, & \text{sonst} \end{cases} \tag{5.7}$$

---

**Beispiel**

Stellen wir uns den schlechtesten Fall vor. Wir haben zweimal dasselbe Item in unserem Test. Wir können davon ausgehen, dass Personen, die das erste Item mit 0 beantwortet haben, ebenso das zweite Item mit 0 beantworten. Ebenso können wir annehmen, dass Personen, die das erste Item mit 1 beantwortet haben, ebenso das zweite Item mit 1 beantworten werden. Insgesamt werden wir für diese beiden Items eine sehr hohe Auftretenshäufigkeit der Antwortmuster {00} und {11} beobachten. Es wird höchstwahrscheinlich zu dem Ergebnis kommen, dass nur wenige der Itempaare aus den simulierten Matrizen eine ebenso hohe oder eine noch höhere Auftretenshäufigkeit dieser beiden Antwortmuster zeigen werden.

---

| $i$ | $j$ | $\delta_{ij}$ |
|-----|-----|---------------|
| 0 | 0 | 1 |
| 0 | 0 | 1 |
| 0 | 0 | 1 |
| 0 | 1 | 1 |
| 0 | 1 | 0 |
| 1 | 0 | 0 |
| 1 | 0 | 0 |
| 1 | 1 | 1 |
| 1 | 1 | 1 |
| 1 | 1 | 1 |
| 1 | 1 | 1 |

$$\sum \delta_{ij} = 8$$

**Abbildung 5.8.:** Beispiel für die Berechnung von $T_1$

**Anmerkung:**

- Wenn man mehr als zwei Items untersuchen möchte, z. B. ob drei oder vier Items untereinander zu ähnlich sind, muss man Vorsicht walten lassen. Einerseits erhöhen mehrere voneinander abhängige Items die Wahrscheinlichkeit eine Modellverletzung zu entdecken (Vorteil), andererseits können jedoch auch vorliegende Abhängigkeiten verdeckt werden (Nachteil).

  Die Wahrscheinlichkeit zur Entdeckung einer Modellverletzung wird erhöht, weil sich bei mehreren abhängigen Items auch die Summe, also die Anzahl der gleichen Antwortmuster, erhöht und diese große Summe in den simulierten Matrizen sehr selten vorkommen wird. Untersucht man jedoch mehrere Items und es gibt dabei Itempaare, die abhängig voneinander sind und Itempaare, die nicht abhängig voneinander sind, dann verringert sich die Wahrscheinlichkeit für das Auffinden der Modellverletzung. Im letzten Fall würde man niedrige und zu hohe Anzahlen gleicher Antwortmuster zusammenzählen, was dazu führt, dass sich die Summen gleicher Antwortmuster ausgleichen. Insgesamt würde es zu einer Summe führen, die weder niedriger noch höher ist, als unter dem Rasch Modell erwartet.

- Sind die ausgewählten Items lokal stochastisch unabhängig, heißt das noch nicht, dass sie eindimensional messen. Die Inter-Itemkorrelation könnte zu niedrig sein und damit gegen die Homogenität der Items sprechen. Hinweise darauf erhält man jedoch durch den $p$-Wert des Modelltests. Liegt dieser Wert nahe 1, beinhalten fast alle $T_S$ dieselbe oder eine noch größere Anzahl von gleichen Antwortmustern und nur wenige eine geringere Anzahl. Die Summe der gleichen Antwortmuster könnte also ebenso zu niedrig sein. Die Homogenität der Items kann man mit der weiter unten beschriebenen $T_{1m}$ prüfen. Sie ist eine Modifikation von $T_1$.

**Die Test-Statistik $T_1$ in eRm**

---

NPtest(T1)

---

NPtest(obj, method = "T1")

Funktion zur Berechnung der Test-Statistik $T_1$

- Weiteres siehe Seite 113 bei NPtest()

---

Für $T_1$ sind keine weiteren Spezifikationen notwendig. In **eRm** wird für jedes mögliche Itempaar ein Modelltest berechnet. Damit ist eine Spezifikation von mehr als zwei Items im Modelltest ausgeschlossen. Diese Vorgehensweise bietet den Vorteil, dass zuerst alle möglichen Auffälligkeiten für jeweils zwei Items betrachtet werden können. Damit können mögliche Itemgruppen (mehr als zwei Items im Test), die voneinander abhängig sind, gebildet werden. Die Spezifikation von mehr als zwei Items in einem Modelltest ist mit der Test-Statistik $T_2$ möglich, die wir später kennenlernen werden.

Als erstes müssen wir eine binäre Matrix, also unsere Ausgangsmatrix raschdat3, eingeben. Danach müssen wir einige Spezifikationen für das Simulieren der Matrizen festlegen (n, burn_in und step). Als Methode schreiben wir "T1". Zum Schluss legen wir noch einen Startwert fest.

```
> t1 <- NPtest(raschdat3, n = 1000, method = "T1", burn_in = 500,
+     step = 64, seed = 1109)
```

Die Ausgabe kann durch die Eingabe des von uns benannten Objektes t1 oder über die Funktion print() aufgerufen werden. Wir verwenden diesmal die print-Anweisung, da diese in diesem Fall Vorteile gegenüber der einfachen Eingabe des Objektnamens aufweist.

Der Vorteil von print() ist, dass man das Alpha flexibel nach eigenen Vorstellungen anpassen kann (die Standardeinstellung ist $\alpha = 0.05$). Beispielsweise möchte man für alle Itempaare die Test-Statistiken betrachten, dann setzt man alpha = 1.

```
> print(t1, alpha = 0.05)

Nonparametric RM model test: T1 (local dependence -
    increased inter-item correlations)
    (counting cases with equal responses on both items)
Number of sampled matrices: 1000
Number of Item-Pairs tested: 15
Item-Pairs with one-sided p < 0.05
(5,6)
0.027
```

Der Output zeigt als erstes, dass wir die Test-Statistik $T_1$ angewendet haben.

Es handelt sich um die Test-Statistik für die Überprüfung der lokalen stochastischen Unabhängigkeit (local dependence - increased inter-item correlation). Die Statistik basiert auf der Idee des Auszählens von gleichen Antwortmustern für zwei Items (counting cases with equal responses on both items). Die Anzahl der simulierten Matrizen beträgt 1000

(Number of sampled matrices: 1000). Insgesamt wurden 15 Itempaare getestet (Number of Item-Pairs tested: 15).

Laut dem Modelltest interessiert uns nur die Anzahl von Matrizen, in denen die relative Auftretenshäufigkeit gleicher Antwortmuster gleich oder noch höher als in der Ausgangsmatrix ist. Diese relative Auftretenshäufigkeit gibt uns der $p$-Wert aus (one-sided p-value), der mit einem von uns vorher festgelegten Signifikanzniveau von z. B. $\alpha = 0.05$ verglichen wird. Die print-Anweisung zeigt uns nur die Itempaare, welche das festgelegte $\alpha$ unterschreiten und damit eine signifikante Modellabweichung aufweisen. Liegt keine signifikante Modellabweichung vor, dann erhalten wir die Ausgabe none. In unserem Beispiel zeigen die Items 1 und 6 eine signifikante Abhängigkeit zueinander.

Wie bereits erwähnt, ist es auch möglich, die Werte aller Itempaare abzurufen. Dafür schreiben wir

```
> print(t1, alpha = 1)

Nonparametric RM model test: T1 (local dependence -
    increased inter-item correlations)
    (counting cases with equal responses on both items)
Number of sampled matrices: 1000
Number of Item-Pairs tested: 15
Item-Pairs with one-sided p < 1
(1,2) (1,3) (1,4) (1,5) (1,6) (2,3) (2,4) (2,5) (2,6) (3,4) (3,5)
0.649 0.848 0.951 0.754 0.845 0.426 0.587 0.317 0.244 0.551 0.091
(3,6) (4,5) (4,6) (5,6)
0.798 0.465 0.831 0.027
```

Damit werden für alle Itempaarkombinationen alle $p$-Werte ausgegeben.

### $T_{1m}$: Zu wenige gleiche Antwortmuster {00} und {11}

Mit einer Modifikation des Modelltests ist es möglich die Annahme der Eindimensionalität bzw. Homogenität von Itempaaren zu untersuchen. Diese Statistik wird $T_{1m}$ („m" steht für multidimensional) genannt, wobei die Gleichung dieselbe wie in (5.6) ist und nur der Modelltest sich wie folgt verändert:

$$p = \sum_{s=1}^{S} t_s/S \qquad \text{wobei} \qquad t_s = \begin{cases} 1, & T_s(\mathbf{A}_s) \leq T_0(\mathbf{A}_0) \\ 0, & \text{sonst} \end{cases} \qquad (5.8)$$

Durch diese Modifikation werden jene Test-Statistiken aus den simulierten Matrizen gezählt, die einen gleich großen oder kleineren Wert als in der beobachteten Matrix aufweisen.

Sofern die Items homogen sind, sollte eine gewisse Abhängigkeit zwischen Items vorhanden sein. Damit ist nichts anderes gemeint, als dass die Items untereinander ein wenig positiv korrelieren sollten. Sind sie unkorreliert oder negativ korreliert, so werden wenige bis gar keine gleichen Antwortmuster vorhanden sein.

**Die Test-Statistik $T_{1m}$ in eRm**

---

### NPtest(T1m)

NPtest(obj, method = "T1m")

Funktion zur Berechnung der Test-Statistik $T_{1m}$

• Weiteres siehe Seite 113 bei NPtest()

---

Für $T_{1m}$ sind keine weiteren Spezifikationen notwendig.

Die Eingabe und der Output der Test-Statistik $T_{1m}$ unterscheiden sich nicht von $T_1$. Deshalb wird an dieser Stelle auf die Erklärungen bei $T_1$ (Seite 126) verwiesen.

```
> t1m <- NPtest(raschdat3, n = 1000, method = "T1",
+     burn_in = 500, step = 64, seed = 1980)
> print(t1m, alpha = 0.05)
```

**$T_{1\ell}$: Zu viele gleiche Antwortmuster {11}**

Wenn die Vermutung vorliegt, dass durch das Lösen eines Items das folgende Item leichter gelöst werden kann, dann kommt $T_{1\ell}$ zum Einsatz (siehe z. B. Koller und Hatzinger, 2012). Das Kürzel $\ell$ steht in diesem Fall für „learning". Kann von Lernen ausgegangen werden, dann wird sich die Auftretenshäufigkeit des Antwortmusters {11} erhöhen, nicht jedoch die Auftretenshäufigkeit von {00}.

Natürlich könnte man ein erhöhtes Auftreten des Antwortmusters {11} ebenso mit $T_1$ erkennen, jedoch mit einer viel geringeren Wahrscheinlichkeit. Bei {00} kann man nicht nicht davon ausgehen, dass Lernen auftritt, weil man wahrscheinlich von einer falschen Antwort nichts lernen kann. Es wird bei Lernen das Muster {00} nicht häufiger auftreten, als in den simulierten Matrizen. Zählt man nun {00} mit, dann reduziert man die Häufigkeit der in der Test-Statistik zu entdeckenden Antwortmuster und man wird einen Effekt nicht so leicht erkennen können. So kann es sein, dass die Anwendung der $T_1$ zu keinem signifikanten Ergebnis führt, sehr wohl jedoch die Statistik T1$\ell$.

Die Gleichung lautet:

$$T_{1\ell}(\mathbf{A}) = \sum_v \delta_{ij} \qquad \text{wobei} \qquad \delta_{ij} = \begin{cases} 1, & x_{vi} = x_{vj} = 1 \\ 0, & \text{sonst} \end{cases} \qquad (5.9)$$

Der dazugehörige Modelltest ist derselbe wie in (5.7).

---

**Beispiel**

Das Kürzel $\ell$ steht wie bereits beschrieben für Lernen. Jedoch ist die erhöhte Auftretenshäufigkeit von {11} jedoch nicht {00} nicht nur auf Leistungstests begrenzt. Bei Persönlichkeitsfragebögen, Einstellungs-tests usw. könnte das erste Item einen generellen Inhalt (z. B. Einstel-lung allgemein zu einem bestimmten Sachverhalt) und das zweite Item einen spezifischen Inhalt (z. B. Einstellung speziell zu einem bestimm-ten Punkt dieses Sachverhaltes) abfragen. Dann könnte es natürlich sein, dass eine positive Antwort auf das erste Item auch bedeutet, dass man auf das zweite Item positiv antwortet. Umgekehrt muss es aber nicht bedeuten, dass eine negative Antwort auf das erste Item eine negative Antwort auf das zweite Item begünstigt. Es kann genausogut der Fall sein, dass man generell den Sachverhalt ablehnt, jedoch der spezifische Punkt wieder Zustimmung erhält, oder umgekehrt.

---

### Die Test-Statistik $T_{1\ell}$ in eRm

---

**NPtest(T1l)**

```
NPtest(obj, method = "T1l")
```

Funktion zur Berechnung der Test-Statistik $T_{1\ell}$

- Weiteres siehe Seite 113 bei NPtest()

---

Für $T_{1\ell}$ sind keine weiteren Spezifikationen notwendig.

Die Eingabe und der Output der Test-Statistik $T_{1\ell}$ unterscheiden sich nicht von $T_1$. Deshalb wird an dieser Stelle auf die Erklärungen zu $T_1$ (Seite 126) verwiesen.

```
> t1l <- NPtest(raschdat3, n = 1000, method = "T1",
+     burn_in = 500, step = 64, seed = 1980)
> print(t1l, alpha = 0.05)
```

## $T_2$: Zu hohe Variation des Personenscores einer Subskala

Die Statistik $T_2$ (Ponocny, 2001) eignet sich wie $T_1$ zur Überprüfung von lokal stochastischer Unabhängigkeit zwischen Items auf Itemebene.

Dabei gibt es vier unterschiedliche Möglichkeiten, anhand derer man eine Verletzung entdecken kann. Eine Möglichkeit ist die in Formel (5.10) dargestellte Methode über die Varianz einer Subskala, die aus mindestens zwei Items besteht.

Der Varianzadditionssatz besagt, dass die Varianz einer Skala, die aus zwei Subskalen $I$ und $J$ besteht, $Var(r_v^{(I)})+Var(r_v^{(J)})+2\times Cov(r_v^{(IJ)})$, ist (Personenscore-Varianz der Subskala $I$ + Personenscore-Varianz der Subskala $J$ + 2 × der Kovarianz der beiden Skalen $I$ und $J$). Demnach steigt die Varianz des gesamten Personenscores, wenn die Kovarianz der Subskalen steigt. Die Kovarianz stellt den nicht standardisierten linearen Zusammenhang zweier Variablen dar. Damit gilt, je höher der Zusammenhang des Personenscores $I$ mit dem Personenscore $J$ ist, desto höher ist die Varianz des Personenscores für den gesamten Test und folglich steigt die Abhängigkeit zwischen den Items.

Vorgehen:

- Es werden mindestens zwei Items ausgewählt, welche eine Subskala $I$ darstellen.
- Als nächstes berechnet man die Varianz des Personenscores der Subskala $I$, $Var(r_v^{(I)})$. Diese Varianz stellt bereits die Test-Statistik dar.

$$T_2(\mathbf{A}) = Var(r_v^{(I)}) \qquad \text{wobei} \qquad r_v^{(I)} = \sum_{i \in I} x_{vi} \qquad (5.10)$$

Zum besseren Verständnis stellen wir uns zwei Subskalen vor (siehe Abbildung 5.9). Die Subskala auf der linken Seite besteht aus zwei Items, die einen Korrelationskoeffizienten von 0.167 ergeben. Die Varianz des Personenscores beträgt 0.622. Die zweite Subskala auf der rechten Seite besteht aus zwei sehr voneinander abhängigen Items die untereinander mit 0.600 korrelieren. Die Varianz dieses Personenscores beträgt 0.889. Wir sehen, dass bei den Items, die höher miteinander korrelieren, die Varianz des Personenscores höher ist. Das Beispiel soll illustrieren, dass mit steigender Korrelation zwischen Items ebenso die Varianz des Personenscores steigt.

| $i1$ | $i2$ | $r_v$ |
|------|------|-------|
| 0 | 0 | 0 |
| 1 | 0 | 1 |
| 0 | 1 | 1 |
| 1 | 0 | 1 |
| 0 | 1 | 1 |
| 1 | 1 | 2 |
| 1 | 1 | 2 |
| 0 | 0 | 0 |
| 1 | 1 | 2 |
| 1 | 1 | 2 |

$Cor(i_1, i_2) = 0.167$

$Var(r_v) = 0.622$

| $i1$ | $i2$ | $r_v$ |
|------|------|-------|
| 0 | 0 | 0 |
| 0 | 0 | 0 |
| 0 | 0 | 0 |
| 0 | 0 | 0 |
| 1 | 0 | 1 |
| 0 | 1 | 1 |
| 1 | 1 | 2 |
| 1 | 1 | 2 |
| 1 | 1 | 2 |
| 1 | 1 | 2 |

$Cor(i_1, i_2) = 0.600$

$Var(r_v) = 0.889$

**Abbildung 5.9.:** Beispiel für die Berechnung von $T_2$

Die Berechnung der Varianz des Personenscores für eine bestimmte Sub-skala wird für die beobachtete Matrix, sowie für alle simulierten Matrizen vollzogen. Der dazugehörige Modelltest lautet:

$$p = \sum_{s=1}^{S} t_s/S \qquad \text{wobei} \qquad t_s = \begin{cases} 1, & T_s(\mathbf{A}_s) \geq T_0(\mathbf{A}_0) \\ 0, & \text{sonst} \end{cases} \qquad (5.11)$$

---

**Beispiel**

Stellen wir uns einen extremen Fall vor. Wir haben zweimal dasselbe Item in unserem Test. Wir können davon ausgehen, dass Personen, die das erste Item mit 0 beantwortet haben, ebenso das zweite Item mit 0 beantworten. Ebenso können wir annehmen, dass Personen, die das erste Item mit 1 beantwortet haben, ebenso das zweite Item mit 1 beantworten werden. Insgesamt werden wir für diese beiden Items eine sehr hohe Auftretenshäufigkeit der Antwortmuster {00} und {11} erzielen. Die Items werden hoch miteinander korrelieren. Wie wir bereits wissen, steigt die Varianz des Personenscores mit steigender Korrelation der Items. Somit wird die Auftretenshäufigkeit einer größeren Personenscore-Varianz in den simulierten Matrizen eher klein ausfallen. Wir werden eine auffällige Modellabweichung sehen können.

---

Anmerkung:

- Zusätzlich zu der Varianz des Personenscores gibt es noch weitere Möglichkeiten Abhängigkeiten zu entdecken. Ebenso könnte die Spannweite ("range") des Personenscores berechnet werden, welche ebenso mit steigender Varianz steigt. Weitere Möglichkeiten stellen "mean absolute deviation" oder "median absolute deviation" dar.

- Ebenso wie bei $T_1$ gilt (siehe Seite 125), dass bei der Analyse von mehr als zwei Items Vorsicht geboten ist. Sind alle Items untereinander abhängig, dann steigt die Wahrscheinlichkeit eine Modellverletzung zu entdecken mit steigender Anzahl von Items in der Analyse. Währenddessen, wenn nicht alle Items in der Analyse Abhängigkeiten untereinander aufweisen, dann sinkt die Wahrscheinlichkeit die vorliegenden Abhängigkeiten auch zu entdecken.

- Wie auch bei $T_1$ zeigt ein signifikantes Ergebnis bei $T_2$, dass eine Verletzung der lokal stochastischen Unabhängigkeit vorliegt. Wenn das Ergebnis nicht signifikant wird, dann zeigt es zwar, dass keine Verletzung der lokal stochastischen Unabhängigkeit vorliegt, jedoch könnte trotzdem Multidimensionalität in den Itempaaren vorliegen. Wir wissen bereits, dass mit steigender Korrelation zwischen den Items auch die Varianz des Personenscores steigt. Zwei Items, die eine Korrelation von 0 aufweisen und daher heterogen sind, haben eine kleinere Varianz als Items, die irgendeinen positiven Zusammenhang zeigen. Es wird in den simulierten Matrizen viele Varianzen der Personenscores geben, die gleich oder größer sind. Somit sind die Items zwar nicht abhängig zueinander, jedoch zu heterogen. Diese Art von Modellverletzung kann mit der nächsten Test-Statistik $T_{2m}$ geprüft werden.

### Die Test-Statistik $T_2$ in eRm

> **NPtest(T2)**
>
> NPtest(obj, method = "T2", idx = NULL, stat = "var")
>
> Funktion zur Berechnung der Test-Statistik $T_2$
>
> - idx ... Vektor, der die Item-Subskala darstellt, z. B. idx = c(1,3,5) oder idx = c(1:3)
> - stat ... Auswahl der Methode. "var" = Varianz, "mad1" = mean absolute deviation, "mad2" = median absolute deviation, "range" = Spannweite. Standardeinstellung ist "var"
> - Weiteres siehe Seite 113 bei NPtest()

Für $T_2$ ist mindestens eine weitere Spezifikation notwendig. Wir müssen über idx festlegen, welche Items wir als eine Item-Subskala zusammenfügen und überprüfen wollen. Wollen wir eine andere Option als "var" verwenden, müssen wir zusätzlich die Statistik stat festlegen.

Als erstes müssen wir die binäre Matrix eingeben. Für das folgende Beispiel ist das wieder raschdat3. Danach müssen wir einige Spezifikationen für das Simulieren der Matrizen festlegen (n, burn_in und step). Als Methode schreiben wir "T2". Wir nehmen an, dass die Items 1 und 3 voneinander zu abhängig sind und spezifizieren sie mit idx. Schließlich legen wir noch einen Startwert fest.

```
> t21 <- NPtest(raschdat3, n = 1000, method = "T2",
+     idx = c(1, 3), burn_in = 500, step = 64, seed = 1967)
```

Die Ausgabe kann durch die Eingabe des von uns benannten Objektes t21 aufgerufen werden.

```
> t21
Nonparametric RM model test: T2 (local dependence - model
    deviating subscales)
    (increased dispersion of subscale person rawscores)
Number of sampled matrices: 1000
Items in subscale: 1 3
Statistic: variance
one-sided p-value: 0.843
```

Der Output zeigt als erstes, dass wir die Test-Statistik $T_2$ angewendet haben.

Es handelt sich um die Test-Statistik für die Überprüfung der lokalen stochastischen Unabhängigkeit (local dependence - model deviating subscales). Die Statistik basiert auf der Idee, dass mit steigender Abhängigkeit die Varianz des Personenscores steigt (increased dispersion of subscales person rawscore). Die Anzahl der simulierten Matrizen beträgt 1000 (Number of sampled matrices: 1000). Die Subskala besteht aus den Items 1 und 3 (Items in subscale). Die ausgewählte Statistik ist "var" (Statistic: variance).

Laut dem Modelltest interessiert uns nur die Anzahl von Test-Statistiken, in denen die Varianz des Personenscores gleich oder noch größer als in der Ausgangsmatrix ist. Die relative Häufigkeit dieser Anzahl gibt uns der $p$-Wert aus (one-sided p-value), der mit einem von uns vorher festgelegten Signifikanzniveau von z. B. $\alpha = 0.05$ verglichen wird. In unserem Beispiel ergibt sich ein $p$-Wert von 0.843 und daher ist das Ergebnis nicht signifikant.

### $T_{2m}$: Zu niedrige Variation des Personenscores einer Subskala

Durch die Modifikation des Modelltests der Test-Statistik $T_2$ kann diese zur Überprüfung der Annahme der Homogenität von Items verwendet werden. Die dazugehörige Statistik wird in **eRm** als $T_{2m}$ bezeichnet. Der dazugehörige Modelltest lautet

$$p = \sum_{s=1}^{S} t_s/S \qquad \text{wobei} \qquad t_s = \begin{cases} 1, & T_s(\mathbf{A}_s) \leq T_0(\mathbf{A}_0) \\ 0, & \text{sonst} \end{cases} \qquad (5.12)$$

Im Falle von heterogenen Items ist die Kovarianz klein, sodass ebenso z. B. die Varianz des Personenscores der Subskala $I$ klein ist. Mit dem Modelltest wird ausgezählt, in wie vielen Test-Statistiken die Subskalen dieselbe oder eine niedrigere Varianz erhalten.

### Die Test-Statistik $T_{2m}$ in eRm

```
NPtest(T2m)

NPtest(obj, method = "T2m", idx = NULL, stat = "var")
```

Funktion zur Berechnung der Test-Statistik $T_{2m}$

- `idx` ... Vektor, der die Item-Subskala darstellt, z. B. `idx = c(1,3,5)` oder `idx = c(1:3)`
- `stat` ... Auswahl der Methode. `"var"` = Varianz, `"mad1"` = mean absolute deviation, `"mad2"` = median absolute deviation, `"range"` = Spannweite. Standardeinstellung ist `var`
- Weiteres siehe Seite 113 bei `NPtest()`

Für $T_{2m}$ ist mindestens eine weitere Spezifikation notwendig. Wir müssen über `idx` festlegen, welche Items wir zu einer Item-Subskala zusammenfügen und überprüfen wollen. Wollen wir eine andere Option als `"var"` verwenden, müssen wir zusätzlich die Statistik `stat` festlegen.

Als erstes müssen wir die binäre Matrix eingeben. Für das folgende Beispiel ist das wieder `raschdat3`. Danach müssen wir einige Spezifikationen für das Simulieren der Matrizen festlegen (`n`, `burn_in` und `step`). Als Methode schreiben wir `"T2m"`. Wir nehmen an, dass die Items 1 und 3 heterogen sind und spezfizieren sie mit `idx`. Schließlich legen wir noch einen Startwert fest.

```
> t2m <- NPtest(raschdat3, n = 1000, method = "T2m",
+     idx = c(1, 3), burn_in = 500, step = 64, seed = 1972)
```

Die Ausgabe kann durch die Eingabe des von uns benannten Objektes t2m aufgerufen werden.

```
> t2m
```

Der Aufbau des Outputs unterscheidet sich nicht vom Output der Test-Statistik $T_2$ (siehe Seite 133) und wird nicht nochmals erklärt.

## 5.4. Tests: Überprüfung der Subgruppeninvarianz

Die in diesem Abschnitt vorgestellten Test-Statistiken eignen sich zur Untersuchung von Subgruppeninvarianz (siehe Kapitel 2). Einerseits erlauben Sie die Betrachtung, ob Items zwischen zwei oder mehreren Personengruppen unterschiedlich schwierig sind (im Sinne von DIF) und andererseits ist die Überprüfung der Annahme von monoton steigenden ICCs ebenso möglich.

Wird der Datensatz anhand eines externen Teilungskriteriums, wie z. B. Geschlecht, Alter oder Kultur geteilt, kann untersucht werden, ob Items in den Gruppen unterschiedlich funktionieren (DIF). Wird der Datensatz anhand eines internen Kriteriums, wie z. B. Personenscore-Median geteilt, zeigt die Überprüfung ob die ICC monoton steigend ist oder ob die Trennschärfe des Items zu niedrig oder zu hoch ist.

Mit den in diesem Abschnitt vorgestellten Methoden ist aber auch die Überprüfung der Annahme von lokaler stochastischer Unabhängigkeit oder Eindimensionalität von Items möglich. Beispielsweise für die Überprüfung von lokal stochastisch abhängigen Items, wird der Datensatz anhand eines der voneinander abhängigen Items geteilt. Wenn zwei Items voneinander abhängig sind, dann werden sie häufig die gleichen Antwortmuster {00} und {11} oder nur {11} aufweisen (siehe auch Seite 65). Nehmen wir an, es handelt sich um drei mittelschwere Items, wobei die Items 2 und 3 eine hohe Abhängigkeit zueinander zeigen (siehe Abbildung 5.10).

Wenn man die Daten anhand eines der beiden Items teilt (z. B. Item 3), dann wird das andere Item (Item 2) in der Gruppe 0 sehr schwierig sein und in der Gruppe 1 sehr leicht.

Wir sehen in unserem Beispiel, dass das Item 2 in der unteren Gruppe 0 ein schwieriges Item und in der oberen Gruppe 1 ein leichtes Item im Test darstellt. Damit sind die Items nicht nur über die Gruppen unterschiedlich schwierig, sondern es verändert sich auch die Reihenfolge der Itemschwierigkeiten im Test.

| $i_1$ | $i_2$ | $i_3$ |
|---|---|---|
| 0 | 1 | 1 |
| 1 | 1 | 1 |
| 0 | 1 | 0 |
| 1 | 0 | 0 |
| 0 | 0 | 0 |
| 1 | 0 | 1 |
| 0 | 1 | 1 |
| 1 | 1 | 1 |
| 0 | 1 | 1 |
| 1 | 0 | 0 |
| 0 | 0 | 0 |
| 1 | 0 | 0 |
| 6 | = 6 | = 6 |

| $i3$ | $i1$ | $i2$ |
|---|---|---|
| 0 | 0 | 1 |
| 0 | 1 | 0 |
| 0 | 0 | 0 |
| 0 | 1 | 0 |
| 0 | 0 | 0 |
| 0 | 1 | 0 |
| | 3 | > 1 |

| $i3$ | $i1$ | $i2$ |
|---|---|---|
| 1 | 0 | 1 |
| 1 | 1 | 1 |
| 1 | 1 | 0 |
| 1 | 0 | 1 |
| 1 | 1 | 1 |
| 1 | 0 | 1 |
| | 3 | < 5 |

**Abbildung 5.10.:** Überprüfung von lokaler stochastischer Unabhängigkeit durch die Verwendung eines Items als Teilungskriterium

## 5.4.1. Globale Test-Statistik

### $T_{10}$: Subgruppeninvarianz

Als erstes betrachten wir die globale Test-Statistik $T_{10}$ (Ponocny, 2001), welche alle Items eines Tests simultan untersucht.

Vorgehen:

- Zuerst wird der Datensatz in zwei Personengruppen geteilt, z. B. in eine Referenzgruppe und eine Zielgruppe (siehe Seite 65).
- Im nächsten Schritt zählt man die Personen in der Referenzgruppe, welche das Item $i$, jedoch nicht das Item $j$ gelöst haben $n_{ij}^{ref}$.
- Diesen Term multipliziert man mit der Anzahl von Personen in der Zielgruppe (foc; in der englischsprachigen Fachliteratur als focal group bezeichnet), welche das Item $j$, jedoch nicht das Item $i$ gelöst haben $n_{ji}^{foc}$.
- Das Ergebnis subtrahiert man von den noch verbleibenden Möglichkeiten $n_{ji}^{ref} \times n_{ij}^{foc}$.

- Dieser Schritt wird für jede mögliche Itempaarkombination durchgeführt. Die Absolut-Differenzen (absolut bedeutet, dass das Vorzeichen der Differenz nicht beachtet wird) jeder Itempaarkombination werden summiert. Die Summe ergibt die Test-Statistik $T_{10}$:

$$T_{10}(\mathbf{A}) = \sum_{ij} |n_{ij}^{ref} n_{ji}^{foc} - n_{ji}^{ref} n_{ij}^{foc}| \tag{5.13}$$

Die Statistik ist mit dem Andersen-LRT (siehe Kapitel 4.1.2) vergleichbar. Beim LRT werden die Itemparameter getrennt für die einzelnen Teilgruppen (z. B. Geschlecht) geschätzt und mit der Gesamtschätzung verglichen. Wenn die Items eine Verletzung der Annahme der Subgruppeninvarianz zeigen, resultiert das in unterschiedlichen Itemschwierigkeitsparametern über die Gruppen. Bei Anwendung eines externen Teilungskriteriums, wie z. B. Geschlecht, wird ein signifikanter Unterschied der Schwierigkeitsparameter eines Items ($\beta_i^{ref} - \beta_i^{foc}$) als DIF bezeichnet (siehe Seite 65). DIF bedeutet in unserem Fall, dass die ICCs der Items über die Gruppen parallel verschoben sind. Das heißt, das Item ist für unterschiedliche Personengruppen unterschiedlich schwierig. Die globale Statistik $T_{10}$ untersucht ebenfalls Parameterdifferenzen, denn $n_{ij}/n_{ji}$ stehen in einem annähernd gleichen Verhältnis zueinander wie $\exp(\beta_i)/\exp(\beta_j)$ (siehe z. B. Fischer und Molenaar, 1995). Wenn ein Item keine Verletzung der Subgruppeninvarianzannahme zeigt, dann sollten die Verhältnisse von zwei Gruppen ungefähr gleich sein, daher $n_{ij}^{ref}/n_{ji}^{ref} \approx n_{ij}^{foc}/n_{ji}^{foc}$.

Zum besseren Verständnis stellen wir uns zwei Items vor (siehe Abbildung 5.11). Wir teilen den Datensatz in eine Zielgruppe (*foc*) und eine Referenzgruppe (*ref*) und zählen die Antwortmuster {01} und {10} in jeder Gruppe. Diese Werte setzen wir in die Formel (5.13) ein. Das Ergebnis ist 2. Daher sind die Items über die Gruppen unterschiedlich schwierig.

Der Differenzbetrag wird für alle möglichen Itempaarkombinationen im Test berechnet und zusammengezählt. Beim Aufsummieren der Differenzbeträge wird das Vorzeichen der Differenz nicht beachtet (Absolutbetrag). Diese Summe wird für die beobachtete Matrix wie auch für alle simulierten Matrizen $\mathbf{A}_s$, $s = 1, \ldots, S$ berechnet. Der dazugehörige Modelltest lautet

$$p = \sum_{s=1}^{S} t_s/S \qquad \text{wobei} \qquad t_s = \begin{cases} 1, & T_s(\mathbf{A}_s) \geq T_0(\mathbf{A}_0) \\ 0, & \text{sonst} \end{cases} \tag{5.14}$$

$$
\begin{array}{cc}
\textit{foc} \\
i & j
\end{array}
$$

| foc | |
|---|---|
| $i$ | $j$ |
| 0 | 0 |
| 0 | 0 |
| 1 | 0 |
| 0 | 0 |
| 1 | 0 |
| 0 | 1 |

$n_{ij}^{foc} = 2$

$n_{ji}^{foc} = 1$

| ref | |
|---|---|
| $i$ | $j$ |
| 1 | 0 |
| 0 | 1 |
| 1 | 1 |
| 1 | 1 |
| 0 | 1 |
| 1 | 0 |

$n_{ij}^{ref} = 2$

$n_{ji}^{ref} = 2$

$$T_{10} = \left| n_{ij}^{ref} \, n_{ji}^{foc} - n_{ji}^{ref} \, n_{ij}^{foc} \right| = |2 \cdot 1 - 2 \cdot 2| = 2$$

**Abbildung 5.11.:** Beispiel für die Berechnung von $T_{10}$

---

**Beispiel**

Stellen wir uns vor, wie haben einen Test mit einigen unterschiedlich funktionierenden Items für Männer und Frauen. Wir berechnen mit Formel (5.13) für jedes Itempaar diese Differenz und summieren die resultierende absolute Differenz über alle Itempaarkombinationen auf. Je mehr die Items für Männer und Frauen unterschiedlich funktionieren und je mehr solche Items im Test existieren, desto höher wird die absolute Summe der Differenzen ausfallen. Stellen wir uns weiters vor, wir erhalten einen außergewöhnlich hohen Differenzbetrag in der beobachteten Matrix. In diesem Fall werden wenige Differenzbeträge aus den simulierten Matrizen eine noch extremere, also eine noch höhere, Summe aufweisen und die Annahme der Subgruppeninvarianz gilt als verletzt.

---

Anmerkung:

- Zu beachten gilt, dass ein nicht signifikantes Ergebnis noch nicht bedeutet, dass keine Verletzungen auf Itemebene vorhanden sind, denn durch das Aufsummieren über alle Items können wichtige Informationen bei der globalen Statistik verdeckt werden. Zum Beispiel könnten zwei Items die Annahme der Subgruppeninvarianz verletzen, jedoch die übrigen Items funktionieren in den Gruppen gleich. Dann könnte es passieren, dass der Differenzbetrag der beiden Items zu wenig Auswirkung auf die gesamte Summe an Differenzbeträgen zeigt. Zur Untersuchung auf Itemebene eignet sich die nächste Test-Statistik, $T_4$.

## Die Test-Statistik $T_{10}$ in eRm

> ### NPtest(T10)
>
> ---
>
> `NPtest(obj, method = "T10", splitcr = "median")`
>
> Funktion zur Berechnung der Test-Statistik $T_{10}$
>
> - `splitcr` … Teilungskriterium für Personenscore. Standardeinstellung ist `"median"`. Weitere Möglichkeiten sind `"mean"` oder ein eigenes definiertes Teilungskriterium (Vektor)
> - Weiteres siehe Seite 113 bei `NPtest()`

Über `splitcr` können alle möglichen Teilungskriterien festgelegt werden. Sofern das interne Teilungskriterium `median` verwendet wird, ist keine weitere Spezifikation notwendig. Dieses Teilungskriterium ist die Standardeinstellung. Wir werden im Folgenden unterschiedliche Spezifikationen von Teilungskriterien kennenlernen. Wobei angemerkt werden muss, dass nur eine Teilung in zwei Gruppen möglich ist.

### Anstieg der ICCs

Als erstes müssen wir die binäre Matrix eingeben. In unserem Beispiel ist das `raschdat3`. Danach müssen wir einige Spezifikationen für das Simulieren der Matrizen festlegen (`n`, `burn_in` und `step`). Als Methode schreiben wir `"T10"`. Wir wollen anhand des internen Teilungskriteriums Personenscore-Median teilen, deshalb ist die Spezifikation `median` nicht notwendig. Zum Schluss legen wir noch einen Startwert fest.

```
> t101 <- NPtest(raschdat3, n = 1000, method = "T10",
+      burn_in = 500, step = 64, seed = 1957)
```

Die Ausgabe kann durch die Eingabe des von uns so benannten Objektes t101 aufgerufen werden.

```
> t101

Nonparametric RM model test: T10 (global test -
    subgroup-invariance)
Number of sampled matrices: 1000
Split: median
Group 1: n =  232    Group 2: n = 268
one-sided p-value: 0.358
```

Der Output zeigt als erstes, dass wir die Test-Statistik $T_{10}$ angewendet haben.

Es handelt sich um die globale Test-Statistik für die Überprüfung von Sub-gruppeninvarianz (global test - subgroup-invariance). Die Anzahl der simulierten Matrizen beträgt 1000 (Number of sampled matrices: 1000). Es wurde das interne Teilungskriterium Personenscore-Median benutzt (Split median). In der unteren Gruppe (niedrigster Personenscore bis Perso-nenscore-Median) befinden sich $n = 232$ Personen und in der oberen Gruppe (höher als der Personenscore-Median) befinden sich $n = 268$ Personen.

Laut dem Modelltest interessiert uns nur die Anzahl von Matrizen, in denen die absolute Differenzsumme gleich oder noch höher als in der Ausgangs-matrix ist. Die relative Häufigkeit dieser Anzahl von Matrizen gibt uns der $p$-Wert aus (one-sided p-value), der mit einem von uns vorher festgelegten Signifikanzniveau von z. B. $\alpha = 0.05$ verglichen wird. In unserem Beispiel ergibt sich ein $p$-Wert von 0.358. Die Modellgültigkeit kann für dieses Tei-lungskriterium angenommen werden.

Als nächstes erstellen wir ein eigenes internes Kriterium. Versuchen wir das interne Kriterium Personenscore-Median nachzubauen. Zuerst müssen wir den Personenscore für die Skala mittels rowSums (d. h. Zeilensummen) berechnen.

```
> score <- rowSums(raschdat3)
```

Jetzt müssen wir das Teilungskriterium definieren. Wir wollen, (if) dass Personen mit dem geringsten Personenscore bis einschließlich dem Perso-nenscore am Median (<=) der unteren Gruppe 0 und (else) alle Personen oberhalb des Personenscore-Medians der oberen Gruppe 1 zugeordnet wer-den.

```
> splitvec <- ifelse(score <= median(score), 0, 1)
```

Als nächstes können wir dieses Teilungskriterium anwenden.

```
> t102 <- NPtest(raschdat3, n = 1000, method = "T10",
+     splitcr = splitvec, burn_in = 500, step = 64,
+     seed = 1957)
> t102
```

Der Aufbau des Outputs ist derselbe wie zuvor.

## Differential Item Functioning

In unserem Beispieldatensatz haben wir kein externes Teilungskriterium zur Verfügung. Deshalb erstellen wir selbst ein fiktives Teilungskriterium. Dazu generieren wir mit `sample()` zufällig 500 Personen (gleichverteilt) in einem Alter von 20 bis 90 Jahren. Das Argument `replace = TRUE` bedeutet, dass Werte mehrmals vorkommen dürfen.

```
> alt0 <- sample(20:90, 500, replace = TRUE)
```

Jetzt müssen wird die Variable `alt0` in zwei Gruppen aufteilen. Wenn (`if`) die Personen unter 50 (`<`) sind, dann sollten sie der Gruppe 0, sonst (`else`) der Gruppe 1 zugeordnet werden.

```
> alt1 <- ifelse(alt0 < 50, 0, 1)
```

Die Variable `alt1` stellt nun unser externes Teilungskriterium dar. Der Befehl für $T_{10}$ lautet

```
> t103 <- NPtest(raschdat3, method = "T10", splitcr = alt1,
+     seed = 1970)
```

## Lokale stochastische Unabhängigkeit und Itemhomogenität

Eine weitere Möglichkeit ist, ein Item als internes Teilungskriterium zu verwenden. Ist das Ergebnis signifikant, sind lokal stochastisch abhängige und/oder multidimensional funktionierende Items im Datensatz enthalten.

Dafür muss zuerst ein neuer Datensatz ohne das Item, welches als Teilungskriterium verwendet wird, konstruiert werden.

Will man z. B. das erste Item untersuchen, dann erstellt man den neuen Datensatz ohne Item 1. In der eckigen Klammer steht ein Komma und die Angabe, dass die Spalten 2 bis 6 herangezogen werden. Das Komma ist sehr wichtig, denn Einträge vor dem Komma sprechen die Zeilen des Datensatzes an und Einträge nach dem Komma sprechen die Spalten an. Wenn vor das Komma keine Zahl geschrieben wird, so werden alle Zeilen des Datensatzes angesprochen (siehe z. B. Anhang A, Seite 241).

```
> daten1 <- raschdat3[, 2:6]
```

Möchte man jedoch z. B. das dritte Item als Teilungskriterium verwenden, dann muss man die Items 1 bis 2 und die Items 4 bis 6 auswählen.

```
> daten2 <- raschdat3[, c(1:2, 4:6)]
```

Zur Berechnung der Test-Statistik verwenden wir den neuen Datensatz daten2. Als Teilungskriterium wird das dritte Item des ursprünglichen Datensatzes (raschdat3[, 3]) eingesetzt. Der Befehl lautet

```
> t104 <- NPtest(daten2, method = "T10", splitcr = raschdat3[,
+     3], seed = 1970)
```

Der Aufbau des Outputs unterscheidet sich nicht von dem bereits erklärten und wird nicht nocheinmal dargestellt.

## 5.4.2. Überprüfung auf Itemebene

Wenn man einzelne Items oder Gruppen von Items betrachten möchte, dann eignet sich hierfür die Statistik $T_4$ (Ponocny, 2001). Ein Vorteil gegenüber der Test-Statistik $T_{10}$ ist, dass man den Datensatz in mehr als zwei Gruppen unterteilen kann.

**$T_4$: Zu viele/wenige positive Antworten innerhalb von Personengruppen**

Die Statistik $T_4$ überprüft die Annahme der Subgruppeninvarianz und der Monotonizität der ICCs auf Itemebene.

Vorgehen:

- Im ersten Schritt teilt man den Datensatz anhand eines Teilungskriteriums.
- Im einfachsten Fall interessiert uns nur ein Item. Für dieses Item wird ausgezählt, wie oft es in einer Personengruppe G ($v \in G_g$; Person ist Element $\in$ der Gruppe G, ... g) gelöst ($x_{vi}$) wurde.

Dieses Ergebnis stellt bereits die Test-Statistik $T_4$ der Ausgangsmatrix dar. Die Gleichung lautet

$$T_4(\mathbf{A}) = \sum_{v \in G_g} x_{vi} \tag{5.15}$$

Zum besseren Verständnis nehmen wir an, ein Item ist für die Zielgruppe (*foc*) zu schwer. Als erstes wird der Datensatz in einen Teildatensatz der Zielgruppe und einen Teildatensatz der Referenzgruppe (*ref*) geteilt. Als nächstes zählt man wie oft 1 in *foc* vorkommt (siehe Abbildung 5.12). In unserem Fall ergibt sich die Anzahl 3 und stellt die Test-Statistik $T_0$ für die beobachtete Matrix dar.

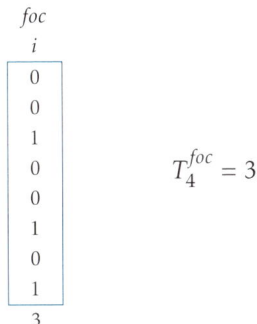

$$T_4^{foc} = 3$$

**Abbildung 5.12.:** Beispiel für die Berechnung von $T_4$

Sind mehrere Items im Test von Interesse, wird die Anzahl der Einträge 1 für diese Itemgruppe aufsummiert. Dann stellt die Summe die Test-Statistik dar.

Die Berechnung wird für die beobachtete Datenmatrix und für alle simulierten Datenmatrizen durchgeführt. Sofern die Annahme existiert, dass ein Item oder eine Itemgruppe zu leicht ist, ist der Modelltest gegeben durch:

$$p = \sum_{s=1}^{S} t_s/S \qquad \text{wobei} \qquad t_s = \begin{cases} 1, & T_s(\mathbf{A}_s) \geq T_0(\mathbf{A}_0) \\ 0, & \text{sonst} \end{cases} \qquad (5.16)$$

Wenn untersucht werden soll, ob ein Item bedeutsam schwieriger ist, dann muss die Anzahl von $t_s$ gezählt werden, die gleich oder niedriger als in der beobachteten Matrix sind.

$$p = \sum_{s=1}^{S} t_s/S \qquad \text{wobei} \qquad t_s = \begin{cases} 1, & T_s(\mathbf{A}_s) \leq T_0(\mathbf{A}_0) \\ 0, & \text{sonst} \end{cases} \qquad (5.17)$$

**Beispiel**

Stellen wir uns vor, ein Item ist für Frauen bedeutsam leichter als für Männer. Wir haben insgesamt $n = 20$ Frauen und $n = 20$ Männer getestet. Das Item wurde insgesamt 20-mal gelöst. Es wurde von $n = 17$ Frauen, jedoch nur von $n = 3$ Männern gelöst. Für die Gruppe der Frauen ist die Test-Statistik für die beobachtete Matrix 17. Im nächsten Schritt muss man diese Statistik für alle simulierten Matrizen berechnen. Zu erwarten wäre eine gleichmäßige Verteilung der positiven Antworten über beide Gruppen. In den simulierten Matrizen wird das Item bei Frauen häufig weniger als 17 positive Einträge erhalten. Man zählt aus, wie viele Matrizen den gleichen Wert (17) oder einen noch extremeren Wert (18, 19, 20) erreichen. Das werden nicht viele sein und das Ergebnis wird wahrscheinlich signifikant werden.

Anmerkung:

- Mit der Statistik $T_4$ können einzelne Items oder Itemgruppen untersucht werden. Dabei gilt es zu beachten, dass alle zu untersuchenden Items einer Itemgruppe die Verletzung in die gleiche Richtung zeigen, z. B. alle Items sind bedeutsam schwieriger in der Zielgruppe. Wenn ein Item $i$ wesentlich leichter für die eine Gruppe ist, jedoch das Item $j$ schwieriger, dann wird man die Modellverletzung wahrscheinlich nicht entdecken, obwohl sie vorhanden ist. Wir hätten für das Item $i$ einen zu hohen Wert und für das Item $j$ einen zu niedrigen Wert. Diese beiden Werte müssen summiert werden und ergeben einen mittleren Wert, der von den Ergebnissen aus den simulierten Matrizen nicht abweichen wird. In einem solchen Fall kann eine mögliche Modellverletzung nicht leicht entdeckt werden.

- Die Statistik bezieht sich immer nur auf eine Personengruppe, wie in unserem Beispiel die Gruppe der Frauen. Wenn der Datensatz nur in zwei Personengruppen unterteilt ist, dann kann man ein signifikantes Ergebnis dahingehend interpretieren, dass das Item signifikant leichter/schwieriger in dieser Gruppe ist, im Vergleich zu der anderen Gruppe.

  Es besteht jedoch auch die Möglichkeit, den Datensatz in mehrere Gruppen zu teilen, z. B. Führungsposition, Angestellte und Auszubildende. Wenn nun die Gruppe Führungsposition von Interesse ist und das Ergebnis zeigt, dass ein Item (z. B. Wissensfrage zur Struktur des Betriebes) bedeutsam leichter für diese Gruppe ist, dann ist das Item für diese Gruppe bedeutsam leichter als unter dem Rasch Modell erwartet. Man weiß noch nicht, wie das Ergebnis für die anderen beiden Gruppen ausfällt. In diesem Fall müsste genauer untersucht werden, ob es tatsächlich in den beiden anderen Gruppen bedeutsam schwieriger ist oder z. B. nur für die Gruppe Auszubildende.

  Die allgemeine Interpretation eines signifikanten Ergebnisses lautet demnach: Das Item ist für die untersuchte Gruppe bedeutsam leichter/schwieriger als unter dem Rasch Modell erwartet.

- Wie auch bei $T_{10}$ bietet $T_4$ die Möglichkeit die Personengruppen nach einem internen Kriterium aufzuteilen. Eine Anwendungsmöglichkeit ist die Teilung mittels des Personenscore-Medians. Der Median stellt den Personenscore dar, der die Personengruppe in eine untere 50% und eine obere 50% Gruppe teilt. Es ist jedoch auch jede andere beliebige Teilung am Personenscore, z. B. in mehr als zwei Gruppen, möglich.

Mit dem internen Teilungskriterium kann untersucht werden, ob einzelne Items oder Itemgruppen eine zu hohe oder eine zu niedrige Trennschärfe aufweisen. Eine zu hohe Trennschärfe zeichnet sich dadurch aus, dass das Item in der unteren Fähigkeitsgruppe zu schwierig und in der oberen Gruppe zu leicht ist.

Eine niedrige Trennschärfe entsteht, wenn das Item in der unteren Gruppe zu leicht und in der oberen Gruppe zu schwierig ist. Wenn dieser Fall eintritt, kann jedoch nicht gesagt werden, dass das Item eine geringe Trennschärfe hat, sondern es könnte auch eine erhöhte Ratewahrscheinlichkeit in der unteren Fähigkeitsgruppe oder eine zu hohe Irrtumswahrscheinlichkeit in der oberen Fähigkeitsgruppe eine Rolle spielen. Diese Arten von Modellverletzungen sind nicht trennbar.

- Wenn man den Datensatz in drei Personenscoregruppen unterteilt, dann kann noch ein anderer Aspekt der Monotonizitätsannahme überprüft werden. Von Interesse ist nur der mittlere Personenscorebereich, also die mittlere Fähigkeitsgruppe. Wenn ein Item für die mittlere Fähigkeitsgruppe zu schwierig ist, dann deutet es auf einen U-förmigen Verlauf der ICC. Ist ein Item für die mittlere Fähigkeitsgruppe zu leicht, dann deutet es auf einen verkehrten U-förmigen Verlauf der ICC hin. Diese Verletzung der Monotonizitätsannahme wird in der Literatur als „unfolding response structure" bezeichnet. Bei Ponocny (2001) ist diese weitere Überprüfungsmöglichkeit als die Statistik $T_6$ zu finden.

- Als letzter Punkt sei noch erwähnt, dass eine Aufsummierung über alle Items in einem Test nicht möglich ist. Die Randsummen, also die Itemscores für die Items und die Personenscores für die Personen sind festgelegt und erhalten dadurch bei jeder Simulation denselben Wert. Wenn man nun alle Items eines Tests gleichzeitig in die Analyse aufnimmt und die Itemscores der Teil-Personengruppe aufsummiert, dann ergibt das für die beobachtete Matrix, sowie für alle simulierten Matrizen immer denselben Wert. Das liegt daran, dass die Personen innerhalb der Gruppe immer dieselben Personenscores haben und die Summe der Personenscores gleich der Summe der Itemscores für die Items ist. In diesem Fall ergibt sich immer ein $p$-Wert von 1, denn alle Matrizen haben den gleichen Wert.

**Die Test-Statistik $T_4$ in eRm**

---

### NPtest(T4)

```
NPtest(obj, method = "T4", idx = NULL, group = NULL,
    alternative = "high")
```

Funktion zur Berechnung der Test-Statistik $T_4$

- `idx` ... Vektor mit dem Item oder der Itemgruppe, das/die untersucht werden soll
- `group` ... Vektor, der die zu untersuchende Personengruppe spezifiziert
- `alternative` ... "high" = Itemgruppe ist leichter als erwartet, "low" = Itemgruppe ist schwieriger als erwartet. Standard = "high"
- Weiteres siehe 113 `NPtest()`

---

Für $T_4$ sind weitere Spezifikationen notwendig. Mit `idx` wählen wir das Item (oder die Itemgruppe) aus, von dem wir annehmen, dass es in einer Personengruppe anders funktioniert als in den restlichen Personengruppen. Über `group` wird die zu untersuchende Personengruppe ausgewählt. Die Spezifikation von `alternative` ist von besonderer Bedeutung. Nehmen wir an, dass ein Item in einer bestimmten Personengruppe zu oft gelöst wurde, daher leichter ist als unter dem Rasch Modell erwartet, dann wählen wir "high". Im umgekehrten Fall, also bei der Annahme, dass das Item zu schwierig ist wählen wir "low".

Als erstes müssen wir eine binäre Matrix eingeben. In unserem Beispiel ist die Ausgangsmatrix `raschdat3`. Danach müssen wir einige Spezifikationen für das Simulieren der Matrizen festlegen (`n`, `burn_in` und `step`). Als Methode schreiben wir "T4".

#### Anstieg der ICCs

Als erstes wollen wir die Personen anhand des internen Teilungskriteriums Personenscore-Median teilen und untersuchen, ob das erste Item für die fähigere Gruppe zu leicht ist. Für $T_4$ teilen wir zuerst die Personen in zwei Gruppen. Zuvor berechnen wir über `rowSums()` die Personenscores.

```
> score <- rowSums(raschdat3)
```

Als nächstes definieren wir das Teilungskriterium. Wir wollen, (`if`) dass Personen mit dem geringsten Personenscore bis einschließlich dem Personenscore am Median (<=) der unteren Gruppe 0 und (else) alle Personen oberhalb des Personenscore-Medians der oberen Gruppe 1 zugeordnet werden.

```
> splitvec <- ifelse(score <= median(score), 0, 1)
```

Jetzt können wir das Teilungskriterium anwenden. In $T_4$ müssen wir die Personengruppe ansprechen, die uns interessiert. Wir geben an, dass die Teilungsgruppe splitvec ist und wir genau (==) die Gruppe 01 (höher fähige Personengruppe) untersuchen wollen. Da wir wissen möchten, ob das Item 1 zu leicht ist, müssen wir alternative nicht definieren, da die Standardeinstellung "high" ist.

```
> t41 <- NPtest(raschdat3, n = 1000, method = "T4",
+     idx = 1, group = splitvec == 1, burn_in = 500,
+     step = 64, seed = 1957)
```

Die Ausgabe kann durch die Eingabe des von uns so benannten Objektes t41 aufgerufen werden.

```
> t41

Nonparametric RM model test: T4 (Group anomalies - DIF)
(counting high raw scores on item(s) for specified group)
Number of sampled matrices: 1000
Items in Subscale: 1
Group: splitvec == 1   n = 232
one-sided p-value: 0.835
```

Der Output zeigt als erstes, dass wir die Test-Statistik $T_4$ angewendet haben.

Es handelt sich um die Test-Statistik für die Überprüfung von Subgruppeninvarianz (Group anomalies - DIF). Die Idee basiert auf dem Auszählen der positiven Antworten auf die spezifizierten Items (counting high raw scores on item(s) for specified group). Die Anzahl der simulierten Matrizen beträgt 1000 (Number of sampled matrices: 1000). In der Subskala befindet sich ein Item (Items in Subscale), das Teilungkriterium ist splitvec == 1 und es befinden sich in der Gruppe $n = 232$ Personen.

Laut dem Modelltest interessiert uns nur die Anzahl von Matrizen, in denen die Anzahl positiver Antworten gleich oder noch höher als in der Ausgangsmatrix ist (alternative = high). Die relative Häufigkeit dieser Anzahl gibt

uns der *p*-Wert aus (one-sided p-value), der mit einem von uns vorher festgelegten Signifikanzniveau von z. B. $\alpha = 0.05$ verglichen wird. In unserem
Beispiel ergibt sich ein *p*-Wert von 0.835. Das Item zeigt keine Verletzung
der Annahme der Subgruppeninvarianz.

Wollen wir z. B. wissen, ob das erste Item für die fähigere Gruppe zu schwierig ist, d. h., dass das Item zu selten gelöst wurde, dann müssen wir alternative = "low" schreiben. Der Befehl lautet

```
> t42 <- NPtest(raschdat3, n = 1000, method = "T4",
+     idx = 1, group = splitvec == 1, alternative = "low",
+     burn_in = 500, step = 64, seed = 1971)
```

Als nächstes möchten wir untersuchen, ob die Items in der mittelfähigen
Gruppe zu leicht sind. Dafür müssen wir die Personen in drei Personenscoregruppen unterteilen und uns die mittlere Gruppe ansehen.

In unserem Beispiel können die Personen 0 bis 6 Items mit 1 beantworten.
Wir teilen den Personenscore in die Gruppe 1 (0, 1, 2), die Gruppe 2 (3, 4) und
in die Gruppe 3 (5, 6).

Die Funktion cut() unterteilt Wertebereiche (siehe Abschnitt A.3.3), in unserem Fall score auf. Mit dem Argument breaks geben wir die genauen
Teilungsbereiche an: Die Personenscores 0 bis einschließlich 2 bilden die
erste Gruppe, 3 bis einschließlich 4 die zweite und 5 bis einschließlich 6
die dritte Gruppe. Das letzte Argument include.lowest = TRUE ist notwendig, damit Personen, die kein Item gelöst haben, der ersten Personengruppe
zugeordnet werden (ansonsten werden diese als fehlende Werte kodiert).

```
> splt <- cut(score, breaks = c(0, 2, 4, 6), include.lowest = TRUE)
```

Damit wir eine numerische Variable (erhalten Gruppen werden mit 1, 2, 3
bezeichnet), müssen wir splt in einen numerischen Vektor umwandeln.

```
> splt <- as.numeric(splt)
```

Jetzt können wir uns ansehen, wie viele Personen sich in der jeweiligen
Gruppe befinden.

```
> table(splt)

splt
  1   2   3
121 290  89
```

Die Gruppe, die uns interessiert, ist die Gruppe 2. Diesmal untersuchen wir die Items 1 und 3.

```
> t43 <- NPtest(raschdat3, n = 1000, method = "T4",
+     idx = c(1, 3), group = splt == 2, burn_in = 500,
+     step = 64, seed = 1960)
> t43
```

Die Items 1 und 3 sind mit einem $p$-Wert von 0.69 in der zweiten Gruppe nicht leichter als unter dem Rasch Modell erwartet.

### Differential Item Functioning

Eine weitere Möglichkeit ist das Betrachten von bestimmten Items mit externen Teilungskriterien (z. B. Alter). Da wir in unserem simulierten Datensatz keine externen Variablen zur Verfügung haben, haben wir uns bereits auf Seite 141 die fiktive Variable alt1 erzeugt.

Wir stellen die Hypothese auf, dass die ersten beiden Items für die älteren Personen zu schwierig sind. Dafür müssen wir group = alt1 == 1 schreiben.

```
> t44 <- NPtest(raschdat3, n = 1000, method = "T4",
+     idx = c(1:2), group = alt1 == 1, alternative = "low",
+     burn_in = 500, step = 64, seed = 1969)
```

### Lokale stochastische Unabhängigkeit und Itemhomogenität

Als letztes Beispiel betrachten wir wieder die Möglichkeit, lokale stochastische Abhängigkeit oder multidimensionales Funktionieren zwischen Items zu untersuchen. Nehmen wir an, dass die Lösungswahrscheinlichkeit des Items 3 zu sehr von der Lösung des Items 2 abhängen könnte.

Dafür müssen wir eines der beiden Items als Teilungskriterium verwenden. Für unser Beispiel verwenden wir das zweite Item. Dieses muss aus dem Datensatz ausgeschieden werden. Wir konstruieren uns einen neuen Datensatz über:

```
> daten3 <- raschdat3[, c(1, 3:6)]
```

Wir betrachten die Gruppe 0 (group = raschdat3[,2]==0), also jene Personen, die auf das zweite Item mit 0 geantwortet haben. Sollten die beiden Items voneinander zu abhängig sein, dann müsste das Item in der Gruppe 0 zu selten gelöst worden sein. Deshalb wählen wir alternative = "low". Die

Berechnung der Test-Statistik würde dann über folgenden Befehl erreicht werden.

```
> t45 <- NPtest(daten3, n = 1000, method = "T4", idx = 3,
+     group = raschdat3[, 2] == 0, alternative = "low",
+     burn_in = 500, step = 64, seed = 1984)
```

Sollte das Ergebnis signifikant sein, wurde das Item in der Gruppe 0 zu selten gelöst. Das heißt, eine negative Antwort in Item 2 geht mit einer negativen Antwort auf Item 3 einher und umgekehrt.

## 5.5. Test: Überprüfung unterschiedlicher Itemtrennschärfen

Wenn ein Item eher von Personen mit einer höheren Fähigkeitsausprägung gelöst wird und von Personen mit niedriger Ausprägung eher nicht, dann spricht das für eine gute Trennschärfe des Items. Beim Rasch Modell sind die ICCs aller Items streng monoton steigend und folglich parallel zueinander. Ist die Trennschärfe eines Items niedriger, so wird auch die ICC einen flacheren Verlauf haben. Im Fall einer zu niedrigen Diskrimination von Items könnte auch eine erhöhte Ratewahrscheinlichkeit für Personen mit niedriger Ausprägung und eine erhöhte Irrtumswahrscheinlichkeit für Personen mit hoher Ausprägung angenommen werden.

Im Folgenden lernen wir eine Test-Statistik kennen, die die direkte Untersuchung der Trennschärfe von einzelnen Items im Vergleich zu der restlichen Skala erlaubt.

Es gilt zu beachten, dass ein signifikantes Ergebnis dieser Test-Statistik auch bedeuten kann, dass das untersuchte Item multidimensional funktioniert. Damit ist gemeint, dass das Item eine andere Dimension anspricht und nicht zu der restlichen Skala passt.

### $T_{pbis}$: Unpassende Antwortmuster

Die Statistik $T_{pbis}$ (Koller und Hatzinger, 2012) stellt eine Test-Statistik zur Überprüfung unterschiedlicher Trennschärfen von Items dar. Die Abkürzung „pbis" steht für „punkt-biseriale Korrelation". Die punkt-biseriale Korrelation wird in der klassischen Testtheorie für die Überprüfung der Trennschärfe bei dichotomen Items verwendet. Die hier verwendete Statistik ist eine

Vereinfachung. Genauer gesagt, handelt es sich hierbei um eine monotone Transformation der punkt-biserialen Korrelation.

Vorgehen:

- Im ersten Schritt wird der Datensatz anhand des Items, welches uns interessiert, geteilt.
- Wir erhalten eine Gruppe, die auf das Item mit 0 geantwortet und eine Gruppe, die auf das Item mit 1 geantwortet haben.
- Dann wird von den restlichen Items der Personenscore berechnet.
- Im nächsten Schritt werden jeweils die Personenscores der Gruppe 0 ($r_0$) und dann die Personenscores der Gruppe 1 ($r_1$) zusammengezählt.
- Zum Schluss berechnet man die Differenz der summierten Personenscores, wobei die Personenscores mit der Anzahl von Personen der jeweils anderen Gruppe gewichtet werden.

$$T_{pbis}(\mathbf{A}) = n_1 \sum r_0 - n_0 \sum r_1 \tag{5.18}$$

Sind die zwei Personengruppen gleich groß und sind in der Gruppe 0 eher Personen mit niedrigen Personenscores und in der Gruppe 1 eher Personen mit hohen Personenscores, so wird $T_{pbis}$ einen negativen Wert ergeben.

Die Test-Statistik $T_{pbis}$ kann negative, aber auch positive Werte annehmen. Ein negativer Wert ergibt sich, wenn eher Personen mit niedriger Fähigkeit auf das Item mit 0 geantwortet haben. Einen positiven Wert erhält man, wenn eher Personen mit hoher Fähigkeit auf das Item mit 0 geantwortet haben. In unserem Beispiel in Abbildung 5.13 wird das erste Item untersucht. Das Ergebnis der Test-Statistik ist −12. Das negative Ergebnis lässt darauf schließen, dass Personen mit niedriger Fähigkeit auf das Item 1 eher mit 0 und Personen mit hoher Ausprägung eher mit 1 geantwortet haben. Dementsprechend ergibt sich eine Differenz von 0 ($T_{pbis} = 0$) nur, wenn gleich viele Personen mit niedriger Ausprägung, wie Personen mit hoher Ausprägung auf das Item mit 0 antworten.

$T_{pbis}$ berechnet man für die beobachtete Matrix und für alle simulierten Matrizen. Anschließend wird ausgezählt, wie viele Test-Statistiken diesen gleichen oder einen höheren Differenzwert als in der beobachteten Matrix erhalten. Sind es viele, dann ist der beobachtete Wert klein genug und die Trennschärfe kann als gut angenommen werden.

| i1 | i2 | i3 | $r_0$ |
|----|----|----|-------|
| 0  | 1  | 1  | 2     |
| 0  | 1  | 0  | 1     |
| 0  | 0  | 0  | 0     |
| 0  | 1  | 1  | 2     |
| 0  | 1  | 1  | 2     |
| 0  | 0  | 0  | 0     |
|    |    |    | 7     |

| i1 | i2 | i3 |
|----|----|----|
| 0  | 1  | 1  |
| 1  | 1  | 1  |
| 0  | 1  | 0  |
| 1  | 0  | 0  |
| 0  | 0  | 0  |
| 1  | 0  | 1  |
| 0  | 1  | 1  |
| 1  | 1  | 1  |
| 0  | 1  | 1  |
| 1  | 0  | 0  |
| 0  | 0  | 0  |
| 1  | 0  | 0  |

| i1 | i2 | i3 | $r_1$ |
|----|----|----|-------|
| 1  | 1  | 1  | 2     |
| 1  | 0  | 0  | 0     |
| 1  | 0  | 1  | 1     |
| 1  | 1  | 1  | 2     |
| 1  | 0  | 0  | 0     |
| 1  | 0  | 0  | 0     |
|    |    |    | 5     |

$$T_{pbis} = 6 \cdot 5 - 6 \cdot 7$$
$$= -12$$

**Abbildung 5.13.:** Beispiel für die Berechnung von $T_{pbis}$

$$p = \sum_{s=1}^{S} t_s/S \qquad \text{wobei} \qquad t_s = \begin{cases} 1, & T_s(\mathbf{A}_s) \geq T_0(\mathbf{A}_0) \\ 0, & \text{sonst} \end{cases} \qquad (5.19)$$

### Beispiel

Stellen wir uns vor, wir wollen die Qualität einer neu entwickelten Creme mittels eines dafür konstruierten Fragebogens einschätzen. Es handelt sich um Fragen zum Hautgefühl, der Verteilbarkeit usw. Eine Frage zielt jedoch auf die Attraktivität der Verpackung ab. Es könnte sein, dass eine hohe Qualitätseinschätzung nicht mit der Einschätzung des Aussehens der Verpackung zusammenhängt. In diesem Fall können wir davon ausgehen, dass auch mehrere Personen, die die Creme nicht als hochwertig einstufen, die Verpackung gut finden und umgekehrt. Der Zusammenhang zwischen der Qualitätseinschätzung und der Attraktivität der Verpackung wird niedrig sein und eine zu niedrige Trennschärfe ergeben.

Oder stellen wir uns einen Berufseinstellungstest vor. Es geht um einen Job in Führungsposition. Der Test dazu umfasst allgemeine Wissensfragen zu dem Berufsbild, welche geeignete und ungeeignete Personen unterscheiden sollen. Jedoch beinhaltet der Fragebogen ein Item, welches spezifisches Wissen über den Betrieb beinhaltet. Kann man hier davon ausgehen, dass mit steigender Fähigkeit in den Wissensfragen die Lösungswahrscheinlichkeit des Items ebenso steigt? Eher nicht. Auch hier könnte es zu dem Ergebnis führen, dass sich gleich viele für das Berufsbild geeignete wie auch ungeeignete Personen gut über den Betrieb informiert haben und dieses Item zwischen den beiden Gruppen nicht gut diskriminiert.

Anmerkung:

- Aus den Beispielen ist ersichtlich, dass eine zu niedrige Trennschärfe ebenso bedeuten kann, dass das Item eine andere Fähigkeit anspricht und die Items damit nicht mehr als homogen (eindimensional) zu bezeichnen sind. Damit bietet die Test-Statistik nicht nur die Möglichkeit zu überprüfen, ob sich die Trennschärfen über die Items unterscheiden und dadurch auch eine erhöhte Ratewahrscheinlichkeit und eine erhöhte Irrtumswahrscheinlichkeit vorliegen können, sondern inhaltlich kann auch multidimensionales Funktionieren der Items geprüft werden.

**Die Test-Statistik $T_{pbis}$ in eRm**

---

### NPtest(Tpbis)

`NPtest(obj, method = "Tpbis", idxt, idxs)`

Funktion zur Berechnung der Test-Statistik $T_{pbis}$

- `idxt` ... Item für welches unterschiedliche Diskrimination angenommen wird
- `idxs` ... Personenscore der restlichen Subskala
- Weiteres siehe Seite 113 bei `NPtest()`

---

Als erstes müssen wir eine binäre Matrix eingeben. In unserem Beispiel ist das wieder `raschdat3`. Danach müssen wir einige Spezifikationen für das Simulieren der Matrizen festlegen (`n`, `burn_in` und `step`). Als Methode schreiben wir "Tpbis". Mithilfe von `idxt` wählen wir das Item aus, für welches wir annehmen, dass es nicht zu der restlichen Skala passt. Das heißt, dieses Item könnte eine andere Diskrimination aufweisen, bzw. eine andere Dimension ansprechen. Über `idxs` spezifizieren wir die restliche Skala, mit der der Personenscore berechnet wird.

```
> tpb1 <- NPtest(raschdat3, n = 1000, method = "Tpbis",
+     idxt = 1, idxs = 2:6, burn_in = 500, step = 64,
+     seed = 1983)
```

Den Output erhalten wir mit tpb1 oder print().

```
> tpb1
Nonparametric RM model test: Tpbis (discrimination)
    (pointbiserial correlation of test item vs. subscale)
Number of sampled matrices: 1000
Test Item: 1
Subscale  - Items: 2 3 4 5 6
one-sided p-value (rpbis too low): 0.027
```

Der Output zeigt als erstes, dass wir die Test-Statistik $T_{pbis}$ angewendet haben.

Es handelt sich um die Test-Statistik für die Überprüfung von unterschiedlicher Diskrimination bei Items (discrimination). Die Idee basiert auf der punkt-biserialen Korrelation (point biserial correlation of test item vs. subscale).

Das getestete Item ist in diesem Fall das Item 1 (Test Item). Der Personenscore wird mit den restlichen Items (2,...,6) gebildet (Subscale-Items).

Laut dem Modelltest interessiert uns nur die Anzahl von Matrizen, in denen der Differenzwert gleich oder einen noch kleineren Wert (Anmerkung: der kleinstmögliche Wert ist der größtmögliche negative Wert, z. B. -10 ist kleiner als -3) annimmt. Die relative Häufigkeit dieser Anzahl gibt uns der $p$-Wert aus (one-sided p-value), der mit einem von uns vorher festgelegten Signifikanzniveau von z. B. $\alpha = 0.05$ verglichen wird. In unserem Beispiel ergibt sich ein $p$-Wert von 0.027. Das Ergebnis ist kleiner als 5% und daher passt das Item nicht zu der restlichen Skala.

Wenn wir ein Item aus der Mitte des Tests untersuchen möchten, dann muss der Befehl wie folgt geändert werden.

```
> tpb2 <- NPtest(raschdat3, n = 1000, method = "Tpbis",
+     idxt = 3, idxs = c(1, 2, 4, 5, 6), burn_in = 500,
+     step = 64, seed = 1983)
```

Der Aufbau des Outputs unterscheidet sich nicht von tpb1 und kann auf dieselbe Weise interpretiert werden.

Damit sind wir am Ende des theoretischen Teils des Buches angekommen. Wir haben einiges über die Theorie zum Rasch Modell und die R-Befehle für die Analyse des Rasch Modells in **eRm** gelernt. In Kapitel 6 werden wir einige wichtige Grundlagen für die praktische Anwendung kennenlernen. In Kapitel 7 demonstrieren wir die Anwendung des Rasch Modells anhand eines realen Datensatzes.

# 6. Praktische Hinweise zur Durchführung einer Itemanalyse

In diesem Kapitel lernen Sie Hinweise für die Anwendung des Rasch Modells in der Praxis kennen.

Recherchiert man nach Publikationen in denen das Rasch Modell angewendet wird, dann findet man für die Modellüberprüfung unterschiedliche Vorgehensweisen. So gibt es zahlreiche unterschiedliche Modelltests zur Überprüfung des Rasch Modells, unterschiedliche Vorgehensweisen hinsichtlich der festgelegten Irrtumswahrscheinlichkeit $\alpha$ (ab wann ein Ergebnis als signifikant dem Modell widersprechend gilt) sowie eher explorative oder theoriegeleitete Vorgehensweisen bei der Überprüfung. Es gibt nicht die eine richtige Vorgehensweise und es gibt nicht das Rezept für die Anwendung des Rasch Modells. Die Überprüfung des Modells unterscheidet sich je nach Test und Inhalt und stellt einen kreativen Prozess dar, der oft nicht leicht bewältigbar ist. Wir versuchen hier eine mögliche Vorgehensweise zu beschreiben, die die Forderung nach einer theoriegeleiteten Analyse (S. 157) und das Problem des multiplen Testens (S. 160) berücksichtigt.

## 6.1. Theoretische Analyse und Ablaufmodell

In der Praxis ist es von großer Bedeutung die Analyse theoriegeleitet durchzuführen (siehe z. B. auch Gittler, 1986). Im besten Fall kann man bereits vor der Analyse Hypothesen über mögliche Modellverletzungen aufstellen (a priori Hypothesen). Diese Hypothesen können unterschiedliche Themen beinhalten, z. B. Stellung der Items im Test, Formulierung der Items (ungenau, zu streng, verwirrend, etc.), zu hohe Ähnlichkeiten zwischen Items, theoretisch angenommene Multidimensionalität von Items, unterschiedliches Funktionieren der Items zwischen Personengruppen und vieles mehr.

Die Hypothesen können von den Testkonstrukteuren, Testevaluatoren und/ oder externen Personengruppen (im besten Fall Experten) nach theoretischen Überlegungen und als Ergebnis von Diskussionen aufgestellt werden.

Beispiele für a priori Hypothesen:

- Testbeginn und Testende: Ein Item (oder eine Itemgruppe) kann als nicht modellkonform auffallen, wenn es z. B. an erster Stelle des Fragebogens steht und durch Anfangsschwierigkeiten der Testpersonen den Anforderungen des Rasch Modells nicht genügt. Ebenso kann ein Item (oder eine Itemgruppe) am Ende des Tests auffällig sein, wenn z. B. Ermüdungseffekte oder Motivationsabsenkung vorliegen. In beiden Fällen muss die Frage gestellt werden, ob das Item (oder eine Itemgruppe) tatsächlich auffällig ist oder die Auffälligkeit nur aufgrund der Stellung im Test entsteht.

- Problematische Inhalte in Items: Vor der Analyse der Annahme von Subgruppeninvarianz sollten für das latente Konstrukt wichtige Außenvariablen identifiziert werden. Wichtige Außenvariablen sind Personengruppen aus der Zielpopulation für die der Test bestimmt ist. Klassischerweise kommen die Variablen Geschlecht und Alter in jeder Analyse vor. Die Items können a priori auf Inhalte untersucht werden, die die Itemschwierigkeit zwischen den Gruppen beeinflussen können. Beispielsweise besteht die Möglichkeit, dass Items in einem Leistungstest oder Einstellungstest aufgrund geschlechtsspezifischer Inhalte für Männer „leichter" oder „schwieriger" sind als für Frauen.

- Formulierung der Items: Ein weiteres Beispiel sind „ungenau" oder zu „streng" formulierte Items, die zwischen Personen mit niedrigerer Fähigkeit und Personen mit höherer Fähigkeit nicht gut unterscheiden können und somit eine schlechte Diskrimination aufweisen.

- Dimensionalität: Ebenso sollten die Items bereits theoretisch auf mögliche Verletzungen der Annahmen der Homogenität von Items und der lokalen stochastischen Unabhängigkeit zwischen Items untersucht werden. So könnte ein Item bereits inhaltlich nicht zu der restlichen Skala passen oder man findet Itemgruppen, die eventuell mehrere Dimensionen abbilden. Zum Beispiel könnten in einer Zufriedenheitsskala die Zufriedenheit mit dem Job und die Zufriedenheit im privaten Bereich erfragt werden. Es ist dann fraglich, ob diese beiden Inhalte auf einer Dimension abbildbar sind. Weiters entdeckt man manchmal sehr ähnliche Items oder ein Item, welches eine Generalisierung eines anderen Items darstellt. In diesem Fall überprüft man, ob die Items zu sehr abhängig voneinander sind und somit ein Item aus dem Test genommen werden kann.

Zahlreiche weitere a priori Hypothesen sind möglich und auch wenn wir an dieser Stelle noch einige anführen würden, so wären nie alle Möglichkeiten abgedeckt.

Jedoch sind a priori Hypothesen nicht immer formulierbar, sodass man sich mit a posteriori Erklärungen (auf Basis der Ergebnisse) begnügen muss. In diesem Fall ist die Vorgehensweise der Modellüberprüfung eher explorativ. Das heißt, es liegt wenig Wissen über die Daten vor, sodass aus den Ergebnissen Hypothesen über die Modellverletzung formuliert werden. Diese sollten ebenso theoriegeleitet interpretiert werden. Wieso? Ein einfaches Ausscheiden von Items für die keine theoretische Erklärung gefunden wird, führt zu Theorielosigkeit und artifizieller (künstlicher) Modellanpassung. Es ist einerseits fraglich, ob die Auffälligkeiten bei erneuter Analyse nochmals gefunden werden und andererseits trägt es wenig für zukünftige Itemgenerierungen bei.

Zusammengefasst ist zu sagen, dass eine Mischung der theoriegeleiteten Überprüfung mit a priori Hypothesen und der Überprüfung mit a posteriori Erklärungen vorteilhaft ist. Denn auch wenn die Items in einer Gruppe von Personen (z. B. Experten) theoriegeleitet diskutiert werden, wird man oft nicht alle möglichen Auffälligkeiten bereits vorher theoriegeleitet auffinden. Hat man dann die Geltung des Rasch Modells überprüft und auffällige Items identifiziert, so sollte eine Reanalyse anhand eines neuen Datensatzes stattfinden. Dabei spielt es keine Rolle, ob durch die Analyse nur wenige oder doch mehrere Items als nicht modellkonform identifiziert wurden. Eine Reanalyse anhand eines neuen Datensatzes sollte immer stattfinden. Durch die Reanalyse der Items sollte die Annahme der Rasch Modellkonformität für den Test bestätigt werden können (siehe z. B. Kubinger und Draxler, 2007). Ebenso besteht die Möglichkeit, die aufgefundenen Modellverletzungen wiederholt zu untersuchen, indem man auffällige Items nochmals vorgibt (z. B. am Ende des Tests). Das Ziel dabei ist, Auffälligkeiten anhand einer neuen Stichprobe nochmals zu finden. Diese Vorgehensweise ist besonders wünschenswert, wenn die in der ersten Analyse als nicht modellkonform identifizierten Items a posteriori nicht theoretisch erklärt werden konnten.

Ein mögliches Ablaufmodell für die Modellüberprüfung ist in Abbildung 6.1 gegeben.

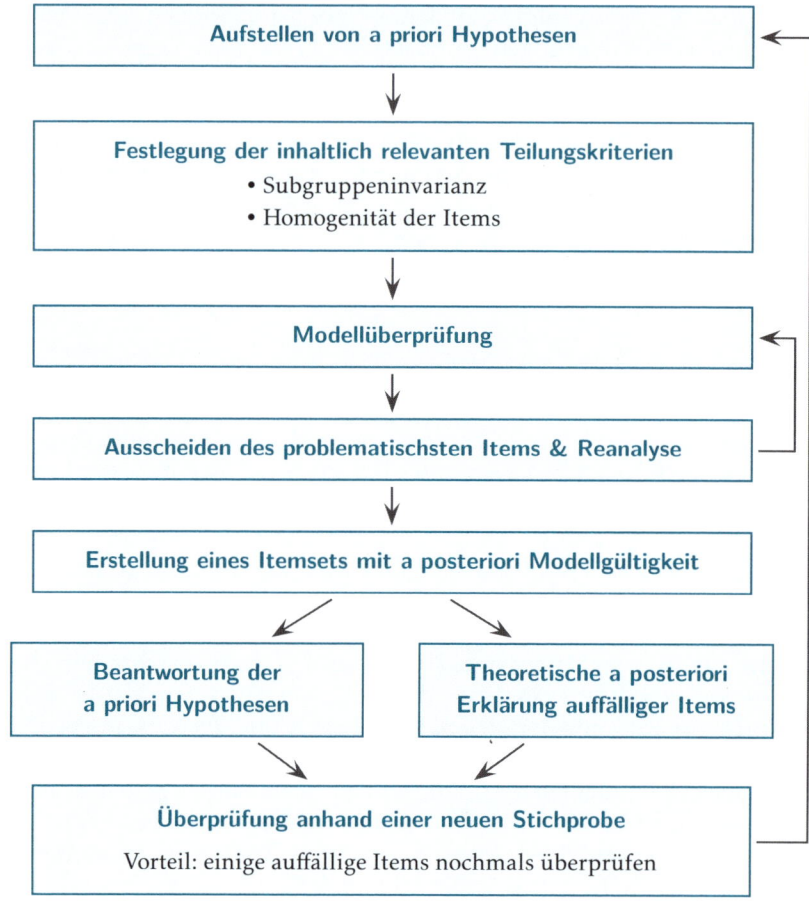

**Abbildung 6.1.:** Mögliches Ablaufmodell für die Modellüberprüfung

## 6.2. Alpha-Korrektur und multiples Testen

### Festlegen des Signifikanzniveaus

Anders als in der Statistik sonst üblich suchen wir nicht ein Modell, das erhobene Daten gut beschreibt, sondern wir wollen einen Datensatz, für den das Rasch Modell zutrifft. Das angestrebte Ziel ist demnach ein „nicht signifikant vom Modell abweichender Datensatz". Im Mittelpunkt der Analysen steht die Nullhypothese, also die Aussage, dass keine Modellverletzungen vorliegen.

Bei vielen Hypothesenprüfungen ist man am Zutreffen der Alternativhypothese interessiert. Wenn z. B. ein Experiment evaluiert wird, dann ist die Wirkung der Intervention von Interesse. Das heißt, im positiven Fall soll die Experimentalgruppe signifikant andere Werte aufweisen als die Kontrollgruppe. In solchen Untersuchungen wird die Irrtumswahrscheinlichkeit $\alpha$ üblicherweise mit 0.05 bzw. 5% oder mit 0.01 bzw. 1% festgelegt. Das $\alpha$ spezifiziert die Wahrscheinlichkeit, dass eine richtige Nullhypothese abgelehnt und eine ungültige Alternativhypothese angenommen wird (Fehler erster Art). Das $\alpha$ wird auch Signifikanzniveau genannt. Damit beträgt das Risiko einer falschen Entscheidung, also die Ablehnung der richtigen Nullhypothese, 5% oder 1%. Das $\alpha$ kann man selbst festlegen. Es hängt davon ab, welches Risiko man eingehen will, eine Fehlentscheidung zugunsten einer (nicht zutreffenden) Alternativhypothese zu treffen. Oder mit anderen Worten, inwieweit bin ich bereit an den Effekt einer Intervention zu glauben, auch wenn die Intervention in Wirklichkeit keinen Effekt hatte, der Effekt also nur zufällig bei meinen konkreten Daten auftrat.

Man kann aber auch einen Fehler zweiter Art begehen. Er beschreibt die Wahrscheinlichkeit eine ungültige Nullhypothese beizubehalten (zu akzeptieren), obwohl in Wirklichkeit die Alternativhypothese richtig wäre. Beide Fehler stehen in einem (indirekten) Zusammenhang. Ohne hier auf Details einzugehen gilt, dass der Fehler zweiter Art umso kleiner wird, je größer man den Fehler erster Art festlegt. Abbildung 6.2 soll dies illustrieren.

In Abbildung 6.2 wird die fiktive Situation eines Andersen-LRT beim Test von 5 Items und einer Teilung in zwei Personengruppen dargestellt. Die jeweils linke Kurve zeigt die $\chi^2$-Verteilung für die Test-Statistik unter der Nullhypothese, die jeweils rechte Kurve für eine bestimmte Alternativhypothese. Die blaue gestrichelte Linie ist links bei $\alpha = 0.01$ und rechts bei $\alpha = 0.1$ eingezeichnet. Sie teilt die $x$-Achse, auf der die Werte der Test-Statistik des LRT eingezeichnet sind, in zwei Bereiche. Erhält man im LRT einen Wert, der im Bereich rechts der gestrichelten Linie liegt, würde man die Nullhypothese verwerfen. Man beginge dann, falls in Wirklichkeit die Nullhypothese richtig ist, einen Fehler erster Art, dessen Wahrscheinlichkeit durch die dunkelblaue markierte Fläche angegeben ist. Liegt der LRT Wert im Bereich links der gestrichelten Linie würde man die Nullhypothese beibehalten. Falls aber in Wirklichkeit die Alternativhypothese richtig wäre, hätte man einen Fehler zweiter Art begangen. Die Wahrscheinlichkeit dafür ist durch die hellblau

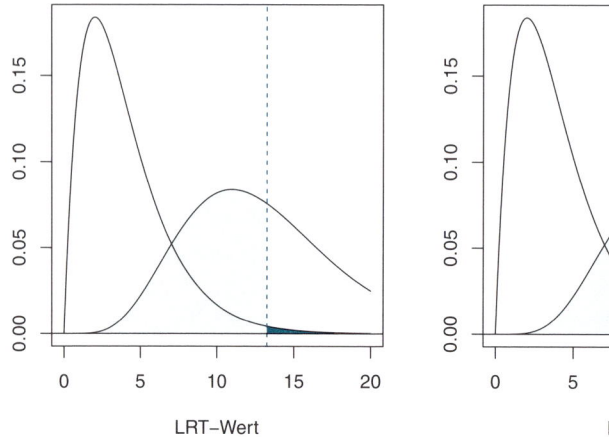
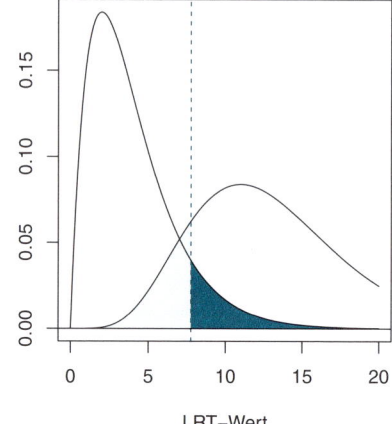

**Abbildung 6.2.:** Fehler erster Art (dunkelblaue Fläche) und Fehler zweiter Art (hellblaue Fläche) bei einem LRT. Links ist $\alpha = 0.01$ und rechts ist $\alpha = 0.1$, jeweils gekennzeichnet durch die gestrichelte blaue Linie.

eingefärbte Fläche dargestellt. Man sieht, dass der Fehler zweiter Art kleiner ist, wenn das $\alpha$ größer ist (rechte Grafik) und umgekehrt.

Bei einer Itemanalyse mit dem Rasch Modell streben wir normalerweise an, ein Set von Items zu finden, das dem Rasch Modell entspricht. Also, dass wir die Nullhypothese („das Rasch Modell gilt") beibehalten können. Da wir die Nullhypothese nicht aufgrund von Zufälligkeiten leicht verwerfen wollen, werden wir also tendenziell versuchen, das Risiko einen Fehler zweiter Art zu begehen geringer zu halten. Wir wollen die Wahrscheinlichkeit eine ungültige Nullhypothese beizubehalten senken. Aus diesem Grund werden wir für die Modellüberprüfung den Fehler erster Art, das Alpha auf 10%, d. h. $\alpha = 0.1$ festlegen.

### Multiples Testen

Wir überprüfen beim Rasch Modell mehrere Hypothesen, z. B. die Annahme der Subgruppeninvarianz, der Homogenität der Items, der lokalen stochastischen Unabhängigkeit der Items usw. Diese Hypothesen werden alle, jeweils mit einem bestimmten Test, an einem Datensatz überprüft. Wenn man mehrfach Tests an einem bestimmten Datensatz durchführt, nennt man das multiples Testen.

Das Ergebnis eines Tests ist die Entscheidung, ob wir die Nullhypothese verwerfen oder nicht. Wir gehen dabei das Alpha-Risiko ein, die Nullhypothese zu verwerfen obwohl sie richtig wäre. Wenn wir nun einen zweiten Test durchführen, gehen wir wieder dieses Risiko ein. Nun müssen wir die Entscheidungen aber gemeinsam betrachten. Bei zwei Tests können wir keine, beide oder eine von beiden Nullhypothesen verwerfen. Das Risiko für eine Fehlentscheidung kumuliert sich auf. Abbildung 6.3 zeigt, welche Entscheidungen wir treffen können, wenn wir zwei Tests durchführen, und welche Risiken wir dabei eingehen.

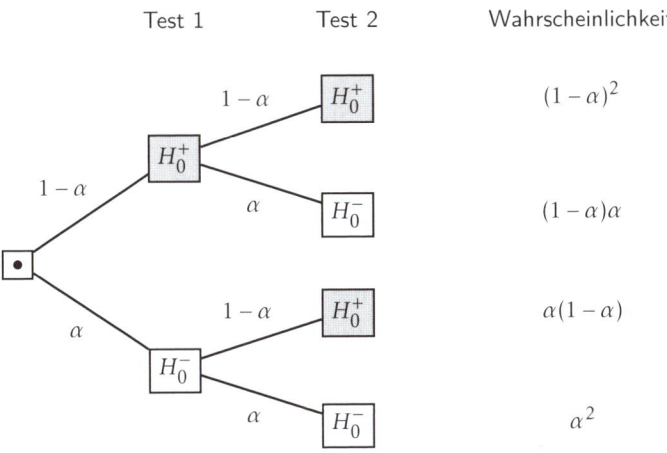

**Abbildung 6.3.:** Wahrscheinlichkeitsbaum für den Fehler erster Art beim Test von zwei Hypothesen

Die Darstellung in Abbildung 6.3 geht davon aus, dass in Wirklichkeit die Nullhypothese richtig ist. Je nach Ergebnis eines Tests akzeptieren wir die Nullhypothese oder verwerfen sie. In der Abbildung ist dies durch das $H_0^+$ (graues Kästchen) für das (richtige) Akzeptieren und $H_0^-$ (blaues Kästchen) für das (fälschliche) Verwerfen symbolisiert. Entlang der Linien sind jeweils die Wahrscheinlichkeiten angegeben einen Fehler erster Art zu begehen ($\alpha$) oder nicht zu begehen ($1 - \alpha$). Wir gehen den Baum von links nach rechts durch. Unter der Annahme, dass die Tests unabhängig sind, multiplizieren wir (entlang des Wegs) diese Wahrscheinlichkeiten und erhalten in der Spalten ganz rechts das jeweilige Ergebnis. Es besagt, mit welcher Wahrscheinlichkeit wir bei zwei Tests richtig liegen. Die Summe aller Einträge in der rechten Spalte ist 1, da wir dann ja die Wahrscheinlichkeiten für alle möglichen Ereignisse aufsummiert haben. Was man an der rechten Spalte noch ablesen kann, ist die Wahrscheinlichkeit keinen Fehler zu begehen. Diese ist $(1 - \alpha)^2$. Entsprechend ist die Wahrscheinlichkeit mindestens einmal falsch zu liegen 1 minus diesem Ausdruck, d. h. $1 - (1 - \alpha)^2$. Wenn man $q$ Tests durchführt, dann ist die Wahrscheinlichkeit mindestens einmal einen Fehler erster Art zu begehen

$$1 - (1 - \alpha)^q)$$

Die Wahrscheinlichkeit für einen Fehler erster Art ist also nicht mehr $\alpha$, sondern größer. Folgendes Beispiel soll dies illustrieren.

---

### Ein Beispiel für das Testen von vier Hypothesen

Wir wollen die Annahme der Subgruppeninvarianz überprüfen. Diese wird über unterschiedliche Teilungskriterien (z. B. Personenscore, Geschlecht, Alter, Schulklasse) untersucht. Wir überprüfen Subgruppeninvarianz für diese (in unserem Beispiel vier) Teilungskriterien immer anhand eines Datensatzes. Pro angewendeter Test-Statistik (z. B. LRT oder $T_{10}$) wird ein Risiko des Fehlers erster Art eingegangen. Bei mehreren Teilungskriterien steigt die Wahrscheinlichkeit (wir haben $\alpha = 0.1$) die richtige Nullhypothese fälschlicherweise zu verwerfen an. In unserem Beispiel wäre die Irrtumswahrscheinlichkeit $1 - .90^4 = 0.34$. Somit läge die Wahrscheinlichkeit die richtige Nullhypothese (das Rasch Modell gilt) fälschlicherweise zu verwerfen bei 34%.

---

Man nennt dies $\alpha$-Inflation oder $\alpha$-Aufblähung. Die Konsequenz ist, dass man vermeintlich ein bestimmtes Signifikanzniveau verwendet, in Wirklichkeit aber ein viel höheres Risiko eingeht, eine Fehlentscheidung zu treffen. Für Itemanalysen mit dem Rasch Modell bedeutet das, dass man viel zu leicht glaubt, dass bestimmte Annahmen verletzt sind, obwohl sie in Wirklichkeit erfüllt sind (siehe z. B. Kubinger und Draxler, 2007).

Aus diesem Grund muss das Alpha für einen Einzeltest so korrigiert werden, dass das globale Alpha (d. h. das Alpha für alle Tests gemeinsam betrachtet) nicht größer als das von uns vorgegebene, z. B. 10%, ist. Wir verwenden dazu die Bonferroni-Korrektur, bei der ein korrigiertes Alpha $\alpha^*$, so berechnet wird, dass das usprüngliche Alpha durch die Anzahl durchgeführter Tests $q$

dividiert wird, d. h.

$$\alpha^* = \frac{\alpha}{q}$$

Für obiges Beispiel würde man folgendermaßen vorgehen: Wir korrigieren $\alpha$ mit der Anzahl verwendeter Teilungskriterien, d. h. $\alpha^* = 0.1/4 = 0.025$. Der korrigierte Wert $\alpha^*$ ist für jedes der vier Teilungskriterien 0.025, d. h., wir verwerfen in jedem der 4 Tests die Nullhypothese am 10% Niveau dann, wenn der $p$-Wert kleiner als 0.025 ist.

### Wann sollte korrigiert werden?

Bei genauer Betrachtung fällt auf, dass mit steigender Anzahl von Teilungskriterien das $\alpha$ sinkt. Das kann dazu führen, dass tatsächlich signifikante Abweichungen nicht mehr als signifikant erkannt werden. Um dem entgegenzuwirken, dürfen nur inhaltlich relevante Teilungskriterien ausgewählt und berechnet werden. Das heißt, man stellt vor der Erhebung der Daten für das Konstrukt bereits Hypothesen über interessierende Teilungskriterien auf. Im praktischen Fall sind das meist vier bis sechs unterschiedliche Teilungskriterien, die untereinander nicht zu hoch korrelieren sollten.

### Ein Extrembeispiel für hoch korrelierende Teilungskriterien

Stellen wir uns vor, wir hätten die Teilungskriterien Studienrichtung Mathematik versus Psychologie sowie Geschlecht. Werden die beiden Teilungskriterien etwas genauer betrachtet, stellt man fest, dass die Mathematikstudierenden größtenteils aus Männern bestehen und die Psychologiestudierenden aus Frauen. Dieses Beispiel stellt ein Extrembeispiel dar. Nehmen wir weiter an, unser korrigiertes $\alpha^*$ beträgt 0.05 (0.1/2) und die beiden beobachteten $p$-Werte betragen 0.08 und 0.09. Diese sind größer als 0.05. Aufgrund der Alpha-Korrektur kann somit die Gültigkeit des Modells angenommen werden. Jedoch muss beachtet werden, dass es in diesem Fall nicht notwendig ist, zwei Teilungskriterien anzuwenden. Nur eines wäre von Nöten gewesen. Wenn nur ein Teilungskriterium angewendet worden wäre, dann hätte das Ergebnis richtigerweise gegen die Modellgeltung gesprochen.

Wenn wir Subgruppeninvarianz auf Itemebene überprüfen, muss eine weitere Korrektur folgen. Stellen wir uns vor, es stehen diese vier zuvor genannten Teilungskriterien (Personenscore, Geschlecht, Alter und Schulklasse) zur Auswahl. Nun wollen wir mögliche Modellverletzungen auf Itemebene mit dem Wald-Test prüfen. Nehmen wir an, der Test besteht aus fünf Items. Die

Itemparameter dieser fünf Items werden anhand eines Datensatzes geschätzt. Wir berechnen anhand dieses einen Datensatzes fünf Test-Statistiken. Das korrigierte Alpha ($\alpha^*$) für ein Teilungskriterium beträgt 0.025. Nachdem wir aber fünf Test-Statistiken berechnen, beträgt das Alpha $1 - .975^5 = 0.119$. Daher ist an dieser Stelle eine zusätzliche Korrektur erforderlich. Diese beträgt in unserem Beispiel $0.025/5 = 0.005$.

Gehen wir noch einen Schritt weiter. Wenn die $H_0$ global formuliert wird („Das Rasch Modell gilt"), dann müssten wir alle durchgeführten Modelltests in die Korrektur einfließen lassen, denn sie werden einerseits alle anhand der gleichen Daten durchgeführt und andererseits sind die einzelnen Modellverletzungen nicht unabhängig voneinander. Jedoch endet diese Vorgehensweise in einer sehr konservativen Methode (das Ergebnis wird selten signifikant oder die Nullhypothese wird selten abgelehnt), die dazu führen kann, dass das Rasch Modell oft zu leicht fälschlicherweise als gültig angenommen wird. Als Lösung dieser Problematik schlagen wir vor, die Korrektur nur innerhalb der einzelnen Gruppen von Modelltests durchzuführen.

Beispielsweise setzen wir $\alpha$ nach der Überprüfung der Annahme der Subgruppeninvarianz mit dem Andersen-LRT wieder auf 10%. Die Überprüfung auf Homogenität der Items mittels Martin-Löf-Test wird als eigenständig betrachtet und $\alpha$ wird durch die Anzahl der durchgeführten Martin-Löf-Tests korrigiert.

Die Begründung kann darin gesehen werden, dass beim Andersen-LRT der Datensatz in unterschiedliche Personengruppen geteilt und dann die Itemparameter getrennt für die Personengruppen geschätzt werden. Beim Martin-Löf-Test werden unterschiedliche Itemgruppen gebildet und für diese die Itemparameter geschätzt. Damit sind die jeweiligen Teildatensätze und die Itemparameterschätzungen unterschiedlich. Allerdings sind die einzelnen Modellverletzungsmöglichkeiten nicht unabhängig voneinander. Beispielsweise kann Heterogenität zwischen Itemgruppen auch zu einer Verletzung der Annahme der Subgruppeninvarianz führen. Somit schließt sich der „Teufelskreis" wieder. Eigentlich müsste man das $\alpha$ für jeden durchgeführten Test korrigieren, jedoch endet das eben in einer zu konservativen Vorgehensweise. Deshalb wenden wir die von uns weiter unten vorgeschlagenen Vorgehensweise einer Itemanalyse an.

Zur besseren Verständlichkeit folgt eine kurze Zusammenfassung für die einzelnen Modelltests (Kapitel 6.3). Wie das Vorgehen in der Praxis funktioniert, wird durch ein praktischen Beispiel (ab Kapitel 7) verdeutlicht.

**Weitere Korrekturmöglichkeiten**: Neben der Bonferroni-Korrektur gibt es noch einige weitere Korrekturmöglichkeiten wie z. B. die Bonferoni-Holm-Korrektur, auf die wir hier aber nicht eingehen. Es kann nur angemerkt werden, dass es nicht die eine richtige Korrekturmethode gibt, sondern nur, dass jede ihre Vor- und Nachteile mit sich bringt.

Anmerkungen:

- Beim praktischen Beispiel verwenden wir einfachheitshalber die oben beschriebene Bonferroni-Korrektur.

- Wie bereits angemerkt, gibt es unterschiedliche Korrekturmethoden und Vorgehensweisen. Im extremsten Fall könnte man davon ausgehen, dass alle durchgeführten Modelltests zur Hypothesenüberprüfung („Das Rasch Modell gilt") korrigiert werden müssen und in weiterer Folge alle Modelltests, die zukünftig für den untersuchten Datensatz noch vollzogen werden. Im anderen Extremfall wird $\alpha$ überhaupt nicht korrigiert. Sei es mit der Begründung, dass die Korrektur zu konservativ ist oder z. B. mit der Begründung, dass die Korrektur für die Untersuchung von Iteminhalten bei einer Erstanalyse von Nachteil ist. Die Vorgehensweise muss jede Person, die das Rasch Modell anwendet, selbst wählen. Wir stellen eine mögliche Vorgehensweise dar.

## 6.3. Eine mögliche Vorgehensweise

Im Folgenden wollen wir eine mögliche Vorgehensweise für die Überprüfung auf Geltung des Rasch Modells vorstellen. Als erstes erfolgt eine kurze Beschreibung der Analyseschritte für die parametrische Methode, sowie für die quasi-exakten Tests. Nach jeder der Aufzählungen folgt eine Tabelle (Tabellen 6.1 und 6.2), die die vorgeschlagene Alpha-Korrektur für beide Vorgehensweisen genauer darstellt.

### Ablauf einer parametrischen Modellüberprüfung

- Subgruppeninvarianz wird mittels Andersen-LRT überprüft.
  - Die Betrachtung der Items auf Itemebene erfolgt mittels Streudiagramm oder DIF-plot.
  - Gegebenenfalls kann der Wald-Test angewendet werden.
- Mehrdimensionale Subskalen können mittels Martin-Löf-Test getestet wer-

den.

- Zur Überprüfung der Annahmen der lokalen stochastischen Unabhängigkeit und der Eindimensionalität kommt der Andersen-LRT zum Einsatz.

- Die Interpretation der Ergebnisse und gegebenenfalls die Reanalyse erfolgen wie im Ablaufmodell in Abbildung 6.1 dargestellt.

**Tabelle 6.1.:** Alpha-Korrektur für die parametrische Modellüberprüfung

| Subgruppeninvarianz | |
|---|---|
| Andersen-LRT | $\alpha/q$ |
| Wald-Test | $\alpha/(q \times k)$ |
| **Mehrdimensionale Subskalen** | |
| Martin-Löf-Test | $\alpha/q$ |
| LSA und/oder Multidimensionalität *Lokal stoch Unabh.* | |
| Andersen-LRT | keine Korrektur |
| Wald-Test | $\alpha/k$ |
| **Grafische Modellkontrollen** | |
| Streudiagramm | $\alpha/(q \times k)$ |
| DIF-Plot | $\alpha/(q \times k)$ |

Anmerkung: $\alpha$ ... Irrtumswahrscheinlichkeit; $q$ ... Anzahl Teilungskriterien; $k$ ... Anzahl der Items im Test; LSA ... lokale stochastische Abhängigkeit.

**Quasi-exakte Tests**

- Die Annahme der Subgruppeninvarianz wird mittels $T_{10}$ überprüft.

  - Die Betrachtung auf Itemebene erfolgt mittels $T_4$ (explorativ und/oder theoriegeleitet).

- Die Überprüfung von Multidimensionalität und lokaler stochastischer Abhängigkeiten erfolgen mittels $T_{11}$.

  - Die Betrachtung auf Itemebene wird mittels $T_1$ durchgeführt. Wenn $p$-Werte um 0.9 auftreten, kommt $T_{1m}$ zur Anwendung. Falls die Annahme besteht, dass nur das Antwortmuster {11} zu oft vorkommt, dann erfolgt die Anwendung von $T_{1\ell}$.

  - Die Überprüfung von Itemgruppen mit mehr als zwei Items erfolgt mittels $T_2$. Wenn $p$-Werte um 0.9 auftreten, kommt $T_{2m}$ zur Anwendung.

Achtung: $T_2$ und/oder $T_{2m}$ müssen nicht angewendet werden, da $T_1$ und $T_{1m}$ dieselben Annahmen überprüfen. Jedoch steigt die Wahrscheinlichkeit eine Modellverletzung zu entdecken mit steigender Anzahl von Items in der Analyse. Die Überprüfung von Itemgruppen mit mehr als zwei Items ist nur mit $T_2$ ($T_{2m}$) möglich. Man kann zwischen $T_1$ ($T_{1m}$) und $T_2$ ($T_{2m}$) wählen oder $T_2$ ($T_{2m}$) als Stützung der Ergebnisse von $T_1$ ($T_{1m}$) verwenden. Jedoch muss darauf geachtet werden, dass keine falsche Interpretation erfolgt. Sind die Ergebnisse beider Test-Statistiken signifikant, dann heißt das nicht, dass die Items systematisch auffällig (Auffälligkeiten bei unterschiedlichen Modelltests) sind, sondern nur, dass beide Statistiken dieselbe Modellverletzung erkennen.

- Zwei mehrdimensionale Subskalen werden mittels $T_{md}$ überprüft.

- Trennschärfe und Multidimensionalität überprüft man mittels $T_{pbis}$: Jedes Item wird einmal als Teilungskriterium verwendet.

- Es folgt die Interpretation der Ergebnisse und gegebenenfalls eine Reanalyse wie im Ablaufmodell in Abbildung 6.1 dargestellt.

**Tabelle 6.2.:** Alpha-Korrektur für die quasi-exakten Tests

| Subgruppeninvarianz | |
|---|---|
| $T_{10}$ | $\alpha/q$ |
| $T_4$ explorativ | $\alpha/q$ |
| $T_4$ | $\alpha/(q \times \text{Anzahl durchgeführter Tests})$ |
| **LSA und/oder Multidimensionalität** | |
| $T_{11}$ | keine Korrektur |
| $T_1$, $T_{1m}$, $T_{1\ell}$ | $\alpha/\text{Anzahl Itemgruppen}$ |
| $T_2$, $T_{2m}$ | $\alpha/\text{Anzahl durchgeführter Tests}$ |
| **Mehrdimensionale Subskalen** | |
| $T_{md}$ | $\alpha/q$ |
| **Diskrimination** | |
| $T_{pbis}$ | $\alpha/k$ |

Anmerkung: $\alpha$ ... Alpha; $q$ ... Anzahl Teilungskriterien; $k$ ... Anzahl der Items im Test; LSA ... Lokale stochastische Abhängigkeit.

Wir haben uns bis jetzt mit der Theorie zum Rasch Modell und zum Schluss mit praktischen Hinweisen für die Analyse von Items beschäftigt. Als nächstes wenden wir alle bisher kennengelernten Inhalte zum Rasch Modell an einem realen Datensatz an.

# 7. Die Analyse von Items anhand eines realen Datensatzes

Der reale Datensatz, der uns zur Verfügung steht, beinhaltet die Items einer Subskala des Einstellungstests zu Berufszufriedenheit bei Lehrer/innen. Anhand dieses Datensatzes wird zuerst die parametrische Vorgehensweise und anschließend die Anwendung der quasi-exakten Tests dargestellt. Zum Schluss erfolgt ein Vergleich der Ergebnisse.

Die zur Überprüfung benötigten R-Befehle werden nicht mehr erklärt. Erklärungen zu den Befehlen lesen Sie bitte in den jeweiligen Kapiteln 3, 4, 5 und im Anhang A nach. Damit Sie die Analysen nachvollziehen können, laden Sie die Daten zufKOL.RData von http://www.utb-shop.de/9783825237868 herunter und speichern diese in Ihr Arbeitsverzeichnis.

## 7.1. Der Fragebogen

Der reale Datensatz beinhaltet Items der Subskala eines Einstellungstests zur Berufszufriedenheit bei Lehrer/innen. Der Fragebogen wurde innerhalb eines Projektes zur Qualität in Schulen (Q.I.S.) des Bundesministeriums für Unterricht, Kunst und Kultur (BMUKK) in Österreich konstruiert (siehe Grand, 2010). Grand überprüfte die Items anhand einer Stichprobe von $n = 722$ Lehrer/innen aus unterschiedlichen Schulen auf Rasch modellkonformität. In diesem Beispiel erklären wir die Anwendung des dichotomen Rasch Modells anhand der Subskala Zufriedenheit mit Kollegen (KOL).

Die Subskala besteht aus sieben Items mit dem Antwortformat „trifft völlig zu", „trifft eher zu", „trifft eher nicht zu", „trifft überhaupt nicht zu" (vierstufige Likertskala). Die Items 1, 2, 3 und 5 sind negativ formulierte Items, d. h., je höher der erreichte Personenscore ist, desto unzufriedener sind die Personen. Die übrigen Items sind positiv formuliert und damit bedeutet ein hoher Personenscore, dass die Personen zufriedener sind. Die Items dieser Subskala sind:

1. KOL5: Mit der gegenseitigen Unterstützung in unserem Lehrerkollegium bin ich nicht zufrieden.

2. KOL12: Mit vielen meiner Arbeitskolleg/innen möchte ich privat keinen Kontakt haben.

3. KOL19: Es gibt nur sehr wenige Kolleg/innen an unserer Schule, mit denen ich in meinen beruflichen Interessen übereinstimme.

4. KOL26: Ich habe im Lehrerkollegium viele gute Freunde.

5. KOL31: Ich vermisse an unserer Schule oft das Fachgespräch mit anderen Kolleg/innen.

6. KOL34: Ich habe von Kolleg/innen unserer Schule schon viele gute Ratschläge und Anregungen erhalten.

7. KOL35: Ich treffe manche Kolleg/innen meiner Schule auch regelmäßig außerhalb der Dienstzeit.

Für die Analyse wurden die Antwortmöglichkeiten dichotomisiert („trifft eher nicht zu", „trifft überhaupt nicht zu" werden der Kategorie 0 und „trifft eher zu", „trifft völlig zu, der Kategorie 1 zugeordnet"). Die Dichotomisierung ist für diese Subskala sogar von Vorteil, denn die extreme Kategorie „trifft überhaupt nicht zu" wurde sehr selten verwendet.

Bevor wir mit der eigentlichen Analyse (parametrisch und nicht-parametrisch) beginnen, stellen wir a priori Hypothesen über mögliche Modellverletzungen auf. Weiters müssen wir die Daten noch für die Analyse aufbereiten (z. B. Umkodieren der negativ formulierten Items).

## 7.2.  A priori Hypothesen

- Subgruppeninvarianz: Bezüglich möglicher Verletzungen der Annahme der Subgruppeninvarianz können a priori keine Hypothesen aufgestellt werden. Sollten Items auffällig sein, so müssen wir sie a posteriori zu erklären versuchen.

- Homogenität der Items: Der Test besteht aus positiv (Items 4, 6, 7) und negativ (Items 1, 2, 3, 5) formulierten Items. Die negativ formulierten Items müssen vor der Analyse rekodiert werden, damit ein hoher Wert für hohe Zufriedenheit steht und ein niedriger Wert für niedrige Zufriedenheit. Wir wollen die Hypothese prüfen, ob positiv und negativ formulierte Items auf einer Dimension abbildbar sind.

- Lokale stochastische Unabhängigkeit: Wenn wir die Items inhaltlich betrachten fällt auf, dass mögliche Abhängigkeiten zwischen Itemgruppen vorhanden sein könnten. In Item 1 (KOL5) geht es um die Unterstützung durch Kollegen und im Item 6 (KOL34) um erhaltene Ratschläge. Wir könnten annehmen, dass Unterstützung durch Ratschläge passiert und diese beiden Items somit voneinander zu sehr abhängig sein könnten. Die Items 2 (KOL12), 4 (KOL26) und 7 (KOL35) beinhalten den Umgang im privaten Bereich (privater Kontakt, Freunde, treffen außerhalb der Dienstzeit). Diese Inhalte könnten ebenso zu sehr abhängig voneinander sein, denn wenn man befreundet ist, dann hat man privaten Kontakt zu dieser Person und trifft sich außerhalb der Dienstzeit.

- Formulierungen: Im Gegensatz zu den restlichen Items ist das Item 1 (KOL5) etwas „härter" formuliert. Bei den anderen Items wurden abschwächende Formulierungen (viele, wenige, oft) verwendet. Bei Item 1 fehlt dieser Zusatz („ich bin nicht zufrieden" statt „ich bin eher nicht zufrieden"). Das Fehlen einer abschwächenden Formulierung könnte zu Auffälligkeiten führen. Bei Item 7 (KOL35) wurde eine verstärkende Formulierung gewählt. Man trifft sich regelmäßig außerhalb der Dienstzeit. Wenn man befreundet ist, trifft man sich außerhalb der Dienstzeit, ob dies jedoch regelmäßig ist, ist schwierig zu beantworten. Das sind zwei Formulierungsarten, die zu Auffälligkeiten führen können, aber müssen es nicht.

Anzumerken gilt, dass die a priori Hypothesen mögliche Modellverletzungen darstellen. Auch wenn diese vielleicht zu kleinlich klingen, ist es gut, solche Hypothesen bereits a priori aufzustellen. Diese helfen bei der Interpretation der Ergebnisse.

## 7.3. Aufbereitung des Datensatzes

Bevor wir mit der Analyse beginnen, lesen wir den Datensatz ein und bereiten ihn für die Analyse vor. Wenn Sie die Analyse nachvollziehen wollen, dann speichern Sie bitte diesen Datensatz in ein eigenes Verzeichnis. Wie Sie die Daten in R einlesen können, entnehmen Sie dem Kapitel A.2 auf Seite 236.

Wir öffnen R in dem Verzeichnis des Datensatzes und laden die Daten mit

```
> load(file = "zufKOL.RData")
```

Der Datensatz enthält Antworten auf sieben Items und zwei externe Variablen (Geschlecht und Alter). Die ersten Zeilen des Datensatzes können Sie über head(zufKOL) ausgeben. Aus Platzgründen rufen wir an dieser Stelle nur die letzten drei Items und die beiden externen Variablen auf.

```
> head(zufKOL[, 5:9])
  KOL_31d KOL_34d KOL_35d     sex alter
1       0       1       1 weiblich    49
2       0       1       1 weiblich    46
3       0       1       0 männlich    49
4       0       1       1 männlich    41
5       1       0       0 männlich    26
6       0       1       0 weiblich    46
```

Aus der Beschreibung der Daten wissen wir bereits, dass negativ kodierte Items vorhanden sind. Diese müssen wir im ersten Schritt rekodieren.

```
> KOL_5kor <- ifelse(zufKOL$KOL_5d == 0, 1, 0)
> KOL_12kor <- ifelse(zufKOL$KOL_12d == 0, 1, 0)
> KOL_19kor <- ifelse(zufKOL$KOL_19d == 0, 1, 0)
> KOL_31kor <- ifelse(zufKOL$KOL_31d == 0, 1, 0)
```

Nun können wir uns einen Datensatz mit den positiv kodierten und den rekodierten Items erstellen. Damit wir die positiv kodierten Items ebenso einfach mit ihren Namen aufrufen können, führen wir zuerst die Funktion attach() durch.

```
> attach(zufKOL)
```

Wir vergeben den neuen Datensatz den Namen zufKOLr. Das kleine r zum Schluss bedeutet rekodiert.

```
> zufKOLr <- cbind(KOL_5kor, KOL_12kor, KOL_19kor, KOL_26d,
+     KOL_31kor, KOL_34d, KOL_35d)
```

Die Variablennamen des Datensatzes sind sehr unverständlich. Deshalb benennen wir die Items im nächsten Schritt um. Das erfolgt mit der Funktion colnames(). Die Variablenbezeichnung soll den Sinn des Items wiedergeben.

```
> colnames(zufKOLr) <- c("untstütz", "privkontakt",
+     "interessen", "freunde", "gespräch", "rat", "treffen")
```

Sehen wir uns die ersten paar Zeilen des neuen Datensatzes an.

```
> head(zufKOLr)
```

```
     untstütz privkontakt interessen freunde gespräch rat treffen
[1,]        1           1          1       1        1   1       1
[2,]        1           1          1       1        1   1       1
[3,]        0           1          1       1        1   1       0
[4,]        1           1          1       1        1   1       1
[5,]        1           1          0       0        0   0       0
[6,]        1           1          1       1        1   1       0
```

Jetzt steht uns der Datensatz zufKOLr für die Itemanalyse zur Verfügung.

Die externen Variablen (sex und alter) sind im originalen Datensatz zufKOL enthalten. Da wir attach() durchgeführt haben, können diese beiden Variablen für die Analyse direkt aufgerufen werden. Mit der Funktion levels() können wir die Levels der einzelnen Variablen ansehen. Wenn wir z. B. wissen möchten, mit welcher Ziffer die Frauen kodiert werden, schreiben wir

```
> levels(sex)
```

```
[1] "männlich" "weiblich"
```

An erster Stelle steht "männlich" und an zweiter Stelle "weiblich". Die Namen werden alphabetisch geordnet und somit wird intern den Männern die Ziffer 1 und den Frauen die Ziffer 2 zugeordnet.

## 7.4. Parametrische Überprüfung des Rasch Modells

Ablauf der parametrischen Modellüberprüfung:

- Subgruppeninvarianz: Auf globalem Level wenden wir den Andersen-LRT an. Mögliche problematische Items werden über den DIF-Plot identifiziert. Zu Demonstrationszwecken zeigen wir ebenso das Streudiagramm und die Ergebnisse des Wald-Tests.
  - Es stehen uns die Teilungskriterien Personenscore, Geschlecht und Alter zur Verfügung. Somit haben wir drei mögliche Teilungskriterien für

die Überprüfung auf Subgruppeninvarianz. Wir nehmen ein globales $\alpha$ von 10% an. Wir wählen die Bonferroni-Korrektur. Auf globalem Level entspricht das $\alpha^* = 0.1/3 = 0.033$.

– Zur Untersuchung auf Itemebene müssen wir eine weitere Korrektur einführen. Der Subtest beinhaltet sieben Items. Somit erhalten wir ein $\alpha^* = 0.033/7 = 0.0047$.

• Homogenität der Items: Zur Überprüfung der Homogenität der Items wird der Martin-Löf-Test angewendet. Die Überprüfung erfolgt anhand von zwei Teilungskriterien. Zur Untersuchung des Anstieges der ICCs wählen wir das interne Teilungskriterium Itemscore. Weiters möchten wir die a priori Hypothese positive vs. negativ formulierte Items untersuchen. Somit führen wir zwei Modelltests durch. Das $\alpha$ beträgt 10%. Durch die Korrektur erhalten wir ein $\alpha^*$ von 5%.

• Lokale stochastische Unabhängigkeit: Zur Überprüfung dieser Annahme wenden wir wieder den Andersen-LRT und den DIF-Plot an und wählen eines der als zu sehr abhängig voneinander angenommenen Items als Teilungskriterium. A priori haben sich zwei Hypothesen gebildet. Wir überprüfen die Abhängigkeit der Items `untstütz` mit `rat`, sowie der Items `privkontakt`, `freunde` und `treffen`. Nachdem durch die Anwendung eines Items als Teilungskriterium immer wieder ein neuer Datensatz entsteht (ohne das Teilungs-Item) wird an dieser Stelle keine Alpha-Korrektur vorgenommen. Das globale $\alpha$ beträgt somit 10%. Zur Untersuchung der Annahmen auf Itemebene müssen wir $\alpha$ korrigieren, nämlich mit $0.1/6 = 0.0166$.

Im ersten Schritt werden alle Analysen durchgeführt und bedeutsame Auffälligkeiten interpretiert. Sollten Items auffällig sein, werden sie nacheinander von der Analyse ausgeschlossen und die Analyse wiederholt bis wir a posteriori die Gültigkeit des Rasch Modells erreichen.

Begründung: Es wird immer nur das auffälligste Item ausgeschieden, denn durch die Schätzung und Überprüfung der Itemparameter an einem Datensatz können modellkonforme Items als auffällig erscheinen und umgekehrt, tatsächlich dem Modell widersprechende Items fälschlicherweise unentdeckt bleiben.

Anmerkung: Die Reanalyse wird aus Platzgründen nicht so detailliert beschrieben, sondern die Ergebnisse werden zusammengefasst dargestellt.

## Schätzung der Parameter

Vor der eigentlichen Analyse müssen wir das Paket **eRm** laden.

```
> library(eRm)
```

Im ersten Schritt schätzen wir die Itemparameter und Personenparameter des Rasch Modells und erstellen die jeweiligen Grafiken dazu.

```
> resz <- RM(zufKOLr)
```

```
> summary(resz)
```

```
Results of RM estimation:

Call:  RM(X = zufKOLr)

Conditional log-likelihood: -1345
Number of iterations: 8
Number of parameters: 6

Item (Category) Difficulty Parameters (eta): with 0.95 CI:
            Estimate Std. Error lower CI upper CI
privkontakt   -0.451      0.097   -0.641   -0.262
interessen    -0.496      0.098   -0.687   -0.305
freunde       -0.200      0.092   -0.381   -0.019
gespräch      -0.301      0.094   -0.485   -0.118
rat            0.083      0.088   -0.090    0.256
treffen        1.203      0.083    1.041    1.365

Item Easiness Parameters (beta) with 0.95 CI:
                 Estimate Std. Error lower CI upper CI
beta untstütz      -0.163      0.087   -0.334    0.009
beta privkontakt    0.451      0.097    0.262    0.641
beta interessen     0.496      0.098    0.305    0.687
beta freunde        0.200      0.092    0.019    0.381
beta gespräch       0.301      0.094    0.118    0.485
beta rat           -0.083      0.088   -0.256    0.090
beta treffen       -1.203      0.083   -1.365   -1.041
```

Der Output zeigt, dass treffen das schwierigste Item ist, gefolgt von untstütz und rat usw.

Als Nächstes sehen wir uns die empirischen ICCs der einzelnen Items an.

```
> plotICC(resz, empICC = list("raw"), empCI = list())
```

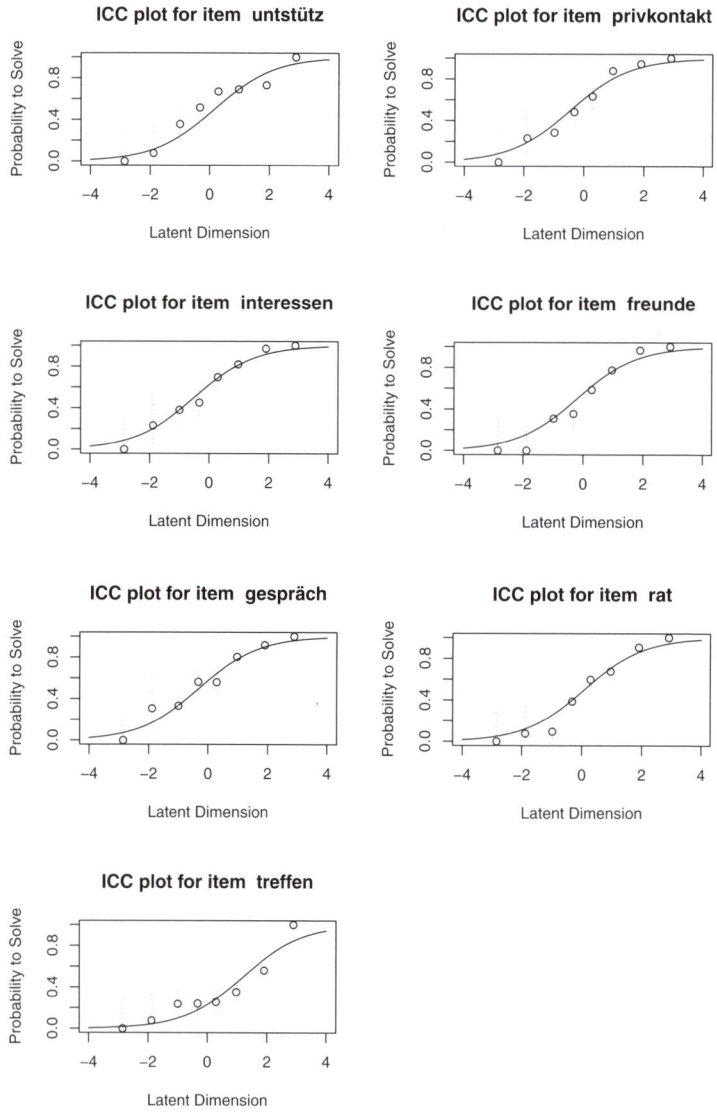

Die empirischen Konfidenzintervalle stimmen im Großen und Ganzen gut mit der jeweiligen ICC überein. Einzig bei den Items untstütz und treffen zeigen sich kleine Abweichungen, die jedoch noch nichts bedeuten müssen.

Im nächsten Schritt sehen wir uns die Personenparameter an.

```
> persz <- person.parameter(resz)
```

```
> print(persz)
```

Person Parameters:

| Raw Score | Estimate | Std.Error |
|---|---|---|
| 0 | -2.848 | NA |
| 1 | -1.884 | 1.091 |
| 2 | -0.982 | 0.854 |
| 3 | -0.322 | 0.786 |
| 4 | 0.291 | 0.791 |
| 5 | 0.967 | 0.867 |
| 6 | 1.901 | 1.110 |
| 7 | 2.901 | NA |

Was wir aus dem Output ablesen können ist, dass jede Ausprägung (jeder Personenscore) geschätzt werden konnte. In manchen Fällen kommt es vor, dass z. B. auch der Personenscore von 1 in den Daten nicht vorkommt (d. h. es gibt keine Person, die genau ein Item im Test gelöst hat) und daher ebenso nicht geschätzt werden kann.

Weitaus interessanter ist die Person-Item-Map. Diese erhalten wir über

```
> plotPImap(resz)
```

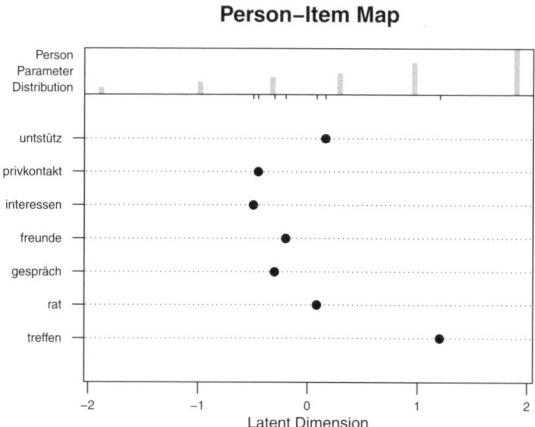

Wir sehen im oberen Teil, dass sehr viele Personen einen hohen Personenscore erreicht haben. Daher ist der höchste Gipfel unsere Personenverteilung auf der rechten Seite der Grafik. Dieser Umstand kann Auswirkungen auf die Überprüfung der Subgruppeninvarianz haben z. B., dass das interne Teilungskriterium median nicht funktioniert, weil die Parameter nicht schätzbar sind.

Im unteren Teil der Grafik sehen wir die Aufteilung der Itemparamterschwierigkeiten auf der latenten Dimension. Im linken Bereich der Personenverteilung befinden sich keine Items. Der rechte Bereich wird nur vom letzten Item abgedeckt. Die restlichen Items schwanken um 0. Der Test kann Personen mit mittlerer Fähigkeitsausprägung gut erfassen, jedoch die äußeren Bereiche werden vernachlässigt. Die untere Seite spielt dabei nicht so eine große Rolle, da hier nur sehr wenige Personen vorhanden sind, jedoch sollten für den oberen Bereich weitere Items dazu konstruiert werden (schwierigere Items).

## Subgruppeninvarianz

Zuerst berechnen wir den Andersen-LRT für das interne Teilungskriterium Personenscore median.

```
> lrtz1 <- LRtest(resz)
```

Als Output erhalten wir die Fehlermeldung: `No items with appropriate response patterns left to perform LR-test!`

Wir wissen von der Person-Item-Map bereits, dass viele Personen einen eher höheren Personenscore erreicht haben. Im nächsten Schritt sehen wir uns an, ob die Fehlermeldung damit zusammenhängt.

Zuerst berechnen wir die Personenscores des Datensatzes.

```
> r.ges <- rowSums(zufKOLr)
```

Der Median des Personenscores beträgt

```
> m.ges <- median(r.ges)
> m.ges
```

```
[1] 6
```

Damit kommen alle Personen, die bis zu sechs Items mit 1 beantwortet haben, in die niedrigere und alle Personen, die mehr als sechs Items mit 1 beantwortet haben, in die höhere Fähigkeitsgruppe. Insgesamt beinhaltet unser Datensatz nur sieben Items. Somit sind in der höheren Fähigkeitsgruppe nur Personen, die auf alle Items mit 1 geantwortet haben. Somit ist in dieser Gruppe kein Item schätzbar.

Sehen wir uns diesen Fall genauer an. Wir erstellen das Teilungskriterium händisch. Uns interessiert nur die obere Fähigkeitsgruppe. Wir wählen jene Personen (also Zeilen) aus, deren Personenscore größer als der Median des Personenscores ist (`r.ges > m.ges`).

```
> teilKOL <- zufKOLr[r.ges > m.ges, ]
```

Zum Schluss berechnen wir die Mittelwerte einer jeden Spalte (eines jeden Items) für die obere Gruppe. Dazu verwenden wir die Funktion `colMeans()`, welche die Mittelwerte einer jeden Spalte einer Matrix berechnet. Bei dichotomen Items ist der Mittelwert gleich der relativen Häufigkeit. Ein Mittelwert von 1 bedeutet, dass das Item von allen Personen mit 1 beantwortet wurde.

```
> colMeans(teilKOL)

 untstütz privkontakt   interessen     freunde    gespräch
        1           1            1           1           1
      rat     treffen
        1           1
```

Wir sehen, dass die Personen in der oberen Gruppe auf alle Items mit 1 geantwortet haben. Somit ist in der oberen Gruppe kein Item schätzbar. Wir benötigen ein anderes Teilungskriterium.

Sehen wir uns zuerst das Teilungskriterium mean an.

```
> mean(rowSums(zufKOLr))

[1] 5.17
```

Der Mittelwert (mean) unterscheidet sich vom Median. Wenn wir den mean als Teilungskriterium verwenden, dann werden der oberen Gruppe die Personen zugeteilt, die sechs oder sieben Items mit 1 beantwortet haben. Somit verwenden wir ihn als nächstmögliches internes Teilungskriterium.

```
> lrtz2 <- LRtest(resz, splitcr = "mean")


> lrtz2

Andersen LR-test:
LR-value: 55.2
Chi-square df: 6
p-value:  0
```

Das Ergebnis ist $p < .001$ und somit signifikant.

Wir sehen uns für das erste Teilungskriterium ebenso das Streudiagramm an. Wie beim Wald-Test besteht beim Streudiagramm ebenso die Möglichkeit die Irrtumswahrscheinlichkeit $\alpha$ zu korrigieren. Wir verwenden drei Teilungskriterien und der Test beinhaltet sieben Items. Die korrigierte Irrtumswahrscheinlichkeit beträgt $\alpha^* = 0.1/(3 \times 7) = 0.0047$. Das korrigierte Konfidenzintervall berechnet man mit $1 - (0.1/(3 \times 7))$. In plotGOF() kann man das Konfidenzintervall mit gamma ändern.

```
> plotGOF(lrtz2, conf = list(gamma = (1 - (0.1/(3 *
+       7)))))
```

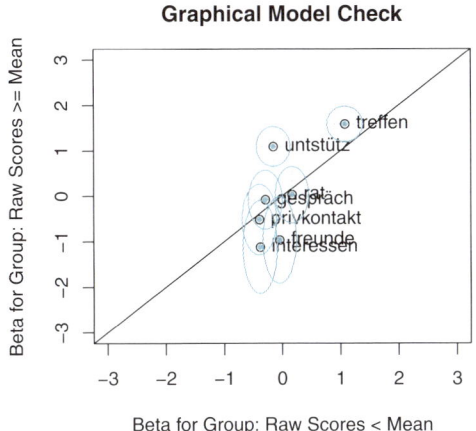

Der Output ist etwas unübersichtlich, deshalb lassen wir nur die Ellipsen der Items anzeigen, deren Konfidenzellipsen nicht die 45°-Gerade schneiden (which = c(1,7)).

```
> plotGOF(lrtz2, conf = list(which = c(1, 7), gamma = (1 -
+       (0.1/(3 * 7)))))
```

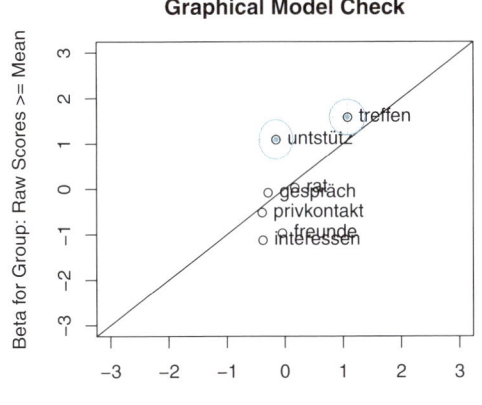

Das Item untstütz ist sehr weit von der 45°-Geraden entfernt und kann als problematisch eingestuft werden. Das Item treffen schneidet gerade noch die Gerade.

Wir können uns die Abweichungen der Itemparameterschwierigkeiten ebenso über den DIF-Plot ansehen. Auch hier können wir über gamma ein korrigiertes Konfidenzintervall ausgeben lassen.

```
> plotDIF(lrtz2, gamma = 1 - (0.1/(3 * 7)))
```

**Confidence plot**

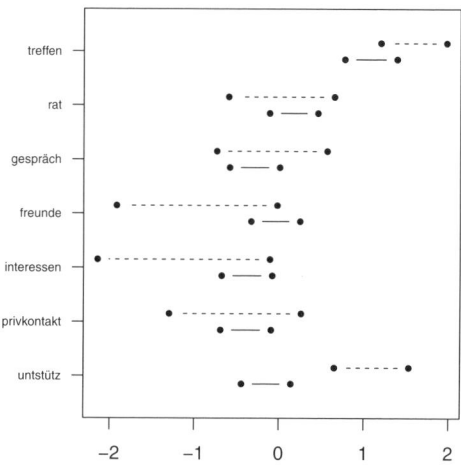

Der Output zeigt, dass die beiden Itemparameter des ersten Items untstütz bedeutsam voneinander abweichen. Das Item ist für die untere Fähigkeitsgruppe bedeutsam leichter. Die restlichen Items zeigen für das interne Teilungskriterium keine Verletzung der Annahme der Subgruppeninvarianz. Ein interessantes Bild zeigt sich für die Items interessen und freunde. Die Konfidenzintervalle sind überlappend, jedoch sind die jeweiligen Konfidenzintervalle für die obere Gruppe sehr breit. Das kann dadurch zustande kommen, da in der oberen Gruppe nur Personen mit den Personenscores 6 und 7 sind und die Items dadurch weniger präzise schätzbar sind. Natürlich könnte man dem entgegenzuwirken versuchen, indem ein anderes Personenscore Teilungskriterium gewählt wird.

Wollen wir einen statistischen Test zur Überprüfung verwenden, können wir einen Waldtest() durchführen.

```
> Waldtest(resz, splitcr = "mean")
```

Wald test on item level (z-values):

|                 | z-statistic | p-value |
|-----------------|------------:|--------:|
| beta untstütz   |       6.672 |   0.000 |
| beta privkontakt|      -0.437 |   0.662 |
| beta interessen |      -1.991 |   0.047 |
| beta freunde    |      -2.646 |   0.008 |
| beta gespräch   |       0.805 |   0.421 |
| beta rat        |      -0.591 |   0.554 |
| beta treffen    |       2.882 |   0.004 |

Das $\alpha^*$ beträgt 0.0047. Demnach zeigen das erste und das letzte Item mit einem $p < 0.001$ und $p = 0.004$ eine bedeutsame Abweichung. Eine Abweichung mit einem positiven $z$-Wert bedeutet, dass das erste Item für die untere Gruppe leichter ist als für die obere Gruppe und umgekehrt.

Als nächstes sehen wir uns das Teilungskriterium Geschlecht an.

```
> lrtz_s <- LRtest(resz, splitcr = sex)
> lrtz_s
```

Andersen LR-test:
LR-value: 15.2
Chi-square df: 6
p-value:  0.019

Das $\alpha^*$ beträgt 0.033. Somit ist das Ergebnis signifikant. Auf plotGOF() verzichten wir an dieser Stelle. Der DIF-Plot wird am Ende für alle Teilungskriterien erstellt.

Man könnte sich die Items noch mithilfe des Waldtest() ansehen.

```
> Waldtest(resz, splitcr = sex)
```

Wald test on item level (z-values):

|               | z-statistic | p-value |
|---------------|------------:|--------:|
| beta untstütz |      -0.427 |   0.669 |

```
beta privkontakt      1.168    0.243
beta interessen       0.056    0.956
beta freunde          1.328    0.184
beta gespräch         0.563    0.573
beta rat              0.572    0.567
beta treffen         -3.633    0.000
```

Das Ergebnis zeigt, dass das letzte Item ($p < .001$) auffällt. Die erste Gruppe sind die Männer. Somit zeigt das Ergebnis mit einem negativen Vorzeichen, dass das Item für die Männer schwieriger als für die Frauen ist.

Als letztes Teilungskriterium sehen wir uns noch das Alter der Lehrpersonen an.

```
> hist(alter)
```

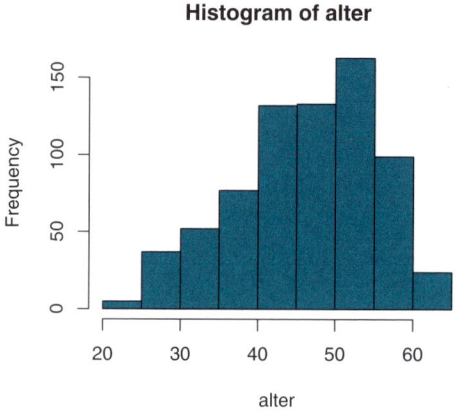

**Histogram of alter**

```
> summary(alter)

 Min. 1st Qu.  Median    Mean 3rd Qu.    Max.
 23.0    41.0    48.0    46.7    54.0    65.0
```

Die jüngste Person ist 23 Jahre und die älteste Person 65. Es bietet sich eine Teilung in drei Gruppen an. Es könnte sein, dass sich DIF für die jüngsten vs. Personen im mittleren Alter vs. Personen im höheren Alter zeigt.

```
> age1 <- cut(alter, breaks = c(0, 40, 50, 65))
> age2 <- as.numeric(age1)
> table(age2)

age2
  1   2   3
171 265 286
```

Das Teilungskriterium age2 können wir nun verwenden.

```
> lrtz_a <- LRtest(resz, splitcr = age2)
> lrtz_a

Andersen LR-test:
LR-value: 11.8
Chi-square df: 12
p-value:  0.459
```

Das Ergebnis ist nicht signifikant.

Der Wald-Test kann nicht durchgeführt werden, da nur zwei Personengruppen gegeneinander überprüfbar sind.

Als letztes sehen wir uns für alle Teilungskriterien den DIF-Plot an.

```
> sumplotDIFz <- list(lrtz2, lrtz_s, lrtz_a)
> plotDIF(sumplotDIFz, gamma = 1 - (0.1/(3 * 7)), distance = 0.1)
```

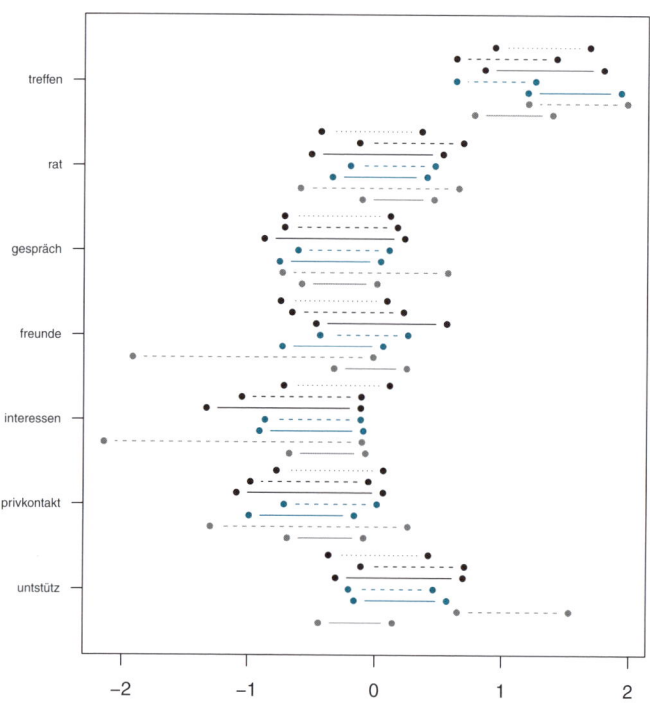

Der Output zeigt, dass es keine bedeutsamen Auffälligkeiten im Kriterium Alter gibt. Wie bereits beschrieben, fällt das erste Item untstütz im internen Teilungskriterium auf. Im Gegensatz zum Ergebnis des Wald-Tests, sieht man für das letzte Item treffen im DIF-Plot für das Teilungskriterium Geschlecht keinen signifikanten Unterschied. Die Konfidenzintervalle überlappen sich gerade noch.

## Homogenität der Items

Zur Überprüfung der Homogenität der Items wenden wir zwei Teilungs-kriterien an. Als internes Teilungskriterium verwenden wir den Itemscore-Median.

```
> loef_z1 <- MLoef(resz)
> summary(loef_z1)

Martin-Loef-Test (split criterion: median)

Group 1:
Items: 1, 4, 6, 7
Log-Likelihood: -655

Group 2:
Items: 2, 3, 5
Log-Likelihood: -287

Overall Rasch-Model:
Log-Likelihood: -1345

LR-value: 18.513
Chi-square df: 11
p-value: 0.07
```

Die erste Gruppe besteht aus den schwierigen Items und die zweite Grup-pe aus den leichteren Items. Das Ergebnis ist mit einem $p = 0.07$ (Alpha-Korrektur: $0.1/2 = 0.05$) gerade noch nicht signifikant.

Als nächstes sehen wir die positiv vs. die negativ kodierten Items an.

```
> theorie_splitz <- c(1, 1, 1, 0, 1, 0, 0)
> loef_z3 <- MLoef(resz, splitcr = theorie_splitz)
> summary(loef_z3)

Martin-Loef-Test (split criterion: user-defined)

Group 1:
Items: 1, 2, 3, 5
Log-Likelihood: -537
```

```
Group 2:
Items: 4, 6, 7
Log-Likelihood: -343

Overall Rasch-Model:
Log-Likelihood: -1345

LR-value: 13.89
Chi-square df: 11
p-value: 0.239
```

Das Ergebnis ist ebenso nicht signifikant. *ohne Waldschen (k)*

## Lokale stochastische Unabhängigkeit *Beihe d. Rav bei LRT*

Zum Schluss überprüfen wir noch unsere aufgestellten Hypothesen bezüglich möglicher lokaler stochastischer Abhängigkeiten zwischen Items.

Als erstes betrachten wir die Items 1 untstütz und 6 rat. Wir entscheiden uns, das Item 1 als Teilungskriterium zu verwenden. Ob sich in beiden Gruppen (Gruppe 0 und Gruppe 1) genügend Personen befinden, sehen wir mit

```
> table(zufKOLr[, 1])

  0   1
202 520
```

Wenn wir das erste Item als Teilungskriterium verwenden, dann befinden sich in der Gruppe 0 $n_0 = 202$ und in der Gruppe 1 $n_1 = 520$ Personen. Demnach eignet sich das Item gut als Teilungskriterium, jede Gruppe besteht aus genügend Personen.

Als nächstes müssen wir die Itemparameter des Rasch Modells ohne das erste Item schätzen.

```
> resz_I1 <- RM(zufKOLr[, -1])
```

Nun können wir den LRT anwenden.

```
> lrtz_I1 <- LRtest(resz_I1, splitcr = zufKOLr[, 1])
> lrtz_I1

Andersen LR-test:
LR-value: 9.06
```

```
Chi-square df: 5
p-value:   0.107
```

Das Ergebnis ist nicht signifikant. Wir sehen uns auch noch den DIF-Plot an.

```
> plotDIF(lrtz_I1, gamma = 1 - (0.1/6))
```

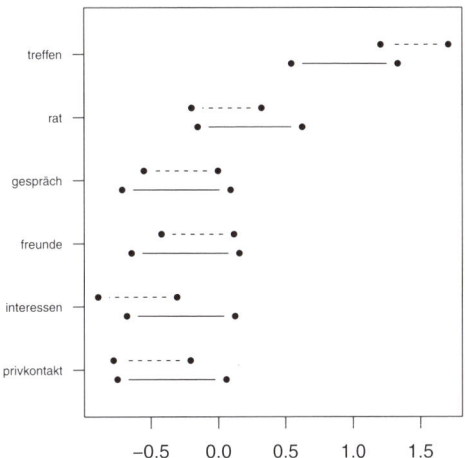

**Confidence plot**

Die a priori Hypothese, dass die Items unt stütz und rat zu sehr voneinander abhängen, kann nicht angenommen werden.

Als Nächstes betrachten wir die Itemgruppe 2 privkontakt, 4 freunde und 7 treffen.

```
> table(zufKOLr[, 7])

  0   1
338 384
```

Anmerkung:

- Bei Itemgruppen, die mehr als zwei Items inkludieren, besteht auch die Möglichkeit mehrere Items aus der Gruppe als Teilungskriterium auszuwählen. Es kann jedoch passieren, dass das ausgewählte Item das falsche

Item ist. Zum Beispiel könnte die theoretische Annahme, dass alle drei Items in der Gruppe zu sehr voneinander abhängig sind, falsch sein. Stellen wir uns drei Items vor. Die Items 1 und 2 zeigen eine zu hohe Korrelation. Wir wählen jedoch das Item 3 als Teilungskriterium. Tritt dieser Fall ein, so wird eine Modellverletzung sehr wahrscheinlich nicht entdeckt werden. Wir gehen an dieser Stelle aber das Risiko ein und verwenden nur das Item treffen als Teilungskriterium.

```
> resz_I7 <- RM(zufKOLr[, 1:6])
> lrtz_I7 <- LRtest(resz_I7, splitcr = zufKOLr[, 7])
> lrtz_I7
```

```
Andersen LR-test:
LR-value: 36.6
Chi-square df: 5
p-value:  0
```

Das Ergebnis ist signifikant. Im nächsten Schritt sehen wir uns den DIF-Plot an.

```
> plotDIF(lrtz_I7, gamma = 1 - (0.1/6))
```

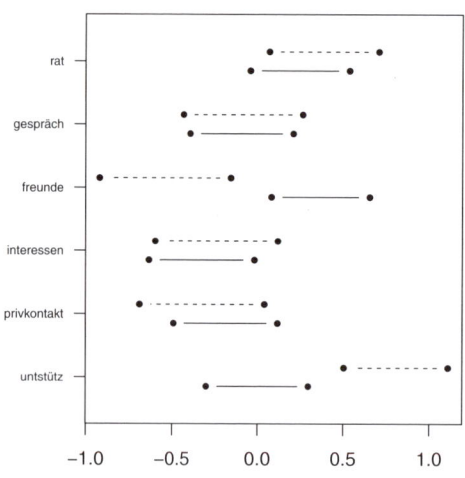

**Confidence plot**

Das Item untstütz ist für Personen, die auf das Item treffen mit 0 geantwortet haben bedeutsam leichter. Dieses Ergebnis spricht für Multidimensionalität zwischen diesen beiden Items. Sie sind nicht auf einer Dimension abbildbar. Inhaltlich geht es bei untstütz um die Unterstützung im Lehrerkollegium und bei treffen um das Treffen außerhalb der Dienstzeit. Zusätzlich weisen diese beiden Items noch die „härtesten" Formulierungen auf, „ich bin nicht zufrieden" statt „ich bin eher nicht zufrieden" und „ich treffe mich regelmäßig" statt „ich treffe mich". Wir nehmen an, dass hier ein Zusammenspiel zwischen Formulierung und Inhalt der Auslöser der Verletzung ist.

Die zweite Auffälligkeit zeigt sich beim Item freunde. Dieses Item ist für Personen, die auf das Item treffen mit 0 geantwortet haben, bedeutsam schwieriger. Das Ergebnis entspricht teilweise der a priori formulierten Annahme. Personen mit vielen guten Freunden im Kollegenkreis treffen sich mit diesen auch regelmäßig außerhalb der Dienstzeit. Zu privkontakt besteht keine Abhängigkeit.

### Zusammenfassung der Ergebnisse

Insgesamt ist der Test zu leicht. Es müssten schwierigere Items konstruiert werden. Die Items 1 untstütz und 7 treffen zeigen leichte Abweichungen bei den empirischen ICCs. Sie sind auch die schwierigsten Items im Test. Das Item untstütz fällt im internen Teilungskriterium auf. Es ist für die untere Fähigkeitsgruppe bedeutsam leichter als für die obere Fähigkeitsgruppe. Das spricht für eine schlechte Diskrimination. Hier könnte die Art der Formulierung zum Tragen kommen. Es ist schwierig zu beantworten, ob man mit der Unterstützung durch die Kollegen nicht zufrieden ist. Es wäre besser eine geschwächte Formulierung zu verwenden und das Items nochmals zu untersuchen. Wir vermuten, dass die Modellabweichung aufgrund der Formulierung zustande kommt.

Im Teilungskriterium Geschlecht fällt das Item treffen tendenziell auf. Es scheint für Männer bedeutsam schwieriger als für Frauen zu sein. Wir vermuten jedoch auch hier, dass die Auffälligkeit aufgrund der Formulierung zustandekommt. Das Wort „regelmäßig" sollte abgeschwächt werden (z. B. mit oft, oder man könnte das Wort regelmäßig auch weglassen) und das Item einer erneuten Überprüfung unterzogen werden.

Weiters ist die Annahme der lokalen stochastischen Unabhängigkeit zwischen den Items freunde und treffen verletzt. Gute Freunde trifft man regelmäßig außerhalb der Dienstzeit. An dieser Stelle wäre es interessant zu untersuchen, ob mit veränderter Formulierung des Items treffen die Abhängigkeit bestehen bleibt. Mit guten Freunden versucht man sich regelmäßig zu treffen. Mit Freunden und Bekannten trifft man sich auch außerhalb der Dienstzeit, jedoch nicht regelmäßig.

Die beiden als nicht modellkonform erscheinenden Items konnten auch als multidimensional identifiziert werden. Die berufliche Unterstützung und das private regelmäßige Treffen sind nicht auf einer Dimension abbildbar. Auch hier wäre eine weitere Untersuchung interessant. Denn genau diese beiden Items scheinen „zu stark" formuliert. Es ist fraglich, ob tatsächlich die unterschiedlichen Inhalte (Treffen außerhalb der Dienstzeit und berufliche Unterstützung) für die Modellverletzung verantwortlich sind, oder doch die bereits genannten Auffälligkeiten in der Formulierung der beiden Items.

### Reanalyse der Daten

Das Item untstütz zeigt die bedeutsamste Abweichung. Es wird die Reanalyse zuerst ohne dieses Item durchgeführt. Aufgrund der Länge einer detaillierten Analyse werden nur die wichtigsten Ergebnisse dargestellt.

Zuerst müssen wir für den Datensatz ohne das Item untstütz die Itemparameter des Rasch Modells schätzen. Anschließend führen wir wieder alle Modelltests durch.

```
> resz1 <- RM(zufKOLr[, 2:7])
> lrtz2r <- LRtest(resz1, splitcr = "mean")
> lrtz2r

Andersen LR-test:
LR-value: 24.2
Chi-square df: 5
p-value:  0
```

```
> lrtz_s1r <- LRtest(resz1, splitcr = sex)
> lrtz_s1r

Andersen LR-test:
LR-value: 16.2
Chi-square df: 5
p-value:  0.006
```

```
> lrtz_a1r <- LRtest(resz, splitcr = age2)
> lrtz_a1r

Andersen LR-test:
LR-value: 11.8
Chi-square df: 12
p-value:  0.459
```

Das Ergebnis bleibt unverändert. Weder für das interne Teilungskriterium noch für Geschlecht kann die Geltung des Rasch Modells angenommen werden. Sehen wir uns den DIF-Plot an.

```
> sumplotDIFzr <- list(lrtz2r, lrtz_s1r)
> plotDIF(sumplotDIFzr, gamma = 1 - (0.1/(3 * 6)), distance = 0.1)
```

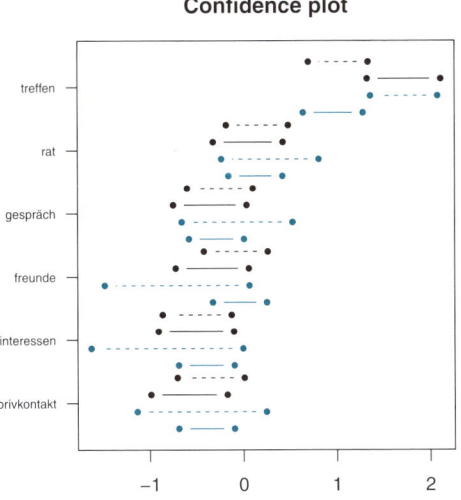

Das Ergebnis des DIF-Plots zeigt, dass das Item treffen in dieser Analyse im internen Teilungskriterium und im externen Teilungskriterium Geschlecht bedeutsam auffällt. Bereits in der vorherigen Analyse ist dieses Item beim internen Teilungskriterium schon tendenziell aufgefallen. Das Item treffen ist für die untere Fähigkeitsgruppe leichter als für die obere Fähigkeitsgruppe.

Somit scheiden wir im nächsten Schritt zusätzlich das Item 7 treffen aus und schätzen erneut die Parameter des Rasch Modells.

```
> resz11 <- RM(zufKOLr[, 2:6])
```

Im nächsten Schritt berechnen wir erneut die drei LRTs.

```
> lrtz2rr <- LRtest(resz11, splitcr = "mean")
> lrtz2rr
```

```
Andersen LR-test:
LR-value: 2.88
Chi-square df: 4
p-value:  0.579
```

```
> lrtz_s1rr <- LRtest(resz11, splitcr = sex)
> lrtz_s1rr
```

```
Andersen LR-test:
LR-value: 0.974
Chi-square df: 4
p-value:  0.914
```

```
> lrtz_a1rr <- LRtest(resz11, splitcr = age2)
> lrtz_a1rr
```

```
Andersen LR-test:
LR-value: 9.05
Chi-square df: 8
p-value:  0.338
```

Die Ergebnisse sind wesentlich besser. Kein LRT zeigt ein signifikantes Ergebnis. Zusätzlich lassen wir uns nochmals den DIF-Plot ausgeben.

```
> sumplotDIFzrr <- list(lrtz2rr, lrtz_s1rr, lrtz_a1rr)
> plotDIF(sumplotDIFzrr, gamma = 1 - (0.1/(3 * 5)),
+      distance = 0.1)
```

**Confidence plot**

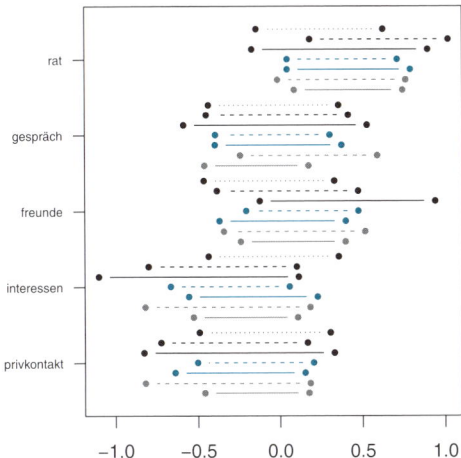

Die Itemparameter unterscheiden sich über die Gruppen nicht. Aus dem engen Bereich der Itemschwierigkeiten (*x*-Achse) lässt sich ablesen, dass die Items alle ähnlich schwierig sind.

Somit kann die Aussage getätigt werden: Das Rasch Modell gilt a posteriori. Die Items untstütz und treffen dürfen wahrscheinlich aufgrund ihrer Formulierung auffällig geworden sein. Es wird empfohlen, die Items umzuformulieren, theoretisch schwierigere Items hinzuzufügen und die Skala anhand einer neuen Stichprobe nochmals zu analysieren.

# 7.5. Überprüfung des Rasch Modells mit quasi-exakten Tests

Es wird eine auf den Inhalt der Daten und a priori aufgestellten Hypothesen zugeschnittene Vorgehensweise gewählt. Deshalb werden nicht alle verfügbaren Test-Statistiken angewendet.

- Subgruppeninvarianz: Als Test-Statistik wählen wir $T_{10}$. Zur Analyse der Annahme der Subgruppeninvarianz stehen uns die Teilungskriterien Personenscore, Geschlecht und Alter zur Verfügung. Somit haben wir drei mögliche Teilungskriterien für die Überprüfung auf Subgruppeninvarianz. Wir nehmen ein globales $\alpha$ von 10% an. Wir wählen die Bonferroni-Korrektur. Auf globalem Level entspricht das $\alpha^* = 0.1/3 = 0.033$

- Auf Itemebene wenden wir die Test-Statistik $T_4$ an. Diese hat den Vorteil, dass hier dem Modell widersprechende Items Rasch modellkonforme Items nicht beeinflussen können, und dass andere problematische Items nicht fälschlicherweise als Rasch modellkonform erscheinen können. Stehen keine a priori Hypothesen zur Verfügung, bleibt nichts anderes übrig, als im ersten Schritt für jedes Item einzeln eine Analyse durchzuführen (explorative Vorgehensweise). In einem Zwischenschritt werden wir auffällige Items inhaltlich erklären und zusammenfassen. Im letzten Schritt berechnen wir für jede auffällige Itemgruppe eine Test-Statistik und korrigieren $\alpha$ mit 0.033-mal der Anzahl der durchgeführten $T_4$.

- Mehrdimensionale Subskalen: Wir führen zwei Modelltests mit der Test-Statistik $T_{md}$ durch. Somit ergibt sich ein $\alpha^*$ von 5%. Zur Untersuchung des Anstieges der ICCs wählen wir das interne Teilungskriterium Itemscore. Weiters möchten wir die a priori Hypothese positive vs. negativ formulierte Items untersuchen.

- Lokale stochastische Unabhängigkeit und/oder Multidimensionalität. Auf globalem Level wenden wir die Test-Statistik $T_{11}$ an.

  - Auf Itemebene wenden wir $T_1$ an. Mit 7 Items führen wir $\binom{n}{k} = (7 \text{ über } 2) = 21$ Korrelationen durch. Das $\alpha^*$ beträgt $0.1/21 = 0.0024$.

  Durch Anwendung der Statistik $T_1$ können wir einerseits unsere a priori aufgestellten Hypothesen überprüfen und andererseits geben $p$-Werte größer als 0.9 bereits darüber Auskunft, ob eventuell multidimensionale Itemgruppen vorhanden sind. Erhalten wir $p$-Werte über 0.9 wird zusätzlich $T_{1m}$ angewendet.

  Je nach Ergebnis der bisherigen Analysen ändert sich die Anzahl der durchgeführten Test-Statistiken $T_2$ und $T_{2m}$. Zeigen z. B. nur Itemgruppen mit zwei Items Auffälligkeiten, so muss $T_2$ ($T_{2m}$) nicht mehr durchgeführt werden. Zeigen z. B. drei Items zueinander Auffälligkeiten, so wenden wir $T_2$ ($T_{2m}$) an. Somit kann die notwendige Alpha-Korrektur zu diesem Zeitpunkt noch nicht bestimmt werden, sondern erfolgt erst direkt bei der Analyse.

- Trennschärfe: Zusätzlich wenden wir noch $T_{pbis}$ an. Diese zeigt uns, ob ein Item zum restlichen Test passt oder nicht. Weichen Items signifikant ab, so kann dies durch unterschiedliche Diskrimination oder Multidimensionalität begründet sein. Es wird für jedes Item des Datensatzes eine Test-Statistik berechnet. Somit erhalten wir sieben Test-Statistiken. Der Wert $\alpha$ muss somit korrigiert werden ($\alpha^* = 0.1/7 = 0.014$).

Wie auch bei der parametrischen Analyse werden im ersten Schritt alle Analysen durchgeführt und bedeutsame Auffälligkeiten theoriegeleitet interpretiert. Sollten Items der Modellgeltung widersprechen, werden sie von der Analyse ausgeschlossen und die Analyse wiederholt bis wir a posteriori die Gültigkeit des Rasch Modells erreichen. Je nach Auffälligkeitsmuster wird nur das auffälligste Items oder eine ganze Itemgruppe ausgeschieden.

Anmerkung: Die Reanalyse wird aus Platzgründen nicht so detailliert beschrieben, sondern die Ergebnisse werden zusammengefasst dargestellt.

### Die Daten

Die Daten wurden bereits vor der parametrischen Modellüberprüfung (siehe S. 173) eingelesen und aufbereitet.

### Subgruppeninvarianz

Zuerst überprüfen wir Subgruppeninvarianz mit der globalen Test-Statistik $T_{10}$ (siehe Seite 136).

Auch wenn wir durch die parametrische Analyse wissen, dass das interne Teilungskriterium Median nicht anwendbar ist, verwenden wir es hier nocheinmal zu Demonstrationszwecken.

```
> t10k1 <- NPtest(zufKOLr, n = 1000, method = "T10",
+      burn_in = 500, step = 64, seed = 567812)


> t10k1

Nonparametric RM model test: T10 (global test -
    subgroup-invariance)
Number of sampled matrices: 1000
Split: median
Group 1: n =  175    Group 2: n = 547
one-sided p-value: 1
```

Der *p*-Wert ist genau 1. Ein Ergebnis von 1 ist untypisch. Es würde bedeuten, dass in allen simulierten Matrizen dieselben oder noch größere Abweichungen vorhanden sind.

Wir haben bereits bei der parametrischen Analyse die Daten etwas genauer angesehen (siehe S. 181). Zur Erinnerung, die R-Befehle waren

```
> r.ges <- rowSums(zufKOLr)
> m.ges <- median(r.ges)
> teilKOL <- zufKOLr[r.ges > m.ges, ]
> colMeans(teilKOL)
```

In der oberen Fähigkeitsgruppe haben alle Personen auf alle Items mit 1 geantwortet. Damit ist klar, dass in der oberen Fähigkeitsgruppe keine Vertauschungen der Zelleneinträge möglich sind. Alle berechneten Test-Statistiken erhalten den gleichen Wert. Das Teilungskriterium ist nicht anwendbar.

Im nächten Schritt versuchen wir eine Teilung am Personenscore-Mittelwert.

```
> me.ges <- mean(r.ges)
> teilKOLm <- zufKOLr[r.ges > me.ges, ]
> colMeans(teilKOLm)
  untstütz privkontakt  interessen     freunde    gespräch
     0.855       0.971       0.984       0.982       0.955
       rat     treffen
     0.950       0.763
```

Der Mittelwert des ersten Items beträgt 0.8553. Das Item wurde in 85.53% der Fälle gelöst. Da alle Werte kleiner 1 sind, sind in jeder Spalte die Einträge 0 und 1 enthalten. Wir können das Teilungskriterium mean verwenden.

Jetzt führen wir $T_{10}$ für das interne Teilungskriterium mean durch.

```
> t10k2 <- NPtest(zufKOLr, n = 1000, method = "T10",
+     splitcr = "mean", burn_in = 500, step = 64, seed = 567812)
```

```
> t10k2

Nonparametric RM model test: T10 (global test -
    subgroup-invariance)
Number of sampled matrices: 1000
Split: mean
Group 1: n =  380    Group 2: n = 342
one-sided p-value: 0
```

Mit $p < .001$ ist das Ergebnis signifikant.

Als nächstes Teilungskriterium verwenden wir Geschlecht.

```
> t10k3 <- NPtest(zufKOLr, n = 1000, method = "T10",
+       splitcr = sex, burn_in = 500, step = 64, seed = 567812)
```

```
> t10k3

Nonparametric RM model test: T10 (global test -
    subgroup-invariance)
Number of sampled matrices: 1000
Split: sex
Group 1: n =  316   Group 2: n = 406
one-sided p-value: 0.022
```

Verglichen mit dem $\alpha^* = 0.033$, ist auch dieses Ergebnis signifikant.

Das letzte Teilungskriterium ist Alter. Wir verwenden das bereits bei der parametrischen Analyse erstellte age2.

```
> t10k4 <- NPtest(zufKOLr, n = 1000, method = "T10",
+       splitcr = age2, burn_in = 500, step = 64, seed = 567812)
> t10k4
```

Wir erhalten eine Fehlermeldung: Split vector defines more than 2 groups (only two allowed)! Es ist nur eine Teilung in zwei Personengruppen möglich. Wir könnten im nächsten Schritt ein neues Teilungskriterium erstellen z. B. jüngere vs. ältere Lehrpersonen. Das wollen wir jedoch nicht. Wir können die drei Gruppen auf Itemebene überprüfen. Wir behalten die ursprüngliche Korrektur ($\alpha^* = 0.1/3$) bei, da wir auf Itemebene wieder mit allen drei Teilungskriterien arbeiten werden.

Als nächstes untersuchen wir die Items auf Itemebene. Dazu verwenden wir $T_4$ (siehe Seite 142). Da wir im ersten Schritt explorativ vorgehen, müssen wir für jedes Item bei jedem Teilungskriterium eine eigene Test-Statistik berechnen.

Als erstes verwenden wir das interne Teilungskriterium mean. Für dieses Teilungskriterium müssen wir zuerst zwei Gruppen erstellen.

```
> meank1 <- ifelse(r.ges <= mean(r.ges), 0, 1)
```

Wir betrachten die untere Fähigkeitsgruppe (Gruppe 0). Weiters behalten wir die Grundeinstellung bei. Ein signifikantes Ergebnis würde bedeuten, dass das Item für die untere Gruppe zu leicht ist. Ein Ergebnis von $p > 0.9$ gäbe Hinweise darauf, dass das Item für die untere Gruppe zu schwierig sein könnte.

```
> t41k1 <- NPtest(zufKOLr, n = 1000, method = "T4",
+      idx = 1, group = meank1 == 0, burn_in = 500, step = 64,
+      seed = 908970)
> t41k2 <- NPtest(zufKOLr, n = 1000, method = "T4",
+      idx = 2, group = meank1 == 0, burn_in = 500, step = 64,
+      seed = 918971)
> t41k3 <- NPtest(zufKOLr, n = 1000, method = "T4",
+      idx = 3, group = meank1 == 0, burn_in = 500, step = 64,
+      seed = 928972)
> t41k4 <- NPtest(zufKOLr, n = 1000, method = "T4",
+      idx = 4, group = meank1 == 0, burn_in = 500, step = 64,
+      seed = 938973)
> t41k5 <- NPtest(zufKOLr, n = 1000, method = "T4",
+      idx = 5, group = meank1 == 0, burn_in = 500, step = 64,
+      seed = 948974)
> t41k6 <- NPtest(zufKOLr, n = 1000, method = "T4",
+      idx = 6, group = meank1 == 0, burn_in = 500, step = 64,
+      seed = 958975)
> t41k7 <- NPtest(zufKOLr, n = 1000, method = "T4",
+      idx = 7, group = meank1 == 0, burn_in = 500, step = 64,
+      seed = 968976)
```

Beispielhaft sehen wir uns den Output für das erste Item an.

```
> t41k1

Nonparametric RM model test: T4 (Group anomalies - DIF)
(counting high raw scores on item(s) for specified group)
Number of sampled matrices: 1000
Items in Subscale: 1
Group: meank1 == 0    n = 342
one-sided p-value: 0
```

Das erste Item ist für die untere Fähigkeitsgruppe ($n = 342$) bedeutsam leichter ($p < .001$) als unter dem Rasch Modell erwartet.

Damit wir in diesem Buch für jedes Item den $p$-Wert in übersichtlicher Form erhalten, schreiben wir

```
> rest41k <- as.numeric(c(t41k1[2], t41k2[2], t41k3[2],
+     t41k4[2], t41k5[2], t41k6[2], t41k7[2]))
> names(rest41k) <- c("untstütz", "privkontakt", "interessen",
+     "freunde", "gespräch", "rat", "treffen")
> rest41k
   untstütz privkontakt  interessen      freunde     gespräch
      0.000       0.964       0.999        1.000        0.663
        rat     treffen
      0.980       0.060
```

Die Zahl [2] am Ende jeder Test-Statistik bewirkt, dass wir nur den jeweiligen $p$-Wert des gesamten Outputs erhalten. Sie können es selbst ausprobieren, z. B. geben Sie in R den Befehl t41k1[1] ein. Mit den Zusatz [1] erhalten Sie die Anzahl effektiver Matrizen.

Die Ergebnisse zeigen, dass kein weiteres Item vom Modell bedeutsam abweicht ($\alpha^* = 0.033$). Item 7 treffen ist aufgrund der Korrektur als nicht signifikant vom Modell abweichend einzustufen. Die Ergebnisse zeigen weiters, dass die Items 2, 3, 4 und 6 jeweils $p$-Werte größer 0.9 haben. Dieser Wert gibt den Hinweis darauf, dass diese Items für die untere Gruppe zu schwierig sein könnten.

Das wollen wir untersuchen. Dafür setzen wir die Alternative auf low, d. h. wir möchten untersuchen, ob die Items in der unteren Gruppe zu selten mit 1 beantwortet wurden.

```
> t41k8 <- NPtest(zufKOLr, n = 1000, method = "T4",
+     idx = 2, group = meank1 == 0, alternative = "low",
+     burn_in = 500, step = 64, seed = 960076)
> t41k9 <- NPtest(zufKOLr, n = 1000, method = "T4",
+     idx = 3, group = meank1 == 0, alternative = "low",
+     burn_in = 500, step = 64, seed = 961176)
> t41k10 <- NPtest(zufKOLr, n = 1000, method = "T4",
+     idx = 4, group = meank1 == 0, alternative = "low",
+     burn_in = 500, step = 64, seed = 962276)
> t41k11 <- NPtest(zufKOLr, n = 1000, method = "T4",
+     idx = 6, group = meank1 == 0, alternative = "low",
+     burn_in = 500, step = 64, seed = 963376)
```

Die *p*-Werte für die einzelnen Items erhalten wir über

```
> rest41kl <- as.numeric(c(t41k8[2], t41k9[2], t41k10[2],
+     t41k11[2]))
> names(rest41kl) <- c("privkontakt", "interessen",
+     "freunde", "rat")
> rest41kl
```

```
privkontakt  interessen     freunde         rat
      0.119       0.002       0.000       0.035
```

Die einzelnen *p*-Werte zeigen, dass die Items interessen und freunde für die untere Fähigkeitsgruppe bedeutsam schwieriger sind als unter dem Rasch Modell erwartet. Das Item rat ist aufgrund der Korrektur als nicht signifikant einzustufen.

Im nächsten Schritt können wir die Ergebnisse zusammenfassen. Zusätzlich zu den als signifikant identifizierten Items, werden die zwei knapp als nicht signifikant vom Modell abweichenden Items in die Analyse mit aufgenommen.

```
> t41k12 <- NPtest(zufKOLr, n = 1000, method = "T4",
+     idx = c(1, 7), group = meank1 == 0, burn_in = 500,
+     step = 64, seed = 978900)
> t41k13 <- NPtest(zufKOLr, n = 1000, method = "T4",
+     idx = c(3, 4, 6), group = meank1 == 0, alternative = "low",
+     burn_in = 500, step = 64, seed = 978911)


> rest41kg <- as.numeric(c(t41k12[2], t41k13[2]))
> names(rest41kg) <- c("untstütz/treffen", "interessen/freunde/rat")
> rest41kg
```

```
    untstütz/treffen interessen/freunde/rat
                   0                      0
```

Aufgrund der Ergebnisse aus der explorativen Analyse können wir die Items 1 untstütz und 7 treffen als für die untere Gruppe leichter als unter dem Rasch Modell erwartet identifizieren. Sie zeigen eine schlechte Diskrimination.

Die Items 3 (interessen), 4 (freunde) und 6 (rat) sind für die untere Gruppe schwieriger als unter dem Rasch Modell erwartet. Sie zeigen eine zu hohe

Diskrimination. Streng genommen spricht das gegen die Geltung des Rasch Modells, praktisch sind diese Items jedoch einsetzbar, da sie zu gut zwischen Personen mit niedriger und höherer Fähigkeit diskriminieren.

Als nächstes betrachten wir das externe Teilungskriterium Geschlecht. Die erste Gruppe sind die Männer. Wir definieren die Statistik für Item 1 über

```
> t41ks0 <- NPtest(zufKOLr, n = 1000, method = "T4",
+     idx = 1, group = sex == 0, burn_in = 500, step = 64,
+     seed = 900070)
```

```
> t41ks0
```

```
Nonparametric RM model test: T4 (Group anomalies - DIF)
(counting high raw scores on item(s) for specified group)
Number of sampled matrices: 1000
Items in Subscale: 1
Group: sex == 0    n = 0
one-sided p-value: 1
```

Im Output sehen wir, dass sich in der Gruppe sex == 0 keine Personen befinden. Der *p*-Wert von 1 hat keine Aussagekraft.

Die externe Variable muss numerisch sein. Die Transformation erfolgt über

```
> sex1 <- as.numeric(sex)
```

Rufen wir nun in R einmal sex und einmal sex1 auf, so sehen wir, dass Männer mit 1 kodiert sind und Frauen mit 2. Aus Platzgründen zeigen wir den Output nicht.

Wir wählen als Teilungskriterium die Männer aus. Die Grundeinstellung wird beibehalten. Ist ein Ergebnis signifikant, dann bedeutet es, dass das Item für die Männer leichter ist, als unter dem Rasch Modell erwartet. Im Zweigruppenvergleich können wir auch sagen, dass Item ist für die Männer leichter als für die Frauen.

```
> t41ks1 <- NPtest(zufKOLr, n = 1000, method = "T4",
+     idx = 1, group = sex1 == 1, burn_in = 500, step = 64,
+     seed = 900070)
> t41ks2 <- NPtest(zufKOLr, n = 1000, method = "T4",
+     idx = 2, group = sex1 == 1, burn_in = 500, step = 64,
```

```
+        seed = 900171)
> t41ks3 <- NPtest(zufKOLr, n = 1000, method = "T4",
+        idx = 3, group = sex1 == 1, burn_in = 500, step = 64,
+        seed = 900272)
> t41ks4 <- NPtest(zufKOLr, n = 1000, method = "T4",
+        idx = 4, group = sex1 == 1, burn_in = 500, step = 64,
+        seed = 900373)
> t41ks5 <- NPtest(zufKOLr, n = 1000, method = "T4",
+        idx = 5, group = sex1 == 1, burn_in = 500, step = 64,
+        seed = 900474)
> t41ks6 <- NPtest(zufKOLr, n = 1000, method = "T4",
+        idx = 6, group = sex1 == 1, burn_in = 500, step = 64,
+        seed = 900575)
> t41ks7 <- NPtest(zufKOLr, n = 1000, method = "T4",
+        idx = 7, group = sex1 == 1, burn_in = 500, step = 64,
+        seed = 900676)
```

Die jeweiligen *p*-Werte erhalten wir über

```
> rest41ks <- as.numeric(c(t41ks1[2], t41ks2[2], t41ks3[2],
+        t41ks4[2], t41ks5[2], t41ks6[2], t41ks7[2]))
> names(rest41ks) <- c("untstütz", "privkontakt", "interessen",
+        "freunde", "gespräch", "rat", "treffen")
> rest41ks
```

| untstütz | privkontakt | interessen | freunde | gespräch |
|---|---|---|---|---|
| 0.615 | 0.126 | 0.499 | 0.089 | 0.267 |

| rat | treffen |
|---|---|
| 0.229 | 1.000 |

Kein Item zeigt ein signifikantes Ergebnis. Das Item 7 (treffen) dürfte mit einem *p*-Wert von 1 für die Männer signifikant schwieriger als für die Frauen sein. Ob das so ist, untersuchen wir im nächsten Schritt. In diesem Beispiel behalten wir die Grundeinstellung bei und untersuchen die Gruppe der Frauen, d. h. wir untersuchen ob das Item für die Frauen zu leicht ist. Alternativ könnte man ebenso die Gruppe der Männer untersuchen und die Alternative auf low stellen. Dann würde man untersuchen, ob das Item für die Männer zu schwierig ist.

```
> t41ks8 <- NPtest(zufKOLr, n = 1000, method = "T4",
+        idx = 7, group = sex1 == 2, burn_in = 500, step = 64,
+        seed = 900776)
```

```
> t41ks8[2]

$prop
[1] 0
```

Das Item ist für die Frauen bedeutsam leichter als für die Männer.

Als letztes folgt das Teilungskriterium Alter. Wir sehen uns die jüngste Personengruppe an. Erhalten Items einen signifikanten *p*-Wert, dann sind sie im Vergleich zu den beiden anderen Gruppen signifikant leichter als unter dem Rasch Modell erwartet. Zur genauen Analyse der drei Gruppen kann man die Test-Statistiken für alle drei Altersgruppen vollziehen. Aus Platzgründen zeigen wir nur die Analyse für die jüngste Personengruppe. Sie können die Analysen für die beiden anderen Gruppen selbst nachvollziehen.

```
> t41ka1 <- NPtest(zufKOLr, n = 1000, method = "T4",
+     idx = 1, group = age2 == 1, burn_in = 500, step = 64,
+     seed = 9999011)
> t41ka2 <- NPtest(zufKOLr, n = 1000, method = "T4",
+     idx = 2, group = age2 == 1, burn_in = 500, step = 64,
+     seed = 9999022)
> t41ka3 <- NPtest(zufKOLr, n = 1000, method = "T4",
+     idx = 3, group = age2 == 1, burn_in = 500, step = 64,
+     seed = 9999033)
> t41ka4 <- NPtest(zufKOLr, n = 1000, method = "T4",
+     idx = 4, group = age2 == 1, burn_in = 500, step = 64,
+     seed = 9999044)
> t41ka5 <- NPtest(zufKOLr, n = 1000, method = "T4",
+     idx = 5, group = age2 == 1, burn_in = 500, step = 64,
+     seed = 9999055)
> t41ka6 <- NPtest(zufKOLr, n = 1000, method = "T4",
+     idx = 6, group = age2 == 1, burn_in = 500, step = 64,
+     seed = 9999066)
> t41ka7 <- NPtest(zufKOLr, n = 1000, method = "T4",
+     idx = 7, group = age2 == 1, burn_in = 500, step = 64,
+     seed = 9999077)


> rest41ka <- as.numeric(c(t41ka1[2], t41ka2[2], t41ka3[2],
+     t41ka4[2], t41ka5[2], t41ka6[2], t41ka7[2]))
```

```
> names(rest41ka) <- c("untstütz", "privkontakt", "interessen",
+     "freunde", "gespräch", "rat", "treffen")
> rest41ka
```

```
   untstütz privkontakt   interessen      freunde     gespräch
      0.568       0.395        0.128        0.938        0.448
        rat     treffen
      0.297       0.787
```

Beim Teilungskriterium Alter weicht kein Item bedeutsam ab.

## Homogenität der Items

Zur Überprüfung, ob zwei Subskalen homogen sind, verwenden wir $T_{md}$ (siehe Seite 118). Zur Anwendung kommen zwei Teilungskriterien. Das $\alpha^*$ beträgt $0.1/2 = 0.05$.

Zuerst müssen wir das interne Teilungskriterium erstellen.

```
> splitk <- ifelse(colSums(zufKOLr) > median(colSums(zufKOLr)),
+     1, 0)
> splitk
```

```
   untstütz privkontakt   interessen      freunde     gespräch
          0           1            1            0            1
        rat     treffen
          0           0
```

Jetzt können wir den Personenscore der schwierigen Items dem Personenscore der leichteren Items gegenüberstellen.

```
> tmd_k1 <- NPtest(zufKOLr, n = 1000, method = "Tmd",
+     idx1 = c(1, 4, 6, 7), idx2 = c(2, 3, 5), burn_in = 500,
+     step = 64, seed = 45678)
```

```
> tmd_k1
```

```
Nonparametric RM model test: Tmd (Multidimensionality)
    (correlation of subscale person scores)
Number of sampled matrices: 1000
Subscale 1 - Items: 1 4 6 7
Subscale 2 - Items: 2 3 5
```

```
Observed correlation: 0.49
one-sided p-value: 0.915
```

Das Ergebnis ist nicht signifikant.

Als nächstes untersuchen wir die Homogenität der positiv und negativ kodierten Items.

```
> tmd_k2 <- NPtest(zufKOLr, n = 1000, method = "Tmd",
+      idx1 = c(1, 2, 3, 5), idx2 = c(4, 6, 7), burn_in = 500,
+      step = 64, seed = 45678)


> tmd_k2

Nonparametric RM model test: Tmd (Multidimensionality)
    (correlation of subscale person scores)
Number of sampled matrices: 1000
Subscale 1 - Items: 1 2 3 5
Subscale 2 - Items: 4 6 7
Observed correlation: 0.439
one-sided p-value: 0.12
```

Auch dieses Ergebnis ist nicht signifikant.

Somit können die Itemsubgruppen als homogen eingestuft werden.

### Lokale stochastische Unabhängigkeit und Homogenität

Im nächsten Schritt untersuchen wir mit $T_{11}$ (siehe Seite 114), ob die Items lokal stochastisch abhängig und/oder multidimensional sind.

```
> t11_k <- NPtest(zufKOLr, n = 1000, method = "T11",
+      burn_in = 500, step = 64, seed = 98765)


> t11_k

Nonparametric RM model test: T11 (global test - local
    dependence)
(sum of deviations between observed and expected
    inter-item correlations)
Number of sampled matrices: 1000
one-sided p-value: 0
```

Das Ergebnis spricht mit $p < .001$ gegen die Modellgeltung. Es gibt Items im Test, die lokal stochastisch abhängig zueinander und/oder multidimensional sind.

Sehen wir uns die Items mit $T_1$ (siehe Seite 123) auf Itemebene an. Wir führen 21 Vergleiche durch. Das $\alpha^*$ ist 0.0024. Dieser Wert wird bei print() eingegeben.

```
> t1_k <- NPtest(zufKOLr, n = 1000, method = "T1", burn_in = 500,
+     step = 64, seed = 97654)
```

```
> print(t1_k, alpha = 0.0024)

Nonparametric RM model test: T1 (local dependence -
    increased inter-item correlations)
    (counting cases with equal responses on both items)
Number of sampled matrices: 1000
Number of Item-Pairs tested: 21
Item-Pairs with one-sided p < 0.0024
(2,3) (2,4)
0.001 0.000
```

Es gibt zwei bedeutsam voneinander abhängige Itemgruppen. Die Abhängigkeit zwischen den Items 2 privkontakt und 4 freunde bestärkt unsere a priori angenommene Hypothese. Sind unter Kollegen gute Freunde, so hat man mit ihnen auch privaten Kontakt. Das Item 2 zeigt auch eine Abhängigkeit mit Item 3 interessen. Bei Item 3 geht es um die Übereinstimmung von beruflichen Interessen. Diese Abhängigkeit ist inhaltlich nicht ohne Weiteres erklärbar (evtl.: Gute Freunde haben ähnliche berufliche Interessen).

In den a priori Hypothesen formulierten wir mögliche Abhängigkeiten zwischen den Itemgruppen (1, 6) und (2, 4, 7). Es gibt keine Evidenz für das Zutreffen der angenommenen a priori Hypothesen. Die a priori formulierte Hypothese kann nur für die Itemgruppe (2, 4) angenommen werden. Wir wollen nun sehen, wie die $p$-Werte für die aufgestellten Hypothesen aussehen. Dazu schreiben wir print(t1_k, alpha = 1). Damit werden uns alle 21 $p$-Werte angezeigt.

```
> print(t1_k, alpha = 1)

Nonparametric RM model test: T1 (local dependence -
    increased inter-item correlations)
```

```
(counting cases with equal responses on both items)
Number of sampled matrices: 1000
Number of Item-Pairs tested: 21
Item-Pairs with one-sided p < 1
(1,2) (1,3) (1,4) (1,5) (1,6) (2,3) (2,4) (2,5) (2,6) (2,7) (3,4)
0.943 0.786 0.998 0.992 0.964 0.001 0.000 0.901 0.045 0.776 0.142
(3,5) (3,6) (3,7) (4,5) (4,6) (4,7) (5,6) (5,7) (6,7)
0.112 0.025 0.961 0.558 0.004 0.003 0.011 0.921 0.971
```

Unser $\alpha^*$ beträgt 0.0024. Für die Itemgruppe $(4, 7)$ zeigt sich ein knapp nicht signifikantes Ergebnis. Im nächsten Schritt könnten wir die Itemgruppe $(2, 4, 7)$ zusammenfassen und mit der Statistik $T_2$ untersuchen. Da jedoch die Itemgruppe $(2, 7)$ ein nicht signifikantes Ergebnis zeigt, ist eine Zusammenfassung der drei Items nicht vorteilhaft. Ein Zusammenfassen bewirkt, dass das nicht signifikante Ergebnis in den Modelltest miteinfließt und das Ergebnis für alle drei Items nicht signifikant sein könnte. Damit würde man die Modellverletzung der beiden anderen Itemgruppen nicht entdecken.

Im Output sehen wir einige sehr hohe $p$-Werte. Diese geben einen Hinweis darauf, dass sehr viele Test-Statistiken den gleichen oder einen noch höheren Wert aufweisen. Somit könnten die Antwortmuster {00} und {11} zu selten vorkommen. Deshalb untersuchen wir die Items im nächsten Schritt auf Multidimensionalität. Dazu verwenden wir $T_{1m}$ (siehe Seite 127).

```
> t1m_k <- NPtest(zufKOLr, n = 1000, method = "T1m",
+      burn_in = 500, step = 64, seed = 76543)


> print(t1m_k, alpha = 0.0024)

Nonparametric RM model test: T1m (multidimensionality -
    reduced inter-item correlations)
    (counting cases with equal responses on both items)
Number of sampled matrices: 1000
Number of Item-Pairs tested: 21
Item-Pairs with one-sided p < 0.0024
(1,7)
    0
```

Die Items 1 untstütz und 7 treffen gehören nicht derselben latenten Dimension an (Multidimensionalität). Diese beiden Items beinhalten einerseits die zu „harten" Formulierungen und andererseits geht es bei diesen Items um völlig unterschiedliche Inhalte. Bei Item 1 geht es um die Unterstützung im Lehrerkollegium und bei Item 7 handelt es sich um das regelmäßige Treffen außerhalb der Dienstzeit.

### Trennschärfe

Als letztes betrachten wir noch die Trennschärfe der einzelnen Items. Dazu muss für jedes Item die $T_{pbis}$ (siehe Seite 150) durchgeführt werden. Bei sieben Items beträgt $\alpha^* = 0.014$.

Sehen wir uns die Analyse für Item 1 etwas genauer an.

```
> tpbk1 <- NPtest(zufKOLr, n = 1000, method = "Tpbis",
+     burn_in = 500, step = 64, idxt = 1, idxs = 2:7,
+     seed = 99999)


> tpbk1

Nonparametric RM model test: Tpbis (discrimination)
    (pointbiserial correlation of test item vs. subscale)
Number of sampled matrices: 1000
Test Item: 1
Subscale  - Items: 2 3 4 5 6 7
one-sided p-value (rpbis too low): 0
```

Das Item passt mit $p < .001$ nicht zu der restlichen Skala.

Diese Analyse führen wir für jedes Item einzeln durch.

```
> tpbk2 <- NPtest(zufKOLr, n = 1000, method = "Tpbis",
+     burn_in = 500, step = 64, idxt = 2, idxs = c(1,
+         3:7), seed = 88888)
> tpbk3 <- NPtest(zufKOLr, n = 1000, method = "Tpbis",
+     burn_in = 500, step = 64, idxt = 3, idxs = c(1:2,
+         4:7), seed = 77777)
> tpbk4 <- NPtest(zufKOLr, n = 1000, method = "Tpbis",
+     burn_in = 500, step = 64, idxt = 4, idxs = c(1:3,
+         5:7), seed = 66666)
> tpbk5 <- NPtest(zufKOLr, n = 1000, method = "Tpbis",
+     burn_in = 500, step = 64, idxt = 5, idxs = c(1:4,
+         6:7), seed = 55555)
```

```
> tpbk6 <- NPtest(zufKOLr, n = 1000, method = "Tpbis",
+      burn_in = 500, step = 64, idxt = 6, idxs = c(1:5,
+         7), seed = 44444)
> tpbk7 <- NPtest(zufKOLr, n = 1000, method = "Tpbis",
+      burn_in = 500, step = 64, idxt = 7, idxs = 1:6,
+      seed = 33333)


> restpbk <- as.numeric(c(tpbk1[2], tpbk2[2], tpbk3[2],
+      tpbk4[2], tpbk5[2], tpbk6[2], tpbk7[2]))
> names(restpbk) <- c("untstütz", "privkontakt", "interessen",
+      "freunde", "gespräch", "rat", "treffen")
> restpbk

  untstütz privkontakt  interessen     freunde    gespräch
     0.000       0.987       0.977       1.000       0.367
       rat     treffen
     0.977       0.001
```

Zusätzlich zum Item 1 untstütz zeigt das Item 7 treffen eine abweichende Diskrimination auf. Dieses Ergebnis bestätigt das Ergebnis der Analyse zur Eindimensionalität und zur Subgruppeninvarianz.

### Zusammenfassung der Ergebnisse

Die Items 1 untstütz und 7 treffen zeigen im internen Kriterium jeweils eine zu niedrige Trennschärfe. Das wird ebenso durch die Statistik $T_{pbis}$ bestätigt. Außerdem korrelieren sie zu wenig. Item 7 ist für Frauen bedeutsam leichter als für Männer bzw. als unter dem Rasch Modell erwartet. Die Abhängigkeit der Itemgruppen 2 privkontakt und 3 interessen, sowie 2 und 4 freunde lassen wir einmal außer Acht. Man könnte das Item 2 aus der Skala entfernen, inhaltlich jedoch können alle Items als relevant eigestuft werden. Stören sie nicht weiter, sie zeigen also keine weiteren Modellverletzungen, kann man sie im Fragebogen lassen. Weiters haben wir Items gefunden, die in der unteren Fähigkeitsgruppe zu schwierig sind und in der oberen Gruppe zu leicht (interessen, freunde, rat). Dieses Ergebnis lässt darauf schließen, dass die Trennschärfen dieser Items zu hoch sind. Die Items werden beibehalten. Theoretisch sprechen sie zwar gegen das Rasch Modell, praktisch sind sie jedoch einsetzbar – die Items können sehr gut zwischen Personen mit niedrigerer Fähigkeit und höherer Fähigkeit diskriminieren.

### Reanalyse der Daten

Es wird eine Reanalyse ohne die beiden Items untstütz und treffen gezeigt. Der neue Datensatz wird während der Analyse erzeugt (zufKOLr[,2:6]).

Wir zeigen an dieser Stelle aus Platzgründen nur die wichtigsten Analyse-schritte. Es sei jedoch angemerkt, dass alle Analysen nochmals durchgeführt wurden.

Als Erstes untersuchen wir die Annahme der Subgruppeninvarianz für die Teilungskriterien Personenscore-Mittelwert und Geschlecht.

```
> t10k2r <- NPtest(zufKOLr[, 2:6], n = 1000, method = "T10",
+     splitcr = "mean", burn_in = 500, step = 64, seed = 888000)
> t10k3r <- NPtest(zufKOLr[, 2:6], n = 1000, method = "T10",
+     splitcr = sex, burn_in = 500, step = 64, seed = 888111)


> restt10k2 <- as.numeric(c(t10k2r[2], t10k3r[2]))
> names(restt10k2) <- c("Mean", "Geschlecht")
> restt10k2

     Mean Geschlecht
    0.534      0.899
```

Die Daten weichen in keinem der beiden Teilungskriterien bedeutsam vom Modell ab.

Als nächstes wenden wir die Test-Statistik $T_{11}$ an.

```
> t11_kar <- NPtest(zufKOLr[, 2:6], n = 1000, method = "T11",
+     burn_in = 500, step = 64, seed = 888222)


> t11_kar

Nonparametric RM model test: T11 (global test - local
    dependence)
(sum of deviations between observed and expected
    inter-item correlations)
Number of sampled matrices: 1000
one-sided p-value: 0.029
```

Das Ergebnis zeigt, dass weiterhin lokal stochastisch abhängige und/oder multidimensionale Items im Test enthalten sind.

Welche das sind, untersuchen wir wieder mit der Test-Statistik $T_1$.

```
> t1_kar <- NPtest(zufKOLr[, 2:6], n = 1000, method = "T1",
+     burn_in = 500, step = 64, seed = 888333)
```

```
> print(t1_kar, alpha = 1)
Nonparametric RM model test: T1 (local dependence -
    increased inter-item correlations)
    (counting cases with equal responses on both items)
Number of sampled matrices: 1000
Number of Item-Pairs tested: 10
Item-Pairs with one-sided p < 1
(1,2) (1,3) (1,5) (2,3) (2,4) (2,5) (3,4) (3,5) (4,5)
0.056 0.001 0.594 0.751 0.679 0.434 0.983 0.346 0.315
```

Wie in der ersten Analyse, handelt es sich um das Itempaar $(1, 3)$ (privkontakt und freunde). Dieses Resultat können wir ignorieren. Eigentlich könnten wir eines der beiden Items aus dem Fragebogen nehmen. Die Items $(1, 2)$ (privkontakt und interessen) sind in der Reanalyse aufgrund der Alpha-Korrektur nicht mehr auffällig.

Somit kann für die verbliebenen Items a posteriori Rasch Modellkonformität angenommen werden.

## 7.6. Gegenüberstellung der Ergebnisse

Die parametrische Überprüfung, wie auch die Überprüfung mit den quasi-exakten Tests führten im wesentlichen zum gleichen Ergebnis.

Einzig die Abhängigkeit zwischen den Items privkontakt und freunde wurde in der parametrischen Analyse nicht gefunden. Der Grund liegt darin, dass wir als Teilungskriterium treffen herangezogen haben, welches in der Analyse mit den quasi-exakten Tests als nicht zu sehr abhängig von den beiden anderen Items identifiziert wurde.

Insgesamt können nicht alle a priori aufgestellten Hypothesen als gültig angenommen werden. Trotzdem waren sie für die Interpretation der Ergebnisse sehr hilfreich.

Es wird angenommen, dass die Auffälligkeiten der Items untstütz und treffen eventuell auf die zu „starken" Formulierungen zurückführbar sind. In der Praxis würde man die Items umformulieren, den revidierten Test einer neuen Stichprobe vorgeben und die Analyse mit allen Items nochmals durchführen.

## Schlusswort

Zum Schluss ist noch zu sagen, dass die Analyse mit dem Rasch Modell kompliziert sein kann. Jedoch mit etwas Übung gelingt es gut das Modell anzuwenden. Das Buch soll als Hilfestellung gesehen werden. Damit sollte das Rasch Modell für dichotome Daten auf unterschiedliche Datensätze aus unterschiedlichen Wissenschaftsdisziplinen leichter anwendbar sein.

# A. Einstig in R in drei Sessions

Dieser Anhang ist als Tutorial konzipiert. In drei Sessions soll eine kurze Einführung in die Software R gegeben werden. Dabei sollen alle wichtigen Strukturen und Funktionen demonstriert und erklärt werden, die notwendig sind, um selbstständig eine Analyse mit dem Rasch Modell, so wie sie in diesem Buch beschrieben wird, durchführen zu können.

Wenn Sie noch keine bzw. nur wenig Erfahrung mit R haben, empfehlen wir, diese Sessions direkt am Rechner nachzuvollziehen. Folgen Sie dabei nicht nur den dargestellten Inhalten, sondern probieren Sie immer wieder etwas aus. Vieles hier kann aus Platzgründen nur beispielhaft demonstriert werden, den größten Lernerfolg erzielen Sie durch spielerischen Umgang mit dem Dargebotenen.

Die drei Sessions haben Folgendes zum Inhalt:

Session 1: Hier installieren wir die Software und Erweiterungspakete. Wir lernen etwas über die grundsätzliche Bedienung und die Strukturen der näheren (innerhalb von R) bzw. weiteren Umgebung (wie R mit Ihrem Rechner kommuniziert).

Session 2: Hier geht es um Datensätze, also Kollektionen von Einzeldaten. Wir lernen, wie diese in R strukturiert sind und wie man Information aus ihnen gewinnt.

Session 3: Hier adaptieren wir Datensätze bzw. Inhalte von Datensätzen um sie in eine Form zu bringen, wie sie für bestimmte, gewünschte Analysen benötigt wird.

## A.1. Session 1: R-Basics und die Umgebung

### A.1.1. Installation von R

Bevor wir R verwenden können, müssen wir es installieren. Die Software können wir von einem CRAN (Comprehensive R Archive Network) Server herunterladen. Dazu gehen wir in einem Webbrowser auf die Seite http://www.r-project.org/ und wählen über den Link CRAN Mirror einen Server in der Nähe. Auf der darauffolgenden Seite können wir wählen, für welches Betriebssystem wir R installieren möchten (wir beschreiben hier die Installation für Windows und MacOS X). Nachdem wir auf Download geklickt haben öffnet sich eine Seite, wo wir zum eigentlichen Download kommen. (Unter Windows müssen wir dazwischen noch dem Link base folgen.) Auf der entsprechenden Seite findet sich immer das Installationsprogramm der aktuellen R-Version. Nachdem wir die Datei R-x.yy.z-win.exe bzw. R-x.yy.z.pkg (x.yy.z steht für die aktuelle Versionsnummer) lokal gespeichert haben, können wir mit der Installation beginnen. Nach Klicken auf die heruntergeladene Datei öffnet sich das Installationsprogramm. Hier können wir im Wesentlichen den Voreinstellungen folgen. Ein Ausnahme bildet die Frage nach dem Verzeichnis, in das R installiert werden soll. R ist an keinen besonderen Installationsort gebunden, man kann R also auch ins Benutzerverzeichnis, auf eine externe Festplatte oder einen USB-Stick installieren. Dies ist dann vorteilhaft, wenn man nicht über alle Benutzerrechte verfügt und wird besonders wichtig, wenn man Erweiterunspakete, wie etwa **eRm** installieren will. Nach Auswahl des Zielverzeichnisses folgt man in den weiteren Installationsfenstern einfach den Vorgaben.

Ist die Installation abgeschlossen, können wir R unter Windows über das Icon am Desktop oder über das Startmenü aufrufen. Bei der Standardinstallation unter MacOS X findet man R unter Programme.

Es öffnet sich die R-Konsole, das Hauptfenster mit dem wir arbeiten. Es wird ein Begrüßungstext ausgegeben, der verschiedene Informationen enthält. Darunter findet man das Zeichen >. Dies ist der sogenannte command prompt, der anzeigt, dass man hier R-Befehle eingeben kann. Versuchen Sie es einmal mit der Eingabe 2 + 3 (egal ob mit oder ohne Leerzeichen) und drücken Sie dann die Eingabetaste. Sie sollten etwa Folgendes in der R-Konsole sehen.

```
> 2 + 3
```

```
[1] 5
```

Die Antwort von R ist wie zu erwarten 5. Lassen Sie sich vom zusätzlich ausgegebenen Zeichen [1] nicht verwirren. Seine Bedeutung wird später klar werden. Sie können aus R wieder aussteigen, in dem Sie den Befehl q() eingeben. Alternativ kann man unter Windows auf das Kreuz in der rechten oberen Ecke des R-Fensters klicken bzw. unter MacOS X auf den roten Button, oder Sie verwenden CMD-Q. Sie werden dann gefragt, ob Sie den Workspace sichern wollen. Sagen sie hier vorläufig nein.

Wenn Sie das bisher Ausgeführte nachvollziehen konnten, dann haben Sie R erfolgreich installiert und wir können mit der eigentlichen Einführung in R beginnen.

## A.1.2. Einfaches Rechnen

Wir haben schon gesehen, dass man mit R interaktiv rechnen kann. Die wichtigsten Grundrechenarten sind Addition (+), Subtraktion (-), Multiplikation (*), Division (/) und Potenzieren (^). Also z. B.

```
> 2^2 + 3 * 5
```

[1] 19

Bei Dezimalzahlen wird ein Punkt statt des im deutschen Sprachraum üblichen Kommas verwendet.

```
> 1.2/0.5
```

[1] 2.4

Es stehen viele arithmetische Funktionen zur Verfügung, z. B. die Exponential- und die Logarithmusfunktion, die auch geschachtelt werden können.

```
> exp(0)
```

[1] 1

```
> log(1)
```

[1] 0

```
> exp(log(3))
```

[1] 3

Bei geschachtelten Funktionen ist die Reihenfolge der Abarbeitung von innen nach außen.

Wichtig ist, dass R Groß- und Kleinbuchstaben unterscheidet. Sie dürfen also nicht Exp oder EXP schreiben. Bei komplizierteren Ausdrücken empfiehlt es sich immer, Klammern zu setzen. Wobei gilt, lieber zu viele als zu wenige.

```
> 4 * (exp(3)/(5.2 - log(8)))
[1] 25.7
```

Wenn ein Ausdruck in einer Eingabezeile nicht abgeschlossen wird, dann erwartet R eine Fortsetzung in der nächsten Zeile. Solch eine Fortsetzungszeile wird durch ein + statt des command prompt > gekennzeichnet. Erst nach Abschluss des Befehls erscheint wieder der command prompt. Hat man also z. B. vergessen, eine schließende Klammer zu verwenden, dann kann man diese auch in der Folgezeile eingeben.

```
> 3 * (4 + 5
+ )
```

Manchmal, wenn man bei besonders komplizierten Berechnungen irgendwelche Eingabefehler gemacht hat, bekommt man den Eindruck, dass man aus den Folgezeilen nicht mehr herauskommt. In diesem Fall drückt man am besten die ESC Taste und beginnt von Neuem.

Eine sehr hilfreiche Eigenschaft der R-Konsole ist, dass man die letzten Befehle mit der „Pfeil nach oben"-Taste zurückbekommt. Man kann dann den Fehler ausbessern und den (korrigierten) Befehl erneut ausführen.

## A.1.3. Variablen

Die Ergebnisse von Berechnungen kann man natürlich einer Variable zuweisen. Dazu verwendet man das Zuweisungszeichen <- (Kleiner-Zeichen, Bindestrich). Die Berechnung (rechts von <-) wird einer Variable auf der linken Seite zugewiesen. Z. B.

```
> a <- 4 * 3
```

Bei einer Zuweisung erfolgt keine Ausgabe. Den Inhalt von a kann man sich ausgeben lassen, indem man einfach a eingibt.

```
> a
[1] 12
```

Den Namen einer Variable, hier a, können Sie beliebig erfinden. Es empfiehlt sich aber nur Buchstaben und Ziffern zu verwenden, wobei mit Buchstaben begonnen wird. Als Sonderzeichen sollten Sie nur den Punkt (.) und den Unterstrich (_) verwenden. Auch bei Variablennamen wird zwischen Groß- und Kleinschreibung unterschieden (Sex ist nicht das Gleiche wie sEx). Bezeichnungen die man auf keinen Fall verwenden sollte, findet man mittels help("Reserved").

Mit Variablen kann man rechnen und das Ergebnis einer neuen Variable zuweisen.

```
> b <- a - 5
> b

[1] 7
```

Das Zeichen # bedeutet, dass alles was rechts davon steht, von R ignoriert wird. Man kann es nutzen, um eigene Kommentare einzufügen.

Die Variablen links nennt man allgemein auch Objekte, da sie Verschiedenes enthalten können, nicht nur einzelne Zahlen (Skalare), wie a und b oben, sondern auch z. B. Vektoren, Matrizen, ganze Datensätze oder Ergebnisse von Modellberechnungen.

## A.1.4. Vektoren und Matrizen

Eine Folge von Werten nennt man einen Vektor. Ein Vektor kann unter anderem mit der Funktion c() (für *combine* oder *concatenate*) erzeugt werden.

```
> alter <- c(25, 23, 24, 26, 19)
> alter

[1] 25 23 24 26 19
```

Mittels Doppelpunkt : kann man eine Sequenz von Zahlen (von:bis) erzeugen.

```
> vec1 <- 3:43
> vec1

 [1]  3  4  5  6  7  8  9 10 11 12 13 14 15 16 17 18 19
[18] 20 21 22 23 24 25 26 27 28 29 30 31 32 33 34 35 36
[35] 37 38 39 40 41 42 43
```

Jetzt wird auch die Bedeutung der Zahl in der eckigen Klammer zu Beginn der Ausgabezeilen klar. Sie gibt an, das wievielte Element des Ausgabeobjekts gleich rechts daneben steht. Das 1. Element von vec1 ist 3, das 18. ist 20 und das 35. ist 37. Einzelne Zahlen (Skalare genannt) sind auch Vektoren, aber sie haben nur die Länge 1.

Mit den eckigen Klammern kann man bestimmte Elemente auswählen (indizieren), z. B.

```
> alter[4]
```

```
[1] 26
```

```
> alter[1:4]
```

```
[1] 25 23 24 26
```

```
> vec1[alter]
```

```
[1] 27 25 26 28 21
```

Einige wichtige Funktionen für Vektoren sind

```
> sqrt(alter)
> length(alter)
> sum(alter)
> mean(alter)
> median(alter)
> var(alter)
```

Hinweis: Eckige Klammern werden verwendet um Elemente von Vektoren (bzw. Matrizen) anzusprechen, z. B. alter[3]. Runde Klammern verwendet man bei Funktionen, wie z. B. mean(alter), oder bei Berechnungen, wie z. B. (2 + 3) * 5.

Man kann mit Vektoren auch rechnen.

```
> vec2 <- vec1 * 2.5
> vec2[1:3]
```

```
[1]  7.5 10.0 12.5
```

Bei Vektoren bedeutet +, -, *, / und ^ elementweise Berechnung, z. B.

```
> vec3 <- vec1 + vec2
> head(vec3)

[1] 10.5 14.0 17.5 21.0 24.5 28.0
```

Die Funktion head() gibt standardmäßig die ersten sechs Elemente eines Objekts aus. Sie ist dann praktisch, wenn man sich einen kurzen Überblick über ein langes Objekt verschaffen will. Sind die Vektoren nicht gleich lang, dann wird der kürzere solange wiederholt, bis die Anzahl der Elemente des längeren erreicht ist. R gibt dann eine Warnung aus, wenn die Länge des längeren Vektors nicht ein Vielfaches der Länge des Kürzeren ist. Versuchen Sie

```
> 1:3 * 1:6
> 1:3 * 1:5
```

Hier sollten Sie Acht geben, damit nicht irrtümlich ein unbemerkter Fehler passiert.

Man kann mehrere Vektoren gleicher Länge mit der Funktion cbind() spaltenweise (c für *column*) aneinanderhängen. Man erhält dann eine Matrix.

```
> geschlecht <- c(1, 1, 1, 2, 2)
> gruppe <- c(0, 1, 0, 1, 0)
> X <- cbind(alter, geschlecht, gruppe)
> X

     alter geschlecht gruppe
[1,]    25          1      0
[2,]    23          1      1
[3,]    24          1      0
[4,]    26          2      1
[5,]    19          2      0
```

Das funktioniert auch zeilenweise mittels rbind() (r für *row*). Will man z. B. zur Matrix X eine Person hinzufügen, die 29 Jahre alt ist, Geschlecht 1 hat und der Gruppe 0 angehört, also (29, 1, 0), dann verwendet man

```
> Y <- rbind(X, c(29, 1, 0))
> Y
```

```
      alter geschlecht gruppe
[1,]    25           1      0
[2,]    23           1      1
[3,]    24           1      0
[4,]    26           2      1
[5,]    19           2      0
[6,]    29           1      0
```

Die Dimension (Anzahl der Zeilen und Spalten) einer Matrix erhält man mit

```
> dim(Y)
```

```
[1] 6 3
```

Will man einzelne Elemente aus Y herausholen, verwendet man wieder die eckigen Klammern. Allerdings muss man jetzt zwei Indizes angeben, da die Werte ja in Zeilen und in Spalten angeordnet sind. Die dritte Person (3. Zeile) hat das Alter (1. Spalte) von

```
> Y[3, 1]
```

```
alter
   24
```

Wieder kann man, wie bei Vektoren Teile herausholen, z. B. die ersten beiden Zeilen und die ersten beiden Spalten

```
> Y[1:2, 1:2]
```

```
      alter geschlecht
[1,]    25           1
[2,]    23           1
```

Will man eine ganze Zeile (d. h. alle Spaltenwerte einer bestimmten Zeile), dann läßt man den Spaltenindex einfach aus (oder verwendet ein Leerzeichen) und spezifiziert nur die gewünschte Zeile.

```
> Y[3, ]
```

```
      alter geschlecht     gruppe
         24           1          0
```

Das Gleiche funktioniert natürlich auch für Spalten.

```
> Y[, 2]
```

```
[1] 1 1 1 2 2 1
```

Man kann auch Vektoren zum Indizieren verwenden. Als Beispiel wollen wir eine neue Matrix Y2 erzeugen, in der dann in der ersten Spalte gruppe und in der zweiten alter steht. In Y sind dies die Spalten 3 und 1. Der Vektor c(3,1) gibt uns ja die Zahlen 3 und 1. Ihn können wir als Spaltenindex für Y verwenden. Der entsprechende Befehl ist

```
> Y2 <- Y[, c(3, 1)]
> Y2
```

```
     gruppe alter
[1,]      0    25
[2,]      1    23
[3,]      0    24
[4,]      1    26
[5,]      0    19
[6,]      0    29
```

Das Gleiche funktioniert natürlich auch für Zeilen. Erzeugen Sie zur Übung eine neue Matrix Y3 in der die erste Zeile die vierte aus Y und die zweite die erste aus Y ist (Hinweis: c(4,1)).

## A.1.5. Arten von Variablen

### A.1.5.1. Verschiedene Datentypen

Die wichtigsten Datentypen in R sind Zahlen (*numeric*), Zeichenketten (*character*) und logische Werte (*logical*). Zeichenketten werden unter Anführungszeichen gesetzt, wie in

```
> name <- c("Ingrid")
> name
```

```
[1] "Ingrid"
```

Man kann Zahlen und Zeichenketten auch mischen, allerdings wird dann der ganze Vektor zu einem Vektor vom Typ *character*.

```
> mix <- c(1, 2, "Marco", 3)
> mix

[1] "1"     "2"     "Marco" "3"
```

Das Gleiche gilt auch für Matrizen. Eine Ausnahme bilden sogenannte Data Frames und Listen, auf die wir später eingehen. Oft werden Vektoren vom Typ character dazu benutzt, Zeilen- bzw. Spaltennamen bei Matrizen (neu) zu definieren. Dies erfolgt mit den Befehlen colnames() bzw. rownames(). Wollen wir z. B. der Datenmatrix X Zeilennamen geben, erfolgt das mit

```
> rownames(X) <- c("Ingrid", "Kathrin", "Regina", "Marco",
+    "Rainer")
> X

        alter geschlecht gruppe
Ingrid     25          1      0
Kathrin    23          1      1
Regina     24          1      0
Marco      26          2      1
Rainer     19          2      0
```

Mit diesen Funktionen kann man auch die entsprechenden Namen abfragen (dann wird keine Zuweisung gemacht)

```
> colnames(X)

[1] "alter"     "geschlecht" "gruppe"
```

Man kann auch Werten von Vektoren Namen zuweisen (bzw. solche abfragen). Dies geschieht mit der Funktion names(). Ein Beispiel ist

```
> z <- 1:3
> names(z) <- c("eins", "zwei", "drei")
> z

eins zwei drei
   1    2    3

> names(z)

[1] "eins" "zwei" "drei"
```

Ein besonderer Datentyp ist *logical*. Er hat nur zwei Ausprägungen, nämlich TRUE und FALSE. Meist ist er das Ergebnis eines Vergleiches und dient beim Datenhandling der Auswahl bestimmter Werte oder dem Rekodieren (d. h. wenn man bestimmte Zahlen durch andere ersetzen will). Vergleiche werden mit den logischen Operatoren größer (>), größer oder gleich (>=), kleiner (<), kleiner oder gleich (<=), gleich (==) oder ungleich (!=) durchgeführt. Je nach Ergebnis des Vergleichs ist das Resultat TRUE oder FALSE. Will man z. B. wissen, welche Werte im Vektor alter größer als 22 sind, dann kann man folgenden Befehl ausführen

```
> alter > 22

[1]  TRUE  TRUE  TRUE  TRUE FALSE
```

Mittels solcher logischer Bedingungen kann man auch bestimmte Werte aus einem Vektor oder einer Matrix herausholen. Es werden nur solche Elemente ausgewählt, bei denen die Bedingung TRUE ist. Will man z. B. nur jene Zeilen aus der Matrix X, für die Geschlecht 1 ist, dann verwendet man

```
> X[geschlecht == 1, ]

        alter geschlecht gruppe
Ingrid    25           1      0
Kathrin   23           1      1
Regina    24           1      0
```

Da der zweite Index leer bleibt, werden alle Spalten ausgewählt. Will man mehrere Bedingungen gleichzeitig spezifizieren, dann verwendet man die Verknüpfung UND (&) bzw. ODER (|). Die Zeilen in X, für alle Männer die älter als 23 sind, erhält man mit

```
> X[(geschlecht == 2) & (alter > 23), ]

     alter geschlecht    gruppe
        26          2         1
```

Wir haben hier die Regel „besser zu viele als zu wenig Klammern" angewandt. Schließlich sollte noch die Negation (!) erwähnt werden, durch die TRUE zu FALSE (und umgekehrt) wird. Versuchen Sie

```
> !TRUE
> X[!(geschlecht == 1) & (alter > 23), ]
```

Warum ist beim letzten (aber auch obigem) Befehl der Zeilenname verschwunden? Der Grund ist, dass bei dieser Operation nur mehr ein Vektor übriggeblieben ist. R wandelt in solch einem Fall eine Matrix in einen Vektor um. Das kann verhindert werden, indem man nach dem zweiten Index drop = FALSE schreibt. Also

```
> X[geschlecht == 2 & alter > 23, , drop = FALSE]
      alter geschlecht gruppe
Marco    26          2      1
```

Wie man logische Vergleiche beim Umkodieren verwendet, werden wir in Session 3 im Abschnitt A.3.3 sehen.

### A.1.5.2. Faktoren

Kategoriale Variablen werden in R Faktoren genannt und haben spezielle Eigenschaften. Man könnte prinzipiell auch Textvariablen (also Variablen vom Typ character) verwenden, aus verschiedenen Gründen ist dies aber nicht sehr vorteilhaft.

Ein wichtige Eigenschaft von Faktoren ergibt sich daraus, dass alle drei oben beschriebenen Datentypen (numeric, logical, character) als Faktoren definiert werden können. Oft werden es aber Zahlen sein. Definieren wir eine Variable x mit drei Kategorien

```
> x <- c(3, 1, 2, 2, 3)
> x

[1] 3 1 2 2 3
```

Mit dem Befehl factor() definieren wir sie um

```
> xf <- factor(x)
> xf

[1] 3 1 2 2 3
Levels: 1 2 3
```

Die Option labels= erlaubt die Vergabe von Wertelabels. Hierzu muss man einen Textvektor (character) angeben, der gleich viele Elemente enthält wie die Anzahl der vorkommenden Kategorien. Z. B.

```
> xf2 <- factor(x, labels = c("wenig", "mittel", "viel"))
> xf2
```

```
[1] viel   wenig  mittel mittel viel
Levels: wenig mittel viel
```

Mit der Funktion `levels()` kann man die Kategorien abfragen

```
> levels(xf2)
```

```
[1] "wenig"  "mittel" "viel"
```

aber auch ändern. Hierbei ist auf die Reihenfolge zu achten, besonders aber darauf, dass man genau so viele Kategorien definiert, wie sie vorher schon vorhanden waren.

```
> levels(xf2) <- c("<2", "2", ">2")
> xf2
```

```
[1] >2 <2 2  2  >2
Levels: <2 2 >2
```

Tatsächlich werden die Kategorien intern als fortlaufende Zahlen von 1 bis Anzahl der Kategorien repräsentiert. Man kann das mit dem wichtigen Befehl `str()` (*structure*) sehen, der Einzelheiten über in R definierte Objekte ausgibt. Dieser Befehl wird dann noch wichtig werden, wenn Sie Rasch-Analysen durchführen und bestimmte Objekte untersuchen wollen.

```
> str(xf2)
```

```
 Factor w/ 3 levels "<2","2",">2": 3 1 2 2 3
```

Wir sehen hier, wie Faktoren in R intern repräsentiert werden. Der Faktor xf2 hat drei Stufen (3 Levels) die mit "<2", "2", und ">2" kodiert sind. Die numerische Repräsentation ist 1 für "<2", 2 für "2" und 3 für ">2". Die ersten Werte in xf2 sind 3 1 2 2 3. Repräsentation von Faktoren erlaubt es, sie in numerische Vektoren umzudefinieren. Das geht mit dem Befehl `as.numeric()`.

```
> as.numeric(xf2)
```

```
[1] 3 1 2 2 3
```

### A.1.5.3. Listen

Wir erwähnen die Listen an dieser Stelle nur, weil sie eine wichtige Datenstruktur sind. Allerdings ist ihr Aufbau und der Umgang mit ihnen nicht ganz einfach und man braucht sie zu Beginn nicht. Tatsächlich handelt es sich um Vektoren, die aber die Eigenschaft haben, dass ihre Elemente nahezu beliebige Objekte sein können, also z. B. Matrizen (unterschiedlicher Größe), Vektoren, Faktoren, und sogar wieder Listen. Wir werden später (im Abschnitt A.2.2) nochmals kurz darauf zurückkommen.

## A.1.6. Funktionen

Funktionen sind ein essentieller Bestandteil von R, deswegen wird R auch eine funktionale Sprache genannt. Ohne Funktionen wäre R nahezu unbrauchbar. Sie bestehen im Wesentlichen aus einer (wohldefinierten) Menge an einzelnen Befehlen und ermöglichen es bestimmte Aufgaben, auf verallgemeinerte Art zu erfüllen. Sie sind dadurch gekennzeichnet, dass nach dem Funktionsname ein oder mehrere Argumente folgen, die in runden Klammern stehen. Argumente sind das, was in der Funktion verarbeitet wird bzw. dienen zur Steuerung der Funktion.

Ein Beispiel für eine Funktion ist mean(x). Sie berechnet den Mittelwert für die Werte in x und könnte (vereinfacht) aus dem Befehl sum(x)/length(x) bestehen.

Ein anderes Beispiel ist die Funktion sort(). Mit ihrer Hilfe kann man die Werte eines Vektors sortieren.

```
> sort(alter)

[1] 19 23 24 25 26
```

Standardmäßig (oder englisch *default*) ist die Sortierreihenfolge aufsteigend, also mit dem kleinsten Wert beginnend. Es geht aber auch umgekehrt. Hierzu verwendet man das Argument (oder die Option) decreasing, das man mit TRUE oder FALSE spezifizieren kann. Eine absteigende Sortierung von alter erhält man mit

```
> sort(alter, decreasing = TRUE)

[1] 26 25 24 23 19
```

Die Voreinstellung (`decreasing=FALSE`) braucht man nicht angeben, wenn man das Standardverhalten einer Funktion nicht ändern will. Die Optionen, die man bei einer bestimmten Funktion verwenden kann, sind auf der jeweiligen Hilfeseite zu einer Funktion angegeben. Auf die R-Hilfe werden wir in Abschnitt A.1.10 noch kurz eingehen.

## A.1.7. Erweiterungspakete (R-Packages)

Sammlungen von Funktionen (inklusive Hilfeseiten und evtl. speziellen Datensätzen) werden Packages genannt. R besteht aus zwei Typen von Paketen. Zum Einen gibt es die Standardpakete, die mit R mitgeliefert und automatisch installiert werden. Sie sind der Kern von R. Zum Anderen gibt es die sogenannten Erweiterungspakete. Sie stammen von verschiedensten Programmautoren und erweitern R um spezielle statistische Methoden, erlauben Zugriff auf Daten oder Hardware, dienen zur Ergänzung von wissenschaftlichen Texten und vieles mehr. Davon gibt es mehrere Tausend. Sie machen einen Großteil des Erfolgs von R aus, weil viele Wissenschafter ihre neuesten Methoden einem breiten Publikum zur Verfügung stellen. Es gibt keine Statistiksoftware (und R ist mehr als das), die auf aktuellerem wissenschaftlichen Stand ist.

Alle diese Packages finden sich auf CRAN und können von dort einfach heruntergeladen und verwendet werden. Sie können eine Liste aller Packages mit kurzer Beschreibung über die Seite `http://cran.r-project.org/` und den Link Packages (links in der Navigation) ansehen. Ausgewählte Packages zu verschiedenen Fachgebieten mit ausführlicherer Beschreibung finden Sie in den Task Views, indem Sie dem gleichnamigen Link (ebenfalls links in der Navigationsleiste) folgen.

Für dieses Buch benötigen wir das Package **eRm**. Es gibt drei Möglichkeiten es zu installieren. Die Erste setzt eine aktive Internetverbindung voraus.

1. Direkt als R-Befehl mit `install.packages()`:

   ```
   > install.packages("eRm")
   ```

   Aus dem sich öffnenden Fenster wählen Sie (wie bei der Installation von R) einen Server in Ihrer Nähe. (Falls Sie während einer R-Sitzung schon einmal einen Server ausgesucht haben, öffnet sich dieses Fenster nicht mehr.) Nach Bestätigung mit OK wird das Package installiert.

   Ein Sonderfall sind Packages, die entweder nur oder auch auf anderen Servern (nicht CRAN) zur Verfügung stehen. Dazu gehört **eRm**, das zwar von CRAN installierbar ist, aber die jeweils neueste Version findet sich auf dem Entwicklungsserver unter `https://r-forge.r-project.org/projects/erm/`. Wenn Sie dem Link R Packages rechts oben folgen, kommen Sie auf die Download-Seite, aus der Sie direkt den Befehl

```
install.packages("eRm", repos="http://R-Forge.R-project.org")
```

in Ihre R-Konsole kopieren können. Wir empfehlen für **eRm** diese Vorgangsweise, da dadurch sichergestellt ist, dass Sie die jeweils neueste Version zur Verfügung haben. Besuchen Sie hin und wieder diese Seite, um zu sehen ob es ein Update gibt. Die auf Ihrem Rechner aktuell installierte Version können Sie so abfragen:

```
> installed.packages()["eRm", "Version"]
```

In diesem Zusammenhang empfehlen wir auch, immer die neueste R-Version installiert zu haben, da die Packages oft darauf beruhen und dann manchmal mit einer älteren Version von R nicht mehr funktionieren. Die auf Ihrem Rechner installierte R-Version können Sie so abfragen

```
> R.Version()$version.string
```

Bei einer Installation müssen Sie nicht alles neu einrichten. Eine Anleitung zur Vorgangsweise finden Sie für Windows unter 2.8 auf der Seite `http://cran.r-project.org/bin/windows/base/rw-FAQ.html` und für MacOS X im FAQ unter 5.2 auf `http://cran.r-project.org/bin/macosx/RMacOSX-FAQ.html`.

2. Über die Menüleiste in der R-Konsole:
   Unter Windows verwenden Sie die Menüpunkte Pakete ▷ Installiere Paket(e)..., unter MacOS X Pakete und Datensätze ▷ Paketinstallation. Sie müssen zunächst den Server und dann das zu installierende Package auswählen.

3. Manchmal hat man ein (binäres) Package in der Form eines `.zip` (Windows) oder `.tgz` (MacOS X) Files auf dem Rechner gespeichert. Dann erfolgt die Installation für Windows über die Menüpunkte Pakete ▷ Installiere Paket(e) aus lokalen Dateien.... Für Mac OS X verwenden Sie wieder Pakete und Datensätze ▷ Paketinstallation und wählen Sie bei Paket-Repository die Option Lokales Paket (Verzeichnis).

Bevor man ein Package verwenden kann, muss man es mit dem Befehl `library()` laden, z. B.

```
> library(eRm)
```

Wenn Sie ein Package updaten, empfiehlt es sich, R neu zu starten. Falls Sie das Package nämlich gerade geladen haben, funktioniert der Update nicht.

## A.1.8. Die Arbeitsumgebung

Man sollte sich einen eigenen Ordner (bzw. Verzeichnis), in dem man arbeitet, anlegen. Das hat mehrere Vorteile. Erstens haben Sie immer alle Dateien, die zu einem bestimmten Projekt gehören, beisammen. Und zweitens können Sie in R dieses Vezeichnis als Arbeitsverzeichnis einstellen, wodurch Sie dann beim Einlesen oder Sichern von Daten nicht immer den ganzen Verzeichnispfad eingeben müssen.

### A.1.8.1. Das Arbeitsverzeichnis

Wenn Sie noch kein Arbeitsverzeichnis erstellt haben, können Sie das auch von R aus machen. Dazu erhalten Sie in Windows über die Menüpunkte Datei ▷ Verzeichnis wechseln... den Verzeichnisbaum, wo Sie ein neues Verzeichnis am Ort Ihrer Wahl anlegen können. Wechseln Sie dann in dieses Verzeichnis. Bei MacOS X verwenden Sie das Menü Verschiedenes. Zur Kontrolle können Sie in R den Befehl getwd() (*get working directory*) eingeben. Als Beispiel könnten Sie Folgendes sehen

```
> getwd()
```

```
[1] "D:/Analysen"
```

Eine Alternative ist der Befehl setwd(). Er funktioniert wie getwd() aber kann damit das Arbeitsverzeichnis einstellen. Wenn Sie alle Dateien, die sich im Arbeitsverzeichnis befinden, ansehen wollen, schreiben Sie dir().

### A.1.8.2. Der Workspace

Alle Objekte, die während einer R-Sitzung erzeugt wurden, befinden sich im Arbeitsspeicher des Rechners und sind solange R läuft verfügbar. Wenn man sie nicht speichert (wie das geht, wird gleich weiter unten besprochen), werden sie gelöscht, wenn man R beendet. Alle aktuell definierten Objekte (wie Variablen, Matrizen, etc.) kann man sich mit der Funktion ls() ausgeben lassen.

```
> ls()
```

```
 [1] "a"         "alter"     "b"         "geschlecht"
 [5] "gruppe"    "mix"       "name"      "vec1"
 [9] "vec2"      "vec3"      "wo"        "x"
[13] "X"         "xf"        "xf2"       "Y"
[17] "Y2"        "z"
```

Wenn wir Objekte nicht mehr benötigen, können wir sie mit rm() löschen. Z. B.

```
> rm(Y, vec1, vec2, vec3)
```

Alle definierten Objekte kann man über das R-Konsolen Menü Verschiedenes oder mit dem Befehl rm(list=ls(all=TRUE)) löschen.

## A.1.9. Speichern von Objekten

Bevor wir Session 1 beenden, wollen wir noch die Matrix X als R-Objekt speichern. Das geht mittels save(). Für unser Beispiel wäre das

```
> save(X, file = "X.RData")
```

Hierbei ist Folgendes zu beachten. Wenn wir keinen Pfad angeben, wird die Datei im aktuellen Arbeitsverzeichnis gespeichert. Bei Angabe eines Pfades muss das unter Windows übliche Verzeichnis-Trennzeichen \ durch ein / ersetzt werden. Sie sollten immer die Dateiendung .RData verwenden, da diese mit R verknüpft ist. Wenn Sie bei geschlossenem R auf eine Datei mit dieser Endung klicken, öffnet sich R automatisch und die Objekte aus dieser Datei sind geladen, d. h. verfügbar. Sie können im Prinzip mehrere Objekte in einer .RData Datei speichern (Angabe der Objekte durch Kommas getrennt), wir empfehlen aber immer nur eines mittels save() zu speichern und die Datei gleich wie das Objekt zu benennen. Sie wissen dann, welches Objekt sich in der Datei befindet. Ausnahmsweise und zur Demonstration wollen wir die drei Variablen alter, geschlecht und gruppe in eine gemeinsame Datei speichern, die wir dreivar.RData nennen.

```
> save(alter, geschlecht, gruppe, file = "dreivar.RData")
```

Sie bekommen ein Objekt wieder in den Workspace mit dem Befehl load(), z. B.

```
> load(file = "X.RData")
```

## A.1.10. Zwei Hinweise: Editoren und die R-Hilfe

### R-Editoren

Es gibt einige Programme, die ebenso wie R Open Source sind und die eine bequeme Arbeitsumgebung bieten. Dazu gehören R-Studio und Tinn-R. Sie bieten eine grafische Benutzeroberfläche, in die R eingebunden ist. Die Einbindung von R erfolgt üblicherweise automatisch bei der Installation eines dieser Editoren. Man kann dort dann z. B. R-Befehle hineinschreiben und sie an R weiterleiten. Der Vorteil ist, dass man die Befehle leicht adaptieren, kopieren und wiederverwenden kann. Man kann sie in eine Datei speichern und wieder einlesen. Darüber hinaus verfügen diese Editoren über einige weitere nützliche Funktionen und Eigenschaften, deren Beschreibung aber den Rahmen hier sprengen würde.

### Das Hilfesystem

R verfügt über ausgedehnte Hilfeseiten zu jeder Funktion. Diese erreichen Sie durch Eingabe von `help(Funktionsname)` bzw. `?Funktionsname`. Das Wichtigste sind vier Dinge, die Sie auf jeder Hilfeseite finden:

Usage: Hier wird dargestellt, wie man eine Funktion aufrufen muß. Argumente, bei denen ein = vorkommt, müssen beim Aufruf nicht angegeben werden wenn man die Standardeinstellung (das was nach dem = steht) beibehalten will.

Arguments: Hier werden alle Argumente der jeweiligen Funktion kurz erklärt.

Value: Hier finden Sie, was die jeweilige Funktion erzeugt.

Examples: Sie sind manchmal sehr komplex, aber es lohnt sich trotzdem sie auszuprobieren. Man kann sie leicht mit kopieren und einfügen in R laufen lassen.

Hinweis: Manchmal sind Hilfeseiten sehr technisch abgefaßt. Lassen Sie sich dadurch nicht verwirren und ignorieren Sie einfach, was Sie nicht verstehen.

Wir beenden Session 1 durch Anklicken des Kreuzes rechts oben in der R-Konsole oder durch Eingabe von `q()`. Wie schon erwähnt, werden Sie jetzt gefragt, ob Sie den Workspace sichern wollen. Falls Sie Ja sagen, wird im Arbeitsverzeichnis eine versteckte Datei .RData (nur die Endung, kein Dateiname) angelegt, in der alle Objekte, die sich aktuell im Workspace befinden, abgespeichert werden. Ebenso wird eine versteckte Datei .Rhistory angelegt, in der sich die letzten Befehle befinden. Wenn Sie R aus dem vorher definierten Arbeitsverzeichnis aufrufen, dann wird dieser zuvor gesicherte Workspace automatisch geladen. Sie können diesen so gesicherten Workspace aber auch über das Menü Datei laden.

Sie haben die erste Session erfolgreich beendet. Sie haben nun schon eine relative gute Vorstellung davon, wie R funktioniert. In der nächsten Session werden wir uns mit Datensätzen beschäftigen.

## A.2. Session 2: Umgang mit Datensätzen

In dieser Session werden wir kennenlernen, wie man Datensätze in R definiert, wie man Daten aus externen Quellen einlesen und wie und welche Informationen man aus Daten extrahieren kann.

Zur Vorbereitung wollen wir die vorher gespeicherten Objekte laden. Nach dem Sie R geöffnet haben, wechseln Sie in das zuvor definierte Arbeitsverzeichnis (siehe Abschnitt A.1.8.1). Nun holen wir die gespeicherten Objekte in den Workspace.

```
> load("dreivar.RData")
> load("X.RData")
```

### A.2.1. Data Frames

Data Frames sind die Grundlage für viele statistische Analysen in R, die einen Data Frame als Input erwarten. Ein Data Frame besteht üblicherweise aus mehreren Variablen, die in einer rechteckigen, matrixähnlichen Struktur so angeordnet sind, dass die Variablen die Spalten und die Beobachtungseinheiten die Zeilen bilden. Ein wesentlicher Unterschied zu einer Matrix ist, dass die Variablen verschiedenen Typs sein können, also sowohl numerisch, als auch character oder logisch. Man kann also alle für eine bestimmte Analyse relevanten Variablen in einem Datenobjekt beisammen haben.

#### A.2.1.1. Erzeugen eines Data Frames

Einen Data Frame kann man auf verschiedene Weise erzeugen. Üblicherweise wird ein externer Datensatz beim Einlesen automatisch zu einem Data

Frame. Darauf gehen wir in Abschnitt A.2.1.2 noch näher ein. Eine einfache Möglichkeit ist die Verwendung des Befehls data.frame(), der ähnlich wie cbind() für Matrizen funktioniert. Hier kann man einzelne Vektoren, aber auch Matrizen, spaltenweise aneinanderhängen, vorausgesetzt sie sind gleich lang bzw. haben die gleiche Anzahl von Zeilen. Wir erzeugen zwei Data Frames aus den vorher definierten Variablen alter, geschlecht, gruppe, bzw. X mittels

```
> dfr <- data.frame(alter, geschlecht, gruppe)
> dfrX <- data.frame(X)
```

Wenn Sie sich dfr bzw. dfrX ausgeben lassen, sehen Sie, dass der Unterschied nur darin besteht, dass in dfr keine Zeilennamen spezifiziert sind. Wie bei Matrizen kann man das im Nachhinein mittels rownames() ergänzen.

Man kann einen Data Frame mit dem Befehl as.matrix() in eine Matrix umwandeln. Allerdings ist hierbei darauf zu achten, dass das nur dann eins-zu-eins funktioniert, wenn alle Variablen entweder logisch, numerisch oder character sind, da ja in Vektoren und Matrizen alle Elemente den gleichen Typ haben. Sollten sich also in einem Data Frame auch Textvektoren oder Faktoren befinden, dann wird alles auf Text (character) umgewandelt. Versuchen Sie

```
> XX <- as.matrix(dfrX)
```

und vergleichen Sie XX mit dfrX.

Wir benötigen die drei Variablen alter, geschlecht, und gruppe jetzt nicht mehr, da wir sie in den Data Frame gespeichert haben. Wir löschen Sie wieder mit

```
> rm(alter, geschlecht, gruppe)
```

Eine alternative Möglichkeit zur Erzeugung eines Data Frames ist die Verwendung des R-Dateneditors über den Befehl edit(). Er eignet sich besonders dann gut, wenn es um die Erzeugung eines nur kleinen Datensatzes geht, aber auch zum Ausbessern von fehlerhaften Eingaben. Sie können einen neuen (leeren) Data Frame mit

```
> dfr2 <- edit(data.frame())
```

erzeugen. Hier öffnet sich ein Fenster, in das man Werte händisch eintragen, Spalten- und Zeilennamen vergeben bzw. ändern sowie den Datentyp definieren könnte. Nach Schließen dieses Fensters wäre das Ergebnis in dfr2 gespeichert. Veränderungen an einem bestehenden Data Frame kann man mittels `fix()` vornehmen (`fix()` funktioniert auch bei Matrizen).

```
> fix(dfr2)
```

Nach Schließen des Fensters wären die Änderungen in `dfr2` gespeichert.

### A.2.1.2. Einlesen externer Daten

Oft hat man Daten in externen Quellen, z. B. als Excel-, SPSS- oder einfache Text-Dateien und möchte sie in R einlesen. Die einfachste und sicherste Variante ist es, wenn möglich, diese aus dem externen Programm heraus als eine Datei mit der Endung `.csv` (*comma separated*) abzuspeichern und dann in R einzulesen. (Der Grund ist, dass solche externen Dateien eine komplexe Struktur haben können, die nicht unmittelbar mit R kompatibel ist und von den Konvertierungsprogrammen unter Umständen nicht ausreichend abgebildet werden kann.) Vorteilhaft ist es dabei, in der ersten Zeile die Variablennamen stehen zu haben.

#### Kommaseparierte Dateien (`.csv`)

Zum Einlesen verwendet man den Befehl `read.csv2()`, wenn Sie mit einem deutschsprachigen Betriebssystem arbeiten. Sie erkennen das daran, dass in dem externen Programm die Dezimalstelle als Komma und nicht als Punkt dargestellt wird. Sollte das nicht der Fall sein, verwenden Sie stattdessen `read.csv()`.

Die Funktion hat im Wesentlichen zwei Argumente:

- Den Filenamen: `file = "Pfad"`
  Hier muß der gesamte Pfad angegeben werden, außer die Datei ist im Arbeitsverzeichnis (Achtung auf das Verzeichnis-Trennzeichen /). Das Schlüsselwort `file=` können Sie weglassen, wenn der Dateiname an erster Stelle in der Funktion steht. Sie können hier auch eine Webadresse angeben, z. B. http://statmath.wu.ac.at/data/rbook/modalsplit.csv.

- Den Header: `header = TRUE` oder `header = FALSE`
  Diese Option gibt an, ob in der ersten Zeile in der Datei die Variablennamen stehen. Sollte das der Fall sein, verwenden Sie `TRUE`.

Der Befehl könnte so aussehen:

```
> daten <- read.csv2("D:/Analysen/Fragebogen.csv", header = TRUE)
```

Das Resultat ist in jedem Fall ein Data Frame.

Übung: Lesen Sie die oben genannte Datei `modalsplit.csv` mit `read.csv2()` ein. Wenn Sie diesen Befehl ausführen, sollten Sie einen Data Frame `daten` im Workspace haben. Mit `head()` können Sie sich die ersten Zeilen ausgeben lassen.

### Textdateien (`.dat`, `.txt`)

Ein zweiter Dateityp sind reine Textdateien mit der Endung `.dat` oder `.txt`, also solche, die mit einem Text-Editor (wie zum Beispiel in Windows mit Editor bzw. notepad) geöffnet werden können. Bei solchen Dateien sind im Gegensatz zu `.csv` Dateien die einzelnen Datenwerte nicht durch Kommas bzw. Strichpunkte getrennt sondern durch (eines oder mehrere) Leerzeichen oder Tabulatoren.

Hier verwendet man den Befehl `read.table()`, der im Wesentlichen die gleichen Argumente wie `read.csv2()` hat. Allerdings sollte man hier auch darauf achten, ob ein Komma oder ein Punkt als Dezimalzeichen verwendet wird. Sollten es Kommas sein, so fügt man noch die Option `sep=","` im Aufruf hinzu. Textdaten müssen unter Anführungszeichen stehen, diese werden dann automatisch in Faktoren umgewandelt (außer man verwendet die Option `as.is=TRUE`, was aber nicht so oft benötigt wird). Ein Beispiel ist

```
> daten <- read.table("D:/Analysen/Fragebogen.dat",
+     sep = ",", header = TRUE)
```

Wieder ist das Resultat ein Data Frame.

Übung: Laden Sie die Datei `T02.1` von der der Webadresse `http://statmath.wu.ac.at/data/rbook` herunter und speichern Sie sie in Ihrem Arbeitsverzeichnis. Untersuchen Sie, ob Sie `header = TRUE` benötigen (Tipp: Öffnen Sie dazu die Datei in einem Editor). Lesen Sie die Datei dann mit `read.table()` ein und prüfen Sie anschließend, z. B. mit `head()`, ob alles funktioniert hat.

### SPSS Dateien (`.sav`)

Es ist prinzipiell möglich Dateien, die in verschiedenen Statistikpaketen wie SAS (`.xpt`), SPSS (`.sav`), Stata (`.dta`) erzeugt wurden, einzulesen. Die sicherere Variante ist aber, wie oben beschrieben, von dort eine `.csv` Datei zu exportieren und diese dann in R einzulesen. Wir wollen hier kurz den Import von SPSS-Dateien beschreiben. Dazu benötigt man das Package **foreign**, das vorinstalliert ist und man nur mehr mit `library(foreign)` laden muss. Der Befehl lautet `read.spss()` und hat mehrere Optionen.

- Den Filenamen: `file = "Pfad"`
  Die Spezifikation erfolgt gleich wie schon oben beschrieben.

- Verwendung von Wertelabels: use.value.labels = TRUE (Voreinstellung). Oft hat man in SPSS Wertebezeichnungen definiert, wie z. B. für eine Variable Geschlecht männlich oder weiblich. Setzt man diese Option nicht auf FALSE, dann wird im Data Frame die entsprechende Variable als Faktor definiert und die Einträge sind nicht numerisch sondern eben männlich und weiblich.

- Ergebnis: to.data.frame = FALSE (Voreinstellung)
  Diese Option sollte man unbedingt auf TRUE setzen, da man sonst keinen Data Frame erhält, sondern eine Liste, mit der man nicht ohne Weiteres weiterarbeiten kann.

Ein Beispiel zum Einlesen einer SPSS Datei ist

```
> frageb <- read.spss("D:/Analysen/Fragebogen.sav",
+      use.value.labels = FALSE, to.data.frame = TRUE)
```

Man erhält eine Warnmeldung über einen Datentyp, den R nicht erkannt hat. Diese kann man üblicherweise ignorieren. Das läßt sich vermeiden, indem man, wenn möglich, aus SPSS heraus eine portable SPSS Datei (.por) speichert und diese dann, wie oben, mit read.spss() einliest.

Das Einlesen weiterer Formate wird auf http://www.statmethods.net/ unter Data Input ▷ Data Import beschrieben.

### Dateien in R-Packages

Viele R-Packages stellen Datensätze zur Verfügung. Sie sind dann meist in der Form von .RData Dateien (alternativ .rda) gespeichert. So auch das Package **eRm**. Abhängig von der Art der Erstellung hat man entweder direkt Zugriff auf diese Daten, indem man ihren Namen angibt oder man muss sie vorher mit dem Befehl data(datensatzname) bereitstellen. Im Package **eRm** sind die Datensätze direkt verfügbar. So gibt es einen Datensatz (in Form einer Matrix) mit 500 Personen, die auf 6 Items mit 0 bzw. 1 geantwortet haben. Wir können uns die ersten Zeilen ansehen (vorausgesetzt Sie haben **eRm** installiert).

```
> library(eRm)
> head(raschdat3)

     [,1] [,2] [,3] [,4] [,5] [,6]
[1,]    1    1    1    1    1    0
[2,]    1    1    0    1    0    1
[3,]    1    1    1    1    1    1
```

```
[4,]   1   1   0   1   0   1
[5,]   1   1   0   0   0   0
[6,]   0   0   1   1   1   0
```

### A.2.1.3. Ansprechen von Variablen

Wir wissen schon, dass man einzelne Variablen einer Matrix mit dem Spaltenindex ansprechen kann. Dies funktioniert auch bei Data Frames. (Zur Illustration verwenden wir wieder den Data Frame dfrX.)

```
> dfrX[, 2]

[1] 1 1 1 2 2
```

Es gibt aber eine alternative Möglichkeit, nämlich über das $-Zeichen. Hierbei wird zuerst der Name des Data Frames und dann nach dem $ der Variablenname angegeben. Die gleiche Ausgabe wie oben erhalten wir mittels

```
> dfrX$geschlecht

[1] 1 1 1 2 2
```

Wir wollen zum Data Frame noch eine Variable sphone hinzufügen. Dies machen wir mit der Funktion fix(), d. h. in unserem Beispiel fix(dfrX). Die Werte sollen ja, ja, nein, nein, ja sein, die wir als letzte Spalte einfügen. Den Variablennamen sphone können Sie im Dateneditor durch Klicken auf den Spaltenkopf (hier var5) definieren. Ebenso den Datentyp, der hier character sein sollte. Der Data Frame soll dann so aussehen

```
> dfrX

        alter geschlecht gruppe sphone
Ingrid     25          1      0     ja
Kathrin    23          1      1     ja
Regina     24          1      0   nein
Marco      26          2      1   nein
Rainer     19          2      0     ja
```

Wenn Sie nun die neue Variable sphone ansehen wollen geht das nicht direkt, da sie sich im Data Frame dfrX befindet. Mit

```
> sphone
```

bekommen Sie die Fehlermeldung, dass die Variable nicht definiert ist. Sie müssen

```
> dfrX$sphone
```

```
[1] "ja"   "ja"   "nein" "nein" "ja"
```

eingeben. Das kann bei größeren Analysen lästig sein. Deshalb gibt es den Befehl attach(), mit dem man die Variablen, die sich in einem Data Frame befinden, direkt ansprechen kann. Der Data Frame wird dann quasi der R-Sitzung zugeordnet.

```
> attach(dfrX)
> sphone
```

```
[1] "ja"   "ja"   "nein" "nein" "ja"
```

Technisch gesehen fügt R im obigen Beispiel den Data Frame einem Suchpfad hinzu. Wenn Sie die Variable sphone ansprechen und sie ist nicht im Workspace definiert, wird dieser Suchpfad durchsucht und R findet dann sphone im Data Frame dfrX (den Sie attached haben) und gibt die Werte aus.

Mittels der Funktion detach() wird der Data Frame wieder aus dem Suchpfad entfernt.

```
> detach(dfrX)
```

Mit search() können Sie ansehen, was sich alles im Suchpfad befindet.

Die Funktion attach() hat jedoch einige Fallstricke, deren Sie sich bewusst sein müssen.

- Modifikationen von Variablen, die mit attach() zur Verfügung gestellt sind, wirken sich nicht auf den Data Frame aus. Haben Sie z. B. das erste Element von sphone mittels sphone[1] <- "nein" modifiziert, dann ist diese Änderung verloren, nachdem sie die Zuordnung attach(dfrX) mittels detach(dfrX) wieder aufgehoben haben. Sie müssen Änderungen immer direkt im Data Frame ausführen. Für dieses Beispiel also dfrX$sphone <- "nein".

  Als Beispiel wollen wir die Variable sphone dauerhaft in einen Faktor umwandeln. Dies erreichen wir mit

```
> dfrX$sphone <- factor(dfrX$sphone)
```

- Wenn Sie einen Data Frame mittels attach() zuordnen, der Variablen mit gleichen Namen enthält, die schon im Workspace definiert sind, dann erhalten Sie die Warnung, dass die Variablen im Data Frame maskiert werden. Das heißt, dass nur die zuvor schon definierten Variablen direkt ansprechbar sind und nicht die aus dem Data Frame (der sich im Suchpfad befindet). Das kann leicht zu (evtl. auch unbemerkten) Fehlern führen.

- Ähnliches passiert, wenn Sie einen zweiten Data Frame mittels attach() zuordnen, der Variablen mit gleichen Namen wie im zuerst zugeordneten Data Frame enthält. Die Konsequenz ist, dass nur die zuerst zugeordneten Variablen direkt ansprechbar sind (nach der Devise „wer zuerst kommt, mahlt zuerst" oder „first come, first serve").

Sie sollten immer detach() verwenden, sobald Sie die Zuordnung nicht (mehr) benötigen.

## A.2.2. Information über den Inhalt von Datensätzen

Wir können zwei Arten von Information unterscheiden. Die eine betrifft eher technische Aspekte, also die Struktur eines Data Frames, welche Variablen darin enthalten und wie diese definiert sind

Einen schnellen Überblick können wir mir dem schon bekannten Befehl head() gewinnen. Alternativ erhält man mit tail() die letzten Zeilen.

Mehr über die Struktur eines Objekts erfahren wir mittels des auch schon bekannten Befehls str(), z. B.

```
> str(dfrX)

'data.frame':        5 obs. of  4 variables:
 $ alter     : num  25 23 24 26 19
 $ geschlecht: num  1 1 1 2 2
 $ gruppe    : num  0 1 0 1 0
 $ sphone    : Factor w/ 2 levels "ja","nein": 1 1 2 2 1
```

Tatsächlich sind Data Frames spezielle, matrixähnliche Listen, deren Elemente dimensionsmäßig zusammenpassen müssen. Das ist bei echten Listen nicht erforderlich. In der praktischen Arbeit werden wir hin und wieder auf Listenobjekte stoßen. Mit str() können wir ihre Struktur gut untersuchen. Wie bei Data Frames kann man dann einzelne Elemente, deren Namen str()

ausgibt mit $ ansprechen. Ein kleines Beispiel soll dies verdeutlichen. Wir erzeugen eine simple Liste mittels list() und sehen ihren Inhalt mit str() an.

```
> demolist <- list(A = 1:5, B = c("Kurt", "Sylvia"),
+     C = TRUE)
> str(demolist)
List of 3
 $ A: int [1:5] 1 2 3 4 5
 $ B: chr [1:2] "Kurt" "Sylvia"
 $ C: logi TRUE
```

Auf z. B. B können wir so zugreifen

```
> demolist$B

[1] "Kurt"    "Sylvia"
```

Die andere Art von Information betrifft einfache Statistiken über die Variablen, wie z. B. Maßzahlen oder Häufigkeiten. Hier ist vor allem der Befehl summary() wichtig. Bei Data Frames werden einfache deskriptive Statistiken für die einzelnen Variablen ausgegeben.

```
> summary(dfrX)
      alter          geschlecht         gruppe         sphone
 Min.    :19.0   Min.    :1.0    Min.    :0.0    ja  :3
 1st Qu.:23.0    1st Qu.:1.0     1st Qu.:0.0     nein:2
 Median :24.0    Median :1.0     Median :0.0
 Mean    :23.4   Mean    :1.4    Mean    :0.4
 3rd Qu.:25.0    3rd Qu.:2.0     3rd Qu.:1.0
 Max.    :26.0   Max.    :2.0    Max.    :1.0
```

Bei metrischen (numerischen) Variablen werden die Quartile, Minimum, Maximum und der Mittelwert (mean) ausgegeben. Bei Faktoren ist es die Häufigkeit für die einzelnen Kategorien. Eigentlich müssten geschlecht und gruppe auch als Faktoren definiert werden (hier ergeben numerische Maßzahlen, wie der Median, nicht viel Sinn).

Ein sehr praktischer Befehl ist table(). Damit kann man eine Kreuztabelle für kategoriale Variablen erstellen. Eine Häufigkeitstabelle für geschlecht erhalten wir mit

```
> table(dfrX$geschlecht)
```

Für geschlecht × sphone ist das

```
> table(dfrX$geschlecht, dfrX$sphone)
```

Bei zweidimensionalen Tabellen ist es besser die Variablen direkt zur Verfügung zu haben, da dann die Variablennamen mitausgegeben werden. Wir verwenden hier also besser vorher attach().

```
> attach(dfrX)
> table(geschlecht)

geschlecht
1 2
3 2

> table(geschlecht, sphone)

         sphone
geschlecht ja nein
        1  2    1
        2  1    1
```

Bei Faktoren werden im Gegensatz zu einfachen Variablen die Bezeichnungen (levels) mit ausgegeben. Bei höher-dimensionalen Tabellen empfiehlt sich statt table() die Funktion ftable() zu verwenden, da die Ausgabe kompakter ist. Bei metrischen Variablen ist table() meist nicht so sinnvoll, da die Häufigkeit für jeden einzelnen vorkommenden Wert ausgezählt wird.

Übung: Berechnen Sie die dreidimensionale Tabelle geschlecht × sphone × gruppe mit beiden Befehlen (Hinweis: alle drei Variablen angeben).

Für Matrizen gibt es noch zwei Befehle, die jeweils auf Zeilen oder Spalten wirken. Wir können mit colSums() bzw. rowSums() die Summe der Werte in den einzelnen Spalten bzw. Zeilen ermitteln. Für die Datenmatrix raschdat3 ist das

```
> colSums(raschdat3)

[1] 403 371 313 257 188 137

> head(rowSums(raschdat3))
```

```
[1] 5 4 6 4 2 3
```

Statt Summen erhalten wir Mittelwerte mittels `colMeans()` und `rowMeans()`.

Diese Funktionen sind aber äquivalent zum Gebrauch des allgemeineren Befehls `apply()`. Sie können damit beliebige Funktionen, die auf alle Elemente zeilen- oder spaltenweise wirken, wie z. B. `sd()` für Standardabweichung oder `exp()`, verwenden. Der Befehl ist folgendermaßen aufgebaut: Zunächst wird die Matrix angegeben, dann folgt die Spezifikation, ob Sie zeilenweise (`MARGIN=1`) oder spaltenweise (`MARGIN=2`) rechnen wollen und schließlich müssen Sie die Funktion (ohne Klammern) angeben. Wenn Sie die Standardabweichung aller Spalten von `raschdat3` wollen, ist der Befehl

```
> apply(raschdat3, MARGIN = 2, sd)
```

```
[1] 0.396 0.438 0.484 0.500 0.485 0.446
```

Tatsächlich ist die Funktion `colSums()` (wie oben) äquivalent zu

```
> apply(raschdat3, MARGIN = 2, sum)
```

```
[1] 403 371 313 257 188 137
```

Wenn Sie eine Funktion verwenden, die auf jedes einzene Element angewendet werden soll, wie z. B. `exp()`, dann wird wieder eine Matrix erzeugt, die dann aber transponiert ist. Transponiert heißt, das Zeilen und Spalten vertauscht sind. Um die ursprüngliche Form zu erhalten, müssen sie das Ergebnis wieder transponieren. Das geht mit der Funktion `t()`. Versuchen Sie für die ersten 3 Zeilen und die Spalten 4 und 5 von `raschdat3` die Funktion `exp()` anzuwenden, einmal mit und einmal ohne das Ergebnis zu transponieren. Die Befehle dazu sind (`MARGIN=` kann weggelassen werden)

```
> apply(raschdat3[1:3, 4:5], 1, exp)
> t(apply(raschdat3[1:3, 4:5], 1, exp))
```

Übung: Verwenden Sie die Funktion `apply()` mit (1) `table()`, um für jede Spalte die Anzahl der 0 und 1 Antworten zu erhalten, und mit (2) `mean()`, um die relativen Häufigkeiten der 1 Antworten zu erhalten.

Die Funktion `apply()` funktioniert nicht bei Data Frames oder Vektoren. Da kann man die Funktion `lapply()` anwenden, auf die wir aber nicht eingehen werden, weil sie anders aufgebaut, ihre Verwendung nicht ganz einfach ist und wir sie in diesem Buch nicht verwenden.

Als letztes in Session 2 wollen wir noch kennenlernen, wie man eine Funktion auf eine Variable getrennt nach Gruppen anwenden kann. Das ist dann nützlich, wenn man z. B. die Mittelwerte zweier Gruppen für eine bestimmte Variable wissen will. Der Befehl lautet tapply() und hat folgenden Aufbau: Zunächst folgt die Variable, für die man die Mittelwerte wissen will, in Form eines Vektors (oder Spalte aus einer Matrix bzw. eines Data Frames). Das zweite Argument sind eine (Vektor) oder mehrere (Spalten aus einer Matrix oder eines Data Frames) kategoriale Variablen und das Dritte ist die anzuwendende Funktion.

Als Beispiel wollen wir die Mittelwerte von alter getrennt nach geschlecht berechnen. (In Worten könnte man den folgenden Befehl so ausdrücken: Berechne für alter getrennt nach geschlecht den Mittelwert.)

```
> tapply(alter, geschlecht, mean)
    1    2
24.0 22.5
```

Zum Abschluß entfernen wir den Data Frame dfrX aus dem Suchpfad und speichern ihn im Arbeitsverzeichnis.

```
> detach(dfrX)
> save(dfrX, file = "dfrX.RData")
```

Damit haben Sie erfolgreich auch Session 2 abgeschlossen und Sie wissen, wie Datensätze in R strukturiert sind, können solche erzeugen bzw. aus externen Quellen einlesen, einzelne Variablen ansprechen und Information extrahieren.

## A.3. Session 3: Adaptieren von Datensätzen

In dieser letzten Session zur Einführung in R wollen wir uns vor allem damit beschäftigen, wie wir Daten für bestimmte Analysen aufbereiten können. Wir legen dabei den Schwerpunkt auf Methoden, die vor allem bei der Analyse von Fragebögen nützlich sind. Wenn Sie Session 2 vorher geschlossen haben, dann laden Sie bitte wieder den vorher gespeicherten Datensatz dfrX und fügen ihn dem Suchpfad mittels attach() hinzu.

```
> load("dfrX.RData")
> attach(dfrX)
```

Bevor wir uns mit der Aufbereitung von Daten beschäftigen, wollen wir aber kurz auf ein Problem eingehen, dass leider in der Praxis häufig auftritt und alles erschwert, das wir aber bisher vernachlässigt haben.

## A.3.1. Fehlende Werte (*missing values*)

In R sind fehlende Werte als NA (not available) kodiert. Wenn wir selbst eine Variable erzeugen, bei der fehlende Werte auftreten, müssen wir statt der Werte NA eingeben. Man kann mit der logischen Funktion is.na() abfragen, ob ein bestimmter Wert fehlend ist, z. B.

```
> is.na(alter[1])
```

```
[1] FALSE
```

Bisher hatten wir keine fehlenden Werte, daher ist die Antwort nein. (Achtung: die Frage alter[1]==NA funktioniert nicht, wir benötigen die Funktion is.na())

Wollen wir das für ein ganzes Objekt wissen, dann erlaubt die zusätzliche Angabe der Funktion any() ob irgendein Element des Objekts einen bestimmten Wert hat, in unserem Fall NA. Für dfrX lautet der Befehl

```
> any(is.na(dfrX))
```

```
[1] FALSE
```

Zur Demonstration wollen wir zu unserem Datensatz dfrX, den wir vorher gespeichert haben, zwei Zeilen hinzufügen. Thomas soll die Werte 20, 2, NA, "nein" bekommen, und Lisi die Werte 25, 1, 1, NA. Fügen Sie diese Werte mittels fix() zu dfrX hinzu (Sie können die entsprechenden Zellen einfach leer lassen oder NA hineinschreiben). Der Data Frame sollte jetzt so aussehen.

```
        alter geschlecht gruppe sphone
Ingrid    25          1      0     ja
Kathrin   23          1      1     ja
Regina    24          1      0   nein
```

```
Marco      26          2      1    nein
Rainer     19          2      0      ja
Thomas     NA          2     NA    nein
Lisi       25          1      1    <NA>
```

Man sieht, dass der fehlende Wert bei numerischen Variablen mit NA, bei Faktoren (und Character-Variablen) mit <NA> kodiert ist. Jetzt lautet die Antwort auf die Frage nach fehlenden Werten

```
> any(is.na(dfrX))
```

```
[1] TRUE
```

Will man aus einem Objekt NAs entfernen, kann man die Funktion na.omit() verwenden. Aus dfrX könnten wir einen Data Frame dfrX2 ohne NAs erzeugen, mittels

```
> dfrX2 <- na.omit(dfrX)
```

Übung: Prüfen Sie, ob in dfrX2 noch fehlende Werte vorhanden sind.

Es gibt nun zwei Bereiche, in denen man mit NAs vorsichtig sein muß. Der Erste betrifft das Einlesen externer Dateien, der Zweite das Rechnen mit Variablen, in denen NAs vorkommen.

### NAs und externe Dateien

Kommaseparierte Dateien machen im Prinzip kein Problem, da dort fehlende Werte einfach ausgelassen werden. Werte sind durch bestimmte Zeichen (bei deutschsprachigen Versionen durch ;) getrennt. Stößt R z. B. auf eine Sequenz wie 3;;4;5, dann erkennt es, dass der zweite Wert (der zwischen 3 und 4) fehlend ist.

Schwieriger ist es bei Textdateien. Hier sind die Werte eventuell durch Leerzeichen getrennt und ausgelassene Werte können nicht erkannt werden. Da kann es passieren, dass in Zeilen unterschiedlich viele Werte stehen und R würde beim Einlesen eine Fehlermeldung ausgeben. Sie müssen dafür Sorge tragen, dass an solchen Stellen ein NA steht.

Bei externen Dateien aus Statistikpaketen gibt es eventuell ein anderes Problem. In manchen Datensätzen sind fehlende Werte durch bestimmte Zahlen gekennzeichnet, die Sie aber behalten wollen. So könnte z. B. 8 bedeuten „weiß nicht" und 9 „will ich nicht sagen". Bei SPSS Dateien müssen Sie bei read.spss() dann die Option use.missings=FALSE angeben. Für andere Statistikpakete sehen Sie bitte in der Hilfe help("foreign") nach (das Package foreign muss vorher mit library(foreign) geladen worden sein).

### NAs und Berechnungen

Das zweite Problem mit NAs ist, dass Sie solche bei bestimmten Berechnungen berücksichtigen müssen. Wenn wir den Mittelwert von alter ausrechnen, erhalten wir

```
> mean(alter)
```

```
[1] NA
```

Das Gleiche passiert bei anderen numerischen Funktionen, wie sd() oder colSums(). Hier gibt es einen Mechanismus, die Option na.rm=TRUE (NA *remove*), der bewirkt, dass in solchen numerischen Funktionen fehlende Werte ignoriert werden. Wir schreiben also

```
> mean(alter, na.rm = TRUE)
```

```
[1] 23.7
```

Bei Tabellierungen mit table() werden NAs auch verschluckt. Unser Data Frame hat 7 Beobachtungen, es werden aber bei geschlecht × sphone nur 6 ausgegeben.

```
> table(geschlecht, sphone)
```

```
          sphone
geschlecht ja nein
         1  2    1
         2  1    2
```

Das will man manchmal nicht haben, sondern auch die NAs sollen tabelliert werden. Hier hilft die Option useNA=. Sie kann auf dreierlei Weise spezifiziert werden: bei useNA="no" werden NAs weggelassen, bei useNA="ifany" werden sie nur angezeigt, wenn sie vorkommen und schließlich bei useNA="always" werden sie immer angezeigt, auch wenn sie nicht vorkommen (dann ist die Häufigkeit 0). Für unser Beispiel

```
> table(geschlecht, sphone, useNA = "ifany")
```

```
         sphone
geschlecht ja nein <NA>
         1  2   1    1
         2  1   2    0
```

Wir werden später noch kennenlernen, wie wir NAs (unter bestimmten Annahmen) ersetzen bzw. sie ganz aus einem Datensatz entfernen kann. Bevor wir weitermachen, entfernen wir dfrX wieder aus dem Suchpfad.

```
> detach(dfrX)
```

## A.3.2. Auswählen von Teilen eines Datensatzes

Manchmal möchte man bestimmte Teile aus einem Datensatz herausholen. Wenn man genau weiß, wo die Teile sind, kann man ja mit den eckigen Klammern indizieren, z. B. die ersten beiden Zeilen und die Spalten 2 und 4 aus dfrX.

```
> dfrX[1:2, c(2, 4)]

        geschlecht sphone
Ingrid           1     ja
Kathrin          1     ja
```

Schwieriger, vor allem bei größeren Datensätzen, wäre es z. B. die Daten aller Frauen zu extrahieren. Dazu gibt es den relativ bequemen Befehl subset(). Für dieses Beispiel ist der Befehl

```
> subset(dfrX, geschlecht == 1)

        alter geschlecht gruppe sphone
Ingrid     25          1      0     ja
Kathrin    23          1      1     ja
Regina     24          1      0   nein
Lisi       25          1      1   <NA>
```

Dieser Befehl hat im Prinzip drei Argumente. Das Erste ist der Name des Data Frames, das Zweite ist eine logische Bedingung und das Dritte (select=) gibt an, welche Variablen extrahiert werden sollen. Da wir kein select= spezifiziert haben, wurden alle Variablen ausgegeben. Ein weiterer Vorteil von subset() ist, dass wir die Variablen im Data Frame direkt ansprechen können und nicht z. B. dfrX$geschlecht schreiben müssen. Wollen wir die Variablen geschlecht und gruppe für alle Personen, die jünger als 25 sind und ein Smartphone besitzen, dann schreiben wir

```
> dfrXsub <- subset(dfrX, sphone == "ja" & alter < 25,
+     select = c(geschlecht, gruppe))
> dfrXsub

        geschlecht gruppe
Kathrin          1      1
Rainer           2      0
```

Mit diesem Befehl haben wir nicht nur die gewünschte Auswahl getroffen, sondern auch einen neuen Data Frame mit eben diesen Daten erzeugt.

Übung: Extrahieren Sie das Alter der männlichen Smartphonebesitzer.

Als letztes in diesem Abschnitt wollen wir ein Problem lösen, das bei der Analyse von Fragebögen auftauchen kann. Wir wollen aus dem Fragebogen-Datensatz einen neuen Datensatz erzeugen.

### A.3.3. Erstellen neuer Variablen aus vorhandenen Variablen

Oft benötigen wir Information, die nicht in der Form vorhanden ist, wie wir sie benötigen würden, die aber aus vorhandenen Daten bzw. Variablen gewonnen werden kann. Einige Beispiele haben wir schon kennengelernt, z. B. als wir die Zeilensummen von raschdat3 ausgerechnet haben.

Nehmen wir an, wir würden diese gerne kategorisieren, z. B. in zwei Gruppen aufteilen, je nachdem ob diese Zeilensumme eher größer oder eher kleiner ist. Als Trennwert wollen wir den Median nehmen. Den wollen wir zunächst bestimmen.

```
> library(eRm)
> score <- rowSums(raschdat3)
> median(score)

[1] 3
```

Es soll nun eine neue Variable scoregroup berechnet werden, die 0 für Personen ist, deren score höchstens so groß wie der Median ist und 1, wenn der score größer ist. Für solche Zwecke ist die Funktion ifelse() sehr gut geeignet. Sie hat drei Argumente: Das erste ist eine logische Bedingung, in unserem Fall fragen wir ob der jeweilige score größer als der Median ist, d. h. score > median(score). Das zweite und dritte Argument sind die Werte, die das Resultat haben soll, wenn die Bedingung erfüllt ist, in unserem Fall 1, bzw. nicht erfüllt ist, also 0. Der Befehl lautet dann

```
> scoregroup <- ifelse(score > median(score), 1, 0)
```

Wir vergleichen ein paar Werte von score und scoregroup

```
> head(cbind(score, scoregroup))
     score scoregroup
[1,]     5          1
[2,]     4          1
[3,]     6          1
[4,]     4          1
[5,]     2          0
[6,]     3          0
```

Will man nur bestimmte Werte ersetzen, die anderen aber gleich lassen, dann schreibt man je nach logischer Bedingung die ursprüngliche Variable entweder an die zweite oder dritte Position. Als Beispiel wollen wir scoregroup so ändern, dass alle Werte, die jetzt 0 sind -1 werden.

```
> scoregroup2 <- ifelse(scoregroup == 0, -1, scoregroup)
```

Die Funktion kann auch geschachtelt werden. Wenn wir aus unserem Data Frame die Variable alter so kategorisieren wollen, dass wir die Werte 1 für ein Alter bis 20, den Wert 2 für 21-25 und 3 für >25 erhalten, dann schreiben wir

```
> ifelse(dfrX$alter <= 20, 1, ifelse(dfrX$alter > 25,
+     3, 2))

[1]  2  2  2  3  1 NA  2
```

Das erste (äußere) ifelse() teilt die Werte in solche, die kleiner oder gleich 20 sind, und den Rest. Jene die kleiner oder gleich 20 sind, erfüllen die Bedingung und es wird der Wert 1 zugewiesen (zweites Argument im äußeren ifelse()). Beim Rest wissen wir noch nicht ob sie größer als 25 sind, daher kommt hier nochmals ein ifelse() (drittes Argument des äußeren) ins Spiel. Das innere ifelse() funktioniert dann wie schon beschrieben und retourniert für die restlichen Werte je nach Größe entweder 3 oder 2. Das NA von Thomas bleibt erhalten.

Eine andere Möglichkeit ist die Verwendung der Funktion cut(). Sie ist vorteilhaft bei größeren Kategorienzahlen. Diese Funktion ist sehr mächtig, daher beschreiben wir hier nur eine einfache Form. Die Funktion benötigt im Prinzip 2 Argumente: erstens die Variable die man kategorisieren will und zweitens entweder die Zahl der gewünschten Kategorien oder die Werte nach denen kategorisert werden soll. Für das obige Beispiel wäre ein äquivalenter Befehl

```
> cut(dfrX$alter, c(0, 20, 25, 200))
[1] (20,25]  (20,25]  (20,25]  (25,200] (0,20]   <NA>     (20,25]
Levels: (0,20] (20,25] (25,200]
```

Da man außer den Grenzen (<=) noch Minimum und Maximum angeben muß, haben wir Zahlen 0 und 200 gewählt, weil sicher niemand jünger als 0 und älter als 200 ist. An der Angabe von Levels sieht man, dass das Ergebnis ein Faktor ist. Die Werte werden als (halboffene) Intervalle angegeben, wobei die runde Klammer bedeutet, dass die daneben stehende Zahl nicht im Intervall enthalten ist. Mit as.numeric() wandeln wir den Faktor in einen numerischen Vektor um und erhalten das gleiche Ergebnis wie oben beim geschachtelten ifelse().

```
> as.numeric(cut(dfrX$alter, c(0, 20, 25, 200)))
[1]  2  2  2  3  1 NA  2
```

Will man etwa gleich große Intervalle, dann braucht man nur die Anzahl gewünschter Gruppen angeben und cut() berechnet dann die Grenzen selbst. Für 3 Gruppen (zum Vergleich) ist das

```
> cut(dfrX$alter, 3)
[1] (23.7,26]   (21.3,23.7] (23.7,26]   (23.7,26]   (19,21.3]
[6] <NA>        (23.7,26]
Levels: (19,21.3] (21.3,23.7] (23.7,26]

> as.numeric(cut(dfrX$alter, 3))
```

```
[1]   3   2   3   3   1  NA   3
```

## A.3.4. Umkodieren bei Matrizen und Data Frames

Zum Abschluss unseres kleinen Kurses wollen wir noch auf ein Spezialproblem eingehen, das bei Analysen mit dem Rasch Modell, dem dieses Buch gewidmet ist, auftauchen kann. Im Package **eRm** erwarten die Funktionen zu Berechnungen im Rahmen des Rasch Modells binäre Matrizen, also solche, deren Werte nur 1 oder 0 sind. Nehmen wir an, die Daten in einer (fiktiven) Matrix dat wären anders kodiert, z. B. mit den Character-Werten "richtig" bzw. "falsch". In solch einem Fall müssen wir die Werte umwandeln. Wir wissen schon wie das geht, bei Matrizen würden wir einfach den Befehl

```
> dat.korr <- ifelse(dat == "richtig", 1, 0)
```

verwenden. Das funktioniert auch dann, wenn dat ein Data Frame wäre. Das Resultat wäre dann allerdings kein Data Frame mehr, sondern eine Matrix.

In **eRm** dürfen die Matrizen auch NAs enthalten, allerdings nicht in allen Funktionen. Bei NPtest() dürfen die Daten in der aktuellen Paketversion keine NAs enthalten. Die Entfernung mit na.omit() ist auch nicht günstig, weil zu viel Information verloren gehen könnte. Man kann sich nun überlegen, ob man die NAs nicht durch gültige Werte, also 1 bzw. 0, ersetzen könnte. Bei Leistungstests ist die Annahme oft plausibel, dass jemand, der keine Antwort gegeben hat, die entsprechende Aufgabe auch nicht lösen konnte, dass also NA mit 0 zu ersetzen wäre. Das geht wie oben schon beschrieben. Wir verwenden zur Demonstration den Datensatz raschdat4 aus **eRm**, eine Kopie von raschdat3, die aber 200 NAs enthält.

```
> dat.0 <- ifelse(is.na(raschdat4), 0, raschdat4)
```

Eine Alternative wäre es, unter der Annahme, dass die fehlenden Werte nicht systematisch entstanden sind, diese zufällig mit 0 oder 1 zu ersetzen. Um dies in R zu bewerkstelligen, können wir folgende Befehle durchführen

```
> dat.01 <- raschdat4
> idx <- which(is.na(dat.01))
> zuf.01 <- sample(0:1, length(idx), replace = TRUE)
> dat.01[idx] <- zuf.01
> any(is.na(dat.01))
```

```
[1] FALSE
```

Dabei geschieht Folgendes:

1. Zunächst speichern wir eine Kopie von `raschdat4` nach `dat.01`.

2. In der zweiten Zeile extrahieren wir mittels `which()` einen Index `idx`, der die Positionen der NAs in `raschdat4` angibt. Die Funktion `which()` erwartet einen logischen Ausdruck und gibt aus, an den wievielten Stellen eines Vektors die Bedingung erfüllt ist. Wir können das für `alter` untersuchen. Nehmen wir an, wir wollen wissen, welche Personen 25 Jahre alt sind, dann würden wir schreiben

   ```
   > wer25 <- which(dfrX$alter == 25)
   ```

   Es sind dies die Personen 1 und 7. Nun ist aber in unserem Beispiel `dat.01` eine Matrix und kein Vektor. Trotzdem funktioniert die Funktion `which()`, weil intern in R Matrizen als Vektoren gespeichert werden.

   Nach Ausführen der zweiten Zeile haben wir in `idx` gespeichert, an welchen Positionen in `dat.01` sich NAs befinden.

3. Der dritte Befehl erzeugt mittels `sample()` Zufallszahlen, die 0 oder 1 sind. Die Funktion `sample()` funktioniert folgendermaßen: Im ersten Argument werden die Werte angegeben, aus denen zufällig gezogen wird. Das zweite Argument spezifiziert, wie viele Zahlen gezogen werden sollen. Das Dritte (`replace=TRUE`) gibt an, dass es sich um Ziehen mit Zurücklegen handelt. Es gäbe noch eine vierte Option (`prob=`), in der man die Wahrscheinlichkeit angibt, mit der jede der Zahlen (aus dem erste Argument) gezogen werden soll. Hätten wir z. B. mit einem Drittel Wahrscheinlichkeit 1 und mit zwei Drittel 0 ziehen wollen, dann wäre diese Option mit `prob=c(2/3, 1/3)` zu spezifizieren.

   Wir haben nun in `zuf.01` die zufälligen 0 und 1.

4. Als Viertes schreiben wir an die Positionen idx in `dat0.1` die zufällig erzeugten Zahlen, die sich in `zuf.01` befinden.

5. Jetzt können wir noch prüfen, ob sich tatsächlich noch NAs im neuen Datensatz `dat01` befinden.

Gratulation, wenn Sie bis hier alles durchgearbeitet haben. Sie haben ausreichend Wissen erworben, um die Beispiele in diesem Buch verstehen und anwenden zu können. Wir wissen, dass R für Einsteiger eine steile Lernkurve hat, aber durch Herumprobieren und Anwenden in verschiedenen Situationen gewinnt man bald viel Sicherheit im Umgang. Und man entdeckt mehr und mehr, wie toll R ist und was man alles damit machen kann.

# B. eRm: Ein R-Package zur Analyse von Rasch Modellen

Die in diesem Buch verwendete Software ist in der statistischen Open-Source Programmier- und Entwicklungsumgebung R (R Development Core Team, 2012) realisiert. Es handelt sich dabei um ein sogenanntes Erweiterungspaket (engl.: contributed package). Der Name dieses Package ist **eRm** (Mair et al., 2012) und steht für extended Rasch Modelling. Die Basisversion wurde 2005/06 von Patrick Mair und Reinhold Hatzinger am Institut für Statistik und Mathematik der WU Wien entwickelt und erstmals auf der Benutzerkonferenz useR 2006 vorgestellt. Seitdem wurde **eRm** ständig weiterentwickelt, wobei Marco Maier später zum Entwicklungsteam dazustieß. Julian Gilbey und Kathrin Gruber schrieben Funktionen für grafische Darstellungen, Thomas Rusch für mehrdimensionale Modelle bei wiederholten Messungen. Zahlreiche Beiträge von Benutzern (deren Aufzählung hier den Rahmen sprengen würde) halfen **eRm** zu verbessern und zu erweitern.

Die Bezeichnung extended Rasch modeling wurde gewählt, da man mit **eRm** eine Reihe verschiedener Modelle berechnen kann. Das in diesem Buch vorgestellte Rasch Modell ist ein Spezialfall eines allgemeineren Modells, des LPCM (Linear Partial Credit Model). Dieses Modell berücksichtigt nicht nur dichotome Daten wie das Rasch Modell, sondern erlaubt auch die Modellierung und Analyse ordinaler Antworten. Zusätzlich können Variablen berücksichtigt werden, mit denen man Items beschreiben bzw. bei Longitudinalstudien Veränderungen quantifizieren kann. Gemeinsam ist allen diesen Modellen, dass sie auf CML-Schätzmethoden beruhen. Man sagt, dass sie der Familie der Rasch Modelle angehören. Eine genauere Übersicht über **eRm** findet man bei Mair und Hatzinger (2007), eine erweiterte Version ist als sogenannte Vignette in **eRm** enthalten. Sie kann in R mit dem Befehl

```
> vignette("eRm")
```

aufgerufen werden, nachdem **eRm** geladen wurde. Die theoretischen Grundlagen all dieser Modelle sind in Fischer und Molenaar (1995) ausführlich behandelt.

Einen Überblick über die **eRm**-Funktionen zum Rasch Modell gibt Abbildung B.1 und ist als Referenz gedacht. Sie soll Ihnen helfen, sich bei den vielen in diesem Buch beschriebenen Funktionen und der Abfolge, die dabei einzuhalten ist, zurechtzufinden.

Hierbei sind folgende Elemente dargestellt:

- Eckige Boxen: Funktionen, die etwas berechnen (mittleres blau) oder grafisch darstellen (helles blau).

- Ovale Boxen: Outputobjekte, wie sie von der jeweiligen Funktion erzeugt werden. (Für technisch Interessierte: Sie sind in R als sogenannte Klassen definiert, die bestimmte Namen haben. Diese Namen sind in den ovalen Boxen angegeben, z. B. dRm. Bestimmte Funktionen funktionieren nur für Objekte einer bestimmten Klasse.)

Die Kernfunktion ist `RM()` (ganz links), mit der die Itemparameter für einen bestimmten Datensatz geschätzt werden. Alle weiteren Funktionen, wie sie in diesem Buch beschrieben sind (außer die nichtparametrischen Tests, d.h. `NPtest()`) bauen darauf auf. Will man nun z.B. einen Andersen-LRT durchführen, dann erwartet die entsprechende Funktion `LRtest()` als Eingabe das R-Objekt, das vorher mittels `RM()` erzeugt wurde. Sie müssen also zunächst die Funktion `RM()` aufgerufen und deren Ergebnis abgespeichert haben, bevor sie `LRtest()` verwenden. Ein Beispiel dafür ist

```
> res <- RM(raschdat3)
> LRtest(res)
```

Hier ist also `res` das Outputobjekt von `RM()` das als Input für `LRtest()` dient.

Wenn Sie nun einen grafische Modellkontrolle mittels `plotGOF()` durchführen wollen, benötigen Sie ein Outputobjekt, das von `LRtest()` erzeugt wurde. In Weiterführung des obigen Beispiels benötigen Sie dazu die Befehle

```
> lr <- LRtest(res)
> plotGOF(lr)
```

Auf ähnliche Weise erfolgt die Spezifikation der anderen Befehle, die in Abbildung B.1 dargestellt sind. Zu erwähnen ist noch, dass nicht alle in der Abbildung dargestellten Befehle in diesem Buch verwendet wurden, sie aber hier der Vollständigkeit halber dargestellt sind. Sie finden dazu Beschreibungen in den **eRm**-Hilfeseiten.

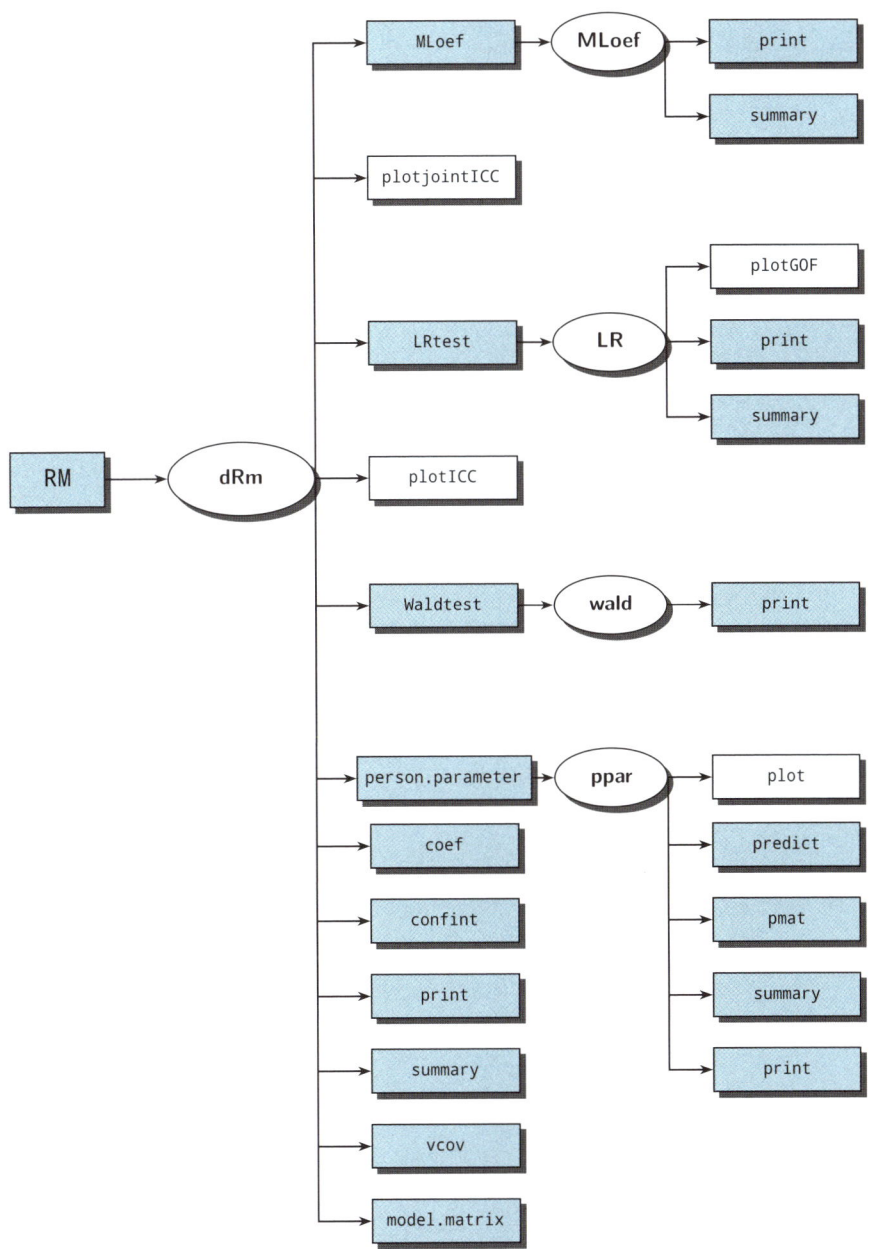

**Abbildung B.1.:** Funktionen und Objekte für die parametrische Analyse mit dem Rasch Modell in **eRm**

# C. Verwendete Symbole

## Griechische Symbole

| | | | |
|---|---|---|---|
| $\alpha$ | (Alpha) | … | Irrtumswahrscheinlichkeit |
| $\alpha^*$ | | … | korrigierte Irrtumswahrscheinlichkeit |
| $\beta$ | (Beta) | … | Itemschwierigkeitsparameter |
| $\gamma$ | (Gamma) | … | elementarsymmetrische Grundfunktion |
| $\delta$ | (Delta) | … | Kroneckers Delta, nimmt entsprechend einer logischen Bedingung den Wert 0 oder 1 an |
| $\epsilon$ | (Epsilon) | … | multiplikativer Leichtigkeitsparameter $\epsilon = \exp(\lambda)$ bzw. $\epsilon = \exp(-\beta)$ |
| $\theta$ | (Theta) | … | Personenfähigkeitsparameter |
| $\lambda$ | (Lambda) | … | Itemleichtigkeitsparameter $\lambda = -\beta$ bzw. $\lambda = \ln(\epsilon)$ |
| $\xi$ | (Xi) | … | multiplikativer Personenfähigkeitsparameter $\xi = \exp(\theta)$ |
| $\sigma$ | (Sigma) | … | Standardabweichung |
| $\phi$ | (Phi) | … | bei $r_\phi$ (Vierfelder-Korrelationskoeffizient) |
| $\chi$ | (Chi) | … | bei $\chi^2$-Verteilung |

## Mathematische Symbole und Funktionen

| | | |
|---|---|---|
| $\sum$ | ... | Summenzeichen |
| $\prod$ | ... | Produktzeichen |
| $e$ | ... | Euler'sche Zahl, $e^x = \exp(x)$ |
| exp | ... | Exponentialfunktion |
| ln | ... | (natürliche) Logarithmusfunktion |
| | | $\ln[\exp(x)] = \exp[\ln(x)] = x$ |
| $\infty$ | ... | unendlich |
| $\in$ | ... | Element von |
| $\vee$ | ... | logisches oder |
| $\mid$ | ... | gegeben bzw. unter der Bedingung |
| $\{\ldots\}$ | ... | Antwortmuster (z. B. $\{01\}$) |
| *Var* | ... | Varianz |
| *Cov* | ... | Kovarianz |
| *Cor* | ... | Korrelation |

## Andere Symbole

| | | |
|---|---|---|
| $A$ | ... | Datenmatrix |
| $c_i$ | ... | Itemscore des Items $i$ |
| $G$ | ... | Personengruppe |
| $g$ | ... | die $g$-te Personengruppe |
| $I, J$ | ... | Itemgruppe/Subskala |
| $i, j$ | ... | Index für ein Item (das $i$-te bzw. $j$-te Item) |
| $k$ | ... | Anzahl der Items |
| $L$ | ... | Likelihood |
| $L_c$ | ... | conditional Likelihood |
| $n$ | ... | Anzahl der Personen |
| $n_r$ | ... | Anzahl der Personen mit Personenscore $r$ |
| $n_{eff}$ | ... | Anzahl simulierter (effektiver) Matrizen |
| $p_{vi}$ | ... | Lösungswahrscheinlichkeit von Person $v$ für Item $i$ |
| $p$ | ... | $p$-Wert, Wahrscheinlichkeit |
| $P$ | ... | Wahrscheinlichkeit |
| $q$ | ... | Anzahl von Teilungskriterien |
| $r_v$ | ... | Personenscore der Person $v$ |
| $r_\phi$ | ... | Vierfelderkorrelation |
| $r_{ij}$ | ... | Inter-Itemkorrelation zwischen Items $i$ und $j$ |
| $\tilde{r}_{ij}$ | ... | mittlere Inter-Itemkorrelation |
| $S$ | ... | Anzahl der Simulationsdurchgänge |
| $s$ | ... | Simulationsindex ($s$-te Simulation) oder Iterationsschritt |
| $T$ | ... | Test, Testgröße, Test-Statistik |
| $t_s$ | ... | Indikator (0/1) für quasi-exakte Modelltests |
| $t, u$ | ... | Personenscores für Itemgruppen beim Martin-Löf-Test |
| $v, w$ | ... | Index für eine Person (die $v$-te bzw. $w$-te Person) |
| $X$ | ... | Datenmatrix |
| $X_{vi}$ | ... | Zufallsvariable der Antwort von Person $v$ auf Item $i$ |
| $x_{vi}$ | ... | beobachteter Wert von $X_{vi}$ (ist 0 oder 1) |
| $z$ | ... | $z$-Wert der Standardnormalverteilung |

## Symbole für parametrische Teststatistiken

$T_{LR}$  ...  Andersen-LRT

$T_W$  ...  Wald-Test (auf Itemebene)

$T_{ML}$  ...  Martin-Löf-Test

## Symbole für quasi-exakte Teststatistiken

$T_{11}$  ...  lokale stochastische Abhängigkeit, Multidimensionalität

$T_{md}$  ...  multidimensionale Subskalen

$T_1$  ...  lokale stochastische Abhängigkeit (für Itempaare)

$T_{1\ell}$  ...  lokale stochastische Abhängigkeit (Lernen, für Itempaare)

$T_{1m}$  ...  Multidimensionalität (für Itempaare)

$T_2$  ...  lokale stochastische Abhängigkeit (für Itemgruppen)

$T_{2m}$  ...  Multidimensionalität (für Itemgruppen)

$T_{10}$  ...  Subgruppeninvarianz

$T_4$  ...  Subgruppeninvarianz (auf Itemebene)

$T_{pbis}$  ...  Trennschärfe, Multidimensionalität

# Literaturverzeichnis

Alexandrowicz, R. W. (2012). *R in 10 Schritten: Einführung in die statistische Programmierumgebung*. UTB, Stuttgart.

Andersen, E. B. (1973). A goodness of fit test for the Rasch model. *Psychometrika*, 38(1):123–140.

Chen, Y. und Small, D. (2005). Exact tests for the Rasch model via sequential importance sampling. *Psychometrika*, 70(1):11–30.

de Ayala, R. J. (2009). *The Theory and Practice of Item Response Theory*. The Guildford Press, New York.

Fischer, G. H. und Molenaar, I. W. (1995). *Rasch models: Foundations, recent developments, and applications*. Springer, New York.

Formann, A. K. (1981). Über die Verwendung von Items als Teilungskriterium für Modellkontrollen im Modell von Rasch. *Zeitschrift für Experimentelle und Angewandte Psychologie*, 28(4):541–560.

Gittler, G. (1986). Inhaltliche Aspekte bei der Itemselektion nach dem Modell von Rasch. *Zeitschrift für experimentelle und angewandte Psychologie*, 33:386–412.

Grand, A. (2010). *Berufszufriedenheit von LehrerInnen*. Wirtschaftsuniversität Wien: Unveröffentlichte Diplomarbeit.

Hatzinger, R., Hornik, K., und Nagel, H. (2011). *R: Einführung durch angewandte Statistik*. Pearson Education.

Holland, P. W. und Wainer, H. (1993). *Differential item functioning*. Lawrence Erlbaum, Mahwah.

Koller, I. (2010). *Item response models in practice: Testing the Rasch model in small samples and comparing different models for measuring change*. Alpen-Adria-Universität Klagenfurt: Unveröffentlichte Dissertation.

Koller, I. und Hatzinger, R. (2012). Nonparametric Tests for the Rasch Model: Some quasi-exact tests in eRm. *Report 118, Research Report Series / Department of Statistics and Mathematics*, WU Vienna University of Economics and Business.

Kubinger, K. und Draxler, C. (2007). Probleme bei der Testkonstruktion nach dem Rasch-Modell. *Diagnostica*, 53(3):131–143.

Mair, P. und Hatzinger, R. (2007). Extended Rasch modeling: The eRm package for the application of IRT models in R. *Journal of Statistical Software*, 20(9):1–20.

Mair, P., Hatzinger, R., und Maier, M. J. (2012). *eRm: Extended Rasch Modeling.* R package version 0.15-0.

Martin-Löf, P. (1973). *Statistika Modeller: Anteckningar från seminarier Lasåret 1969-1970, utarbetade av Rolf Sunberg. Obetydligt ändrat nytryck, oktober 1973. Institutet för säkringsmatematik och matematisk statistik vid Stockholms universitet.*

Ponocny, I. (1996). *Kombinatorische Modelltests für das Rasch-Modell.* Universität Wien: Unveröffentlichte Dissertation.

Ponocny, I. (2001). Nonparametric goodness-of-fit tests for the Rasch model. *Psychometrika*, 66(3):437–459.

R Development Core Team (2012). *R: A Language and Environment for Statistical Computing.* R Foundation for Statistical Computing, Vienna, Austria. ISBN 3-900051-07-0.

Rasch, G. (1960). *Probabilistic models for some intelligence and attainnment tests.* Kopenhagen: Danish Institute for Ecucational Research.

Rost, J. (2004). *Lehrbuch Testtheorie, Testkonstruktion.* Hogrefe & Huber, Bern.

Snijders, T. A. B. (1991). Enumeration and simulation methods for 0–1 matrices with given marginals. *Psychometrika*, 56(3):397–417.

Strobl, C. (2010). *Das Rasch-Modell. Eine verständliche Einführung für Studium und Praxis.* Rainer Hampp Verlag, München.

van der Linden, W. J. und Hambleton, R. K., Hrsg. (2013). *Handbook of Item Response Theory: Models, Statistical Tools, and Applications*, Bände 1–3. McGraw-Hill, New York.

Verhelst, N. (2008). An efficient MCMC algorithm to sample binary matrices with fixed marginals. *Psychometrika*, 73(4):705–728.

Verhelst, N. D., Hatzinger, R., und Mair, P. (2007). The Rasch sampler. *Journal of Statistical Software*, 20(4):1–14.

Warm, T. (1989). Weighted likelihood estimation of ability in item response theory. *Psychometrika*, 54(3):427–450.

Wright, B. D. und Stone, M. H. (1999). *Measurement Essentials*. Wide Range, Delaware.

# Index